全国电力行业"十四五"规划教材

高等教育电气与自动化类专业系列

# 电力市场概论

主　编　蒋志平

编　写　王玉忠　施　健

主　审　王秀丽

中国电力出版社

CHINA ELECTRIC POWER PRESS

## 内 容 提 要

本书是为适应我国电力系统商业化运营对电力市场中高级专门人才培养的需求而编写的。全书共九章，主要内容包括电力市场基础知识、微观经济学基础、电力市场结构及运营模式、电力市场中的电价、电力市场输电运营、电力市场辅助服务、发电竞价模型及发电厂商的竞价策略、配电侧电力市场、电力市场技术支持系统等。

本书主要作为高等院校电气工程及其自动化、经济管理等专业的教材，也可供从事电力系统规划、预测、调度、运行、管理等工作的人员参考。

**图书在版编目（CIP）数据**

电力市场概论/蒋志平主编 .—北京：中国电力出版社，2023.10（2025.7重印）
ISBN 978 - 7 - 5198 - 7980 - 8

Ⅰ.①电… Ⅱ.①蒋… Ⅲ.①电力市场—高等学校—教材 Ⅳ.①F407.61

中国国家版本馆 CIP 数据核字（2023）第 127065 号

---

出版发行：中国电力出版社
地　　址：北京市东城区北京站西街 19 号（邮政编码 100005）
网　　址：http://www.cepp.sgcc.com.cn
责任编辑：陈　硕（010 - 63412538）
责任校对：黄　蓓　于　维
装帧设计：赵丽媛
责任印制：吴　迪

---

印　　刷：北京天泽润科贸有限公司
版　　次：2023 年 10 月第一版
印　　次：2025 年 7 月北京第二次印刷
开　　本：787 毫米×1092 毫米　16 开本
印　　张：11
字　　数：270 千字
定　　价：35.00 元

---

# 前　　言

20 世纪 80 年代初以来，电力工业在世界各国和地区开始了打破垄断、引入竞争的市场化改革。我国的电力工业也已完成厂网分开，并开展了竞价上网等改革试点，但由于电力市场建设进展缓慢，深度推进改革的呼声近年日益高涨。

认识电力市场，可以从技术、经济、管理等多个角度切入，涉及体制、机制、技术及利益分配等诸多问题。对电气工程技术人员而言，充分认识传统电力系统运行分析理论与市场经济理论的冲突与融合，并熟练掌握市场机制下电力系统运行分析的新理论、新方法，是理解电力工业如何实现从垄断走向市场竞争的关键所在。

电力市场课程是一门新兴的综合性学科，具有较强的工程性和政策性，这就决定了电力市场的许多理论和方法将随着改革的深入和运营模式的变化而不断发展和完善。

本书内容涵盖了发电竞争、逛售竞争和零售竞争的主要技术环节。第 1 章为概述，介绍了我国电力工业的改革历程、电力市场的内涵以及研究的热点与难点问题。第 2 章介绍电力工业市场化运营的微观经济学基础，包括资源有效配置、需求与供给、市场均衡与成本分析、市场结构分析、博弈论的应用、政府与市场。第 3 章介绍了电力市场结构及运营模式，包括电力工业重构产生的新实体及其应用组合，英国、美国、澳大利亚等国的电力市场，我国电力市场的建设与实施模式。第 4 章介绍了电力市场中的电价，包括制定电价的理论与方法以及实时电价理论，电力市场的负荷预测与电价预测，阐述了负荷预测的方法及存在的问题。第 5 章介绍了电力市场输电运营，阐述了输电服务的基本概念及费用构成，介绍了输电定价和网损分摊的常用方法。第 6 章介绍了电力市场辅助服务，包括各种辅助服务的定义及定价方法。第 7 章介绍了电力市场中发电厂商的竞价策略及优化算法。第 8 章介绍了配电侧电力市场的相关技术问题，包括需求侧管理。第 9 章介绍了电力市场技术支持系统，包括电能量计量系统、能量管理系统、报价处理系统、交易管理系统、合同管理系统、结算系统、即时信息系统、发电竞价管理系统和数据网络系统。

本书主要是面向电气工程专业的本科高年级学生，因此，读者阅读时应对电力系统物理结构、潮流计算等电力系统基本知识有一定理解，并熟悉一些基本的优化理论。对于希望了解电力市场基本理论的工程技术人员，本书也有一定的参考价值。

本书由南京工程学院蒋志平担任主编，第 1 章、第 3～7 章由蒋志平编写，第 2 章和第 9 章由南京工程学院王玉忠编写，第 8 章由国网无锡供电公司施健编写，全书由蒋志平统稿。西安交通大学王秀丽教授担任本书主审。本书大部分内容直接来自作者近年来的科研和教学实践，同时在编写过程中参考了部分文献和技术资料，在此向有关作者表示感谢。

限于作者水平，书中难免有不妥或错误之处，恳请读者批评指正。

编者

2023 年 8 月

# 目　录

# 第1章 概 述

## 1.1 电力市场的内涵与基本概念

### 一、电力市场化改革进程

20 世纪 80 年代初以来，全世界一半以上的国家都经历了电力市场化改革。这一世界范围的改革浪潮以提高效率、降低成本和改善质量为基本目标，形成了与不同制度条件相适应的多种改革路径和市场模式。大致同期，我国也开始逐步改革高度集中的传统计划电力体制，并在 20 世纪 90 年代中期开始推进市场化进程。我国电力行业大致经历了三个改革阶段：

第一阶段，1985～1997 年。1985 年，我国开始实行集资办电、多渠道筹资办电的政策，从而揭开了电力行业改革的序幕。1995 年，由于垄断体制的独家办电仍不能明显缓解电力短缺的局面，又开始实行多家办电的政策，允许外商投资，发电市场投资主体多元化，对电力发展起到了重要推动作用。

第二阶段，1997～2002 年。1997 年 1 月，国家电力公司成立，电力行业开始实施政企分开，公司改制。1998 年 8 月，国家电力公司推出以"政企分开，省为实体"和"厂网分开，竞价上网"为主要内容的改革方案，并首先在上海、浙江、山东以及东北三省这六个省市开展发电侧电力市场试点，向着打破垄断、走向竞争的电力市场方向迈出了第一步。这一阶段的政府机构改革和产业、企业组织结构调整为市场化改革创造了体制条件。

第三阶段，2002 年至今。2002 年 3 月，国务院发布《电力体制改革方案》（国发〔2002〕5 号），明确了电力市场化改革的总体方向，提出构建政府监管下的政企分开、公平竞争、开放有序、健康发展的电力市场体系，确立"厂网分开、主辅分离、输配分开、竞价上网"四大改革任务。2002 年 10 月，中国电力监管委员会成立。2003 年 12 月，国家电力公司完成电力资产重组，拆分为 2 家电网公司、5 家发电公司和 4 家辅业集团。

不过在《电力体制改革方案》确定的厂网分开等改革取得一定成果后，市场机制的探索却一度非常缓慢，直到 2015 年发布《关于进一步深化电力体制改革的若干意见》（中发〔2015〕9 号），新一轮电力体制改革启动。

### 二、电力市场的定义与基本特征

市场是商品交易关系的总和。换句话说，市场是进行商品交易的场所，是商品交易的全过程。就经济学意义而言，市场由供给和需求两个基本要素构成，供求双方相互作用、相互协调，使市场趋于均衡。健康市场的共同特征应该是：价格随需求变化，价格变化影响需求量；买卖市场机制，买方或卖方无垄断行为。

我国电力市场的发展应循序渐进，稳步发展。按照电力市场发展的程度，可将其划分为初级电力市场和发达电力市场两大类。初级电力市场往往只限于发电侧竞争，输电、配电和用电仍将实行垄断经营。其基本内涵是：调度和交易中心将只采用那些生产成本或报价低于市场价格的发电商所提供的充足和可靠的电力，满足系统的负荷需求。从普遍性角度出发，本书定义的电力市场泛指成熟的、各环节解除或放松管制的、充分竞争的广义电力市场。

1. 电力市场的定义

狭义的电力市场一般是指发电市场、输配电市场、供电市场、用电市场、电建市场等。广义的电力市场，可以根据商品的市场属性和电力商品的特殊性加以说明，但目前还没有统一的定义。目前比较流行的几种定义如下：

（1）电力市场是采用法律、经济等手段，本着公平竞争、自愿互利的原则，对电力系统中发电、输电、供电、用电等各环节的成员，组织协调运行的管理机制和执行系统的总和。电力市场的管理机制主要借助经济手段进行管理，不同于传统的行政管理机制。电力市场的执行系统包括贸易场所、计量系统、计算机系统、通信系统等。

（2）电力市场是电力买主和卖主相互作用，以决定其电价和电量的过程。

（3）电力市场是电网商业化运营的规范化的环境和场所。

（4）电力市场是电力供方和需方分别以利润最大化和成本最小化为目标，按照约定的规则并以输电网为媒介联系起来，通过自主竞争和经济合同的形式，进行电能交易的一种组织体系和电能配置方式。

2. 电力市场的基本特征

电力市场的基本特征是：开放性、竞争性、计划性和协调性。与传统垄断的电力系统相比，电力市场最大的特征是具有开放性和竞争性。与普通的商品市场相比，电力市场则具有计划性和协调性。

**三、构成电力市场的要素**

（1）市场主体。与其他商品市场一样，电力市场的市场主体也是由商品生产者、消费者、经营者和市场管理者组成。在传统电力系统中，用户始终处于被动的"负荷"地位，而在电力市场中，用户则具有一定的选择性和能动性。由于电力交易的需要，电力市场中的成员可以在供应者和用户两者之间转换角色。

（2）市场客体。普通商品市场的客体是指买卖双方交易的对象，即商品。电力市场的客体与市场本身的发达程度有关，主要包括电力（电量）、辅助服务或期权等。电力市场有别于其他商品市场之处，就在于电力生产、输送、消费必须同时完成，具有供需动态平衡的特殊性。这一特点是其他任何商品所不具备的。

（3）市场载体。普通商品市场的载体通常是指网点设施、仓储设施、运输设施、通信设施、交易场所等。电力市场的载体是电网。由于电网具有自然垄断的属性，常常由国家或其委托的公司统一管理，为了保证电力市场的公平和公正，电网必须对所有成员无条件地开放。

（4）市场电价。电价是电力市场的核心和杠杆，是电力市场中传递供求变化最敏感的信号，也是体现管理思想的重要工具。与此同时，电价也有其自发性和盲目性的一面，政府管理部门应进行适度调控和监管，保证价格总水平基本稳定，维护公平竞争。研究电价的关键是电价形成机制和电价结构。

电价形成机制是指遵循价值规律和供需调节规律，由市场形成价格的定价机制。电价结构通常包括电价构成和电价体系两部分。电价构成包括市场成本、期间费用、利润和税金四部分。电价体系是指不同商品之间的比价关系和同种商品价格在不同流转环节的差价关系，以及它们之间的有机联系。电价体系可以经常变动，它在一定程度上是由国民经济的运动而引起的。

随着电力市场的成熟和完善，电力商品将不仅仅限于电力和电量，围绕电力平衡存在的各种服务也将成为商品，并在电力市场中大量交易。可见，电力市场中的电价问题更加突出和复杂，电价的多样性必然要求建立完整和可操作的电价监督和管理体系，必须研究和推出较为完善和可行的交易电价理论。

（5）市场规则。电力市场应该具备各种详细的规则，譬如市场进入规则、交易规则、竞争规则和运行规则。这些规则可以通过遵照相关法律，例如《中华人民共和国公司法》《中华人民共和国民法典》《中华人民共和国反不正当竞争法》《中华人民共和国电力法》等，由市场主体协商制定，并在适当的时候及时修订和完善。

（6）市场监管。市场监管是指依靠行政组织、司法组织、经济组织、新闻媒体等，按照市场规则，对市场行为和市场运行过程进行监督的全过程。市场监管应该具备六项职能：预见职能、监督职能、判断职能、补救职能、仲裁职能和情报职能。

**四、电力市场的总体目标**

我国电力市场的总体目标是：打破垄断，引入竞争，提高效率，降低成本，健全电价机制，优化资源配置，促进电力发展，推进全国联网，构建政府监管下的政企分开、公平竞争、开放有序、健康发展的电力市场体系。

在电力市场改革的过程中，不同的市场成员或利益主体对改革目标的理解和界定也是不同的，这些目标之间常常出现矛盾。例如，政府的目标是保障资源优化配置和国民经济可持续性发展的宏观战略计划的制订和实施；电力公司的目标是利润最大化，并力图通过各种手段保持在市场竞争中的有利地位；股东的目标是获得较高的投资回报；企业员工的目标是工作有保障，高收入和自身价值的实现；消费者的目标是能购买到价格低廉、安全、稳定、可靠的电力，同时能够获得优质服务；燃料供应商的目标是保证其能源供应市场的份额和相关投资；环境保护组织的目标是控制电力企业造成的环境污染，保持生态平衡；电力监管机构的目标是通过竞争实现最优选择和市场均衡，通过监管实现整体利益和价值的最大化。

在电力市场的不同阶段，必须明确改革的主要目标和次要目标。在任何时期，都必须首先保证电力系统的安全、可靠和稳定运行。在初级电力市场中，应更多地关注电力投资和融资，以适当超前国民经济发展速度的思路建设各类电厂，扩大发电规模，加强电网和基础设施建设，构建先进、实用的电力市场技术支持系统。在成熟和比较发达的电力市场中，买方市场的格局已经形成，发电侧和零售侧市场的参与者为数众多，市场力受到监督、制约和控制，改革的焦点应该集中在提高竞争力度、降低电价和成本、提高电力系统运行和交易市场运营的效率和效益，为国民经济的发展提供一个可靠的、低成本的能源供应平台。

**五、实施电力市场的必然性**

实施电力市场的关键在于打破垄断、引入竞争。垄断带来的弊端可以归纳为：排斥竞争，使消费者利益集体受损；垄断市场，剥夺消费者的知情权和选择权；通过非正当提价而非提高效率的方法改善企业收益；企业惰性增加，对新技术的敏感性逐渐丧失；管理水平低下，竞争意识和竞争力明显下降。

国务院于 2002 年 3 月正式批准了《电力体制改革方案》，电力市场改革势在必行，电力系统作为我国一个垄断行业的堡垒必然会被攻破。当前，打破电力垄断具有很多有利因素，它们将成为推动电力改革的原动力。这些因素包括：

（1）改革目标明确。在进入世界贸易组织的背景下，为各行业提供一个可靠的、低成本的平台。

（2）技术进步。电力调度技术日臻完善，灵活交流输电（FACTS）和超高压直流输电技术使电力关口的通关能力、控制能力和交易灵活性大为提高；电源建设和电网建设的加强，将有效地缓解输电拥堵现象，降低阻塞管理的成本。

（3）能源多样性促进竞争。能源的多样性（如太阳能、天然气等分布式发电技术）给消费者带来更多选择，促进电力供应和销售竞争加剧，有助于改善服务，提高竞争质量。

（4）电力买方市场正在形成。电力供需矛盾的缓解将使电力生产从以产定销转向以销定产。随着国家对电源建设规划的调整和长期发展策略的确定，我国的电力市场将按照预先设计的方案快速发展，已完成由卖方市场向买方市场的转变。

（5）有现成的市场模式可以借鉴。世界各国多年的实践，为我国提供了多种可供借鉴的电力市场模式，如美国加利福尼亚州、PJM 和 NEPOOL 电力市场模式、英国电力库（Power Pool）模式等。

（6）巨大的经济效益和社会效益。体现在：

1）提供低成本的平台。电价降低或维持在合理范围内，将使全行业的生产成本和服务成本显著下降，提高国内产品的竞争力，推动国民经济健康稳定发展。

2）服务质量提高，投诉减少。

3）有利于综合资源规划和需求侧管理的实施。

4）有利于吸引国内外投资，增加有效投入。

5）有利于电力调度从行政命令型向自愿联合型发展。

6）市场收益巨大。2022 年，全国各电力交易中心累计组织完成市场交易电量 52 543.4 亿 kW·h，同比增长 39%，占全社会用电量比重为 60.8%，同比提高 15.4%；其中，全国电力市场中长期电力直接交易电量合计为 41 407.5 亿 kW·h，同比增长 36.2%，占全社会用电量比重为 47.9%，市场的交易额和交易效益非常庞大。

## 1.2　电力市场的基本原则

### 一、公平、公正、公开的市场原则

电力市场是一项复杂的系统工程，也是一种开放性、综合性和发展性的学科。其开放性是指世界各国共同面临的课题，综合性是指科技、经济、政治、社会的融合体，发展性是指电力市场理论的不断完善和补充。电力市场的改革必须周密设计、稳步推进。从宏观的角度看，电力市场的基本原则与其他商品市场相同，都应遵循公平、公正、公开原则。

公平是指对所有参与者一视同仁，没有歧视和特殊保护。例如，对发电商实行竞价上网，竞争前机会均等，竞争结果令各方满意；对用户按真实成本收费，减少交叉补贴。公正是指市场规则，如合理的定价机制、竞争规则和监管法规（裁判时无偏向）等。公开是指对市场交易必要信息的公开，如生产成本、定价标准（如上网和下网电价、网络收费）、网络拥堵、计量、计划变更等。这样在电力市场下，发电商可以根据上网电价确定和调整自己的报价策略，随时了解自己的运行经济状况；用户可以依据零售电价制订最优用电计划、调整用电结构。通过电价杠杆，由电力市场将供电和用电双方紧密联系起来，各自选择理想的贸易方式，实现经济互动和具有电价弹性的电力调度和市场均衡模式。

在某种意义上，公平原则必然要求一定的公开性。同时，要想实现真正的"三公"，必须有严格的监管体系作保障，并要具体做到以下几点：

（1）开放电网。如果不在输配电环节引入竞争和开放电网，发电侧竞争产生的效益就不可能流畅地传递到最终用户，电力市场改革的最终目标也就根本无法实现。

（2）扩大供需双方自由选择交易对象和交易数量的权利。

（3）完善法律和监管体系。

（4）净化竞争环境，规范竞争行为。市场竞争的结果，取决于竞争环境和竞争机制的完善程度。"净化竞争环境，规范竞争行为"应当成为所有市场参与者自觉的行动。

**二、电力市场的平等竞争**

"三公"原则更多地体现在电力市场是否能够做到平等竞争。对发电商而言，他们最关心的是发电计划和上网电价（即电力交易中心的购买价格）。在美国，独立发电运营商（IPP）通过合约形式确定发电计划和结算方法。发电商与电力公司、电力公司与电力公司之间签订贸易合同，明确规定发电计划、结算电价、计量关口位置及违约处罚办法。在英国，既有实时交易，也有长期合约交易。最著名的要数英国的 Power Pool 强制型电力库模式，它已成为许多国家的现货市场的典型参考运营模式。在电力库中，交易中心起着核心的作用，它购买所有参与电力库贸易的发电商的电量，然后卖给地区供电公司和大用户。随着电力市场改革的深入，"大用户"的概念逐渐消失，市场对所有用户原则上均一视同仁。1994 年以前的大用户界定在 1MW 以上，1998 年下调为 100kW，之后不久便取消限制，所有用户均可自由参加电力市场的各种贸易。

事实上，用户与其他市场成员之间的利益通过电网紧密相连。大多数情况下，其利益走向是一致的。促进消费、扩大内需始终是电力工业发展的前提和动力，电力市场应围绕这一主题展开工作，并力求做到用户间的平等。具体操作时，应按用户的实际供电成本收费；对不同种类的用户合理分摊成本，减少交叉补贴。在设计电价时，应考虑区分电压等级和负荷率；制订无功电价和可靠性电价，实行可中断电价，开办"电力可靠险"等新险种；采用丰枯电价和峰谷电价，最终过渡到实时电价；逐步扩大用户自由选择的权利。在理想的自由竞争的电力市场中，供方和用户有自由选择对方的权利。但是在实际的电力市场中，由于电力商品的特殊性，很难完全满足这种自由选择的要求。由于受系统潮流和安全约束的限制，必须将经济合同与电力平衡实行统一调度、统一管理。

**三、我国实施电力市场的总体思路**

（1）可持续性发展，调整电力结构。以市场为导向、以经济效益为中心、以科技进步为动力、以实现资源优化配置和可持续发展为目标，加快电网建设和全国联网步伐，从速度型转到效益型；发展水电和核电，调整电力生产结构，实现可持续性发展。

（2）依靠科技进步。采用超临界参数机组、联合循环机组、燃料电池等新的发电技术，提高化石能转化为电能的效率；采用新技术、新设备提高电能在终端市场的利用效率；实施洁净煤发电、大区电网互联、节能节电、开发新能源和电力信息化等跨世纪科技工程。

（3）深化企业体制改革，逐步实现公司化改组、商业化运营及法治化管理。

（4）坚持"四步走"的改革方针。第一步：成立国家电力公司，撤销电力工业部，完成体制过渡和职能交接。第二步：实现政企分开和公司化改组，加强城乡电网建设，实施"厂网分开、竞价上网"试点。第三步：2001～2010年，重组国家电网公司，完成跨大区联网，形成全国联合电网和统一调度，全面实行"厂网分开、竞价上网"，在全国范围内实现资源优化配置。第四步：2010年以后，逐步将发、输、配电各环节分开，建立规范有序的电力市场，全面引入竞争机制。

目前，全国所有省份均建立了电力交易机构，其中，云南、山西等8省（区）组建了股份制交易机构；北京、广州2个区域性电力交易中心也组建完成，成立了全国电力交易机构联盟，形成业务范围从省（区）到区域、从区域到全国的完整组织体系。截至2021年上半年，在全国各电力交易机构注册的合格市场主体达27万家，为2015年底的9.8倍。

2017年实现省级电网输配电价改革全覆盖的基础上，2018年陆续核定了华北、东北、华东、华中、西北五大区域电网输电价格，以及24条跨省跨区专项输电工程输电价格，累计核减电网企业准许收入约600亿元。

售电侧市场竞争机制初步建立。截至2018年8月，全国在电力交易机构注册的售电公司达3600家，为电力用户提供多样化的选择和服务，有效激发了市场活力。同时，国家发展和改革委员会（简称发改委）开展了三批增量配电业务改革试点，共有试点项目320个，不少试点项目已投入运营，在引入社会资本方面取得了突破性进展。

在加快放开发电、用电计划方面，2021年，全国市场化交易电量8024亿kW·h，同比增长19.3%，占全社会用电量比重为45.5%，同比增长3.3%。其中，跨区跨省市场化交易电量7027.1亿kW·h，同比增长32.6%。2018年7月，国家发改委、国家能源局联合印发《关于积极推进电力市场化交易，进一步完善交易机制的通知》（发改运行〔2018〕1027号），明确要求扩大市场主体参与，完善电力市场交易机制，提出2018年放开煤炭、钢铁、有色、建材等4个行业电力用户发用电计划。

2019年，国家发改委、国家能源局印发了《关于深化电力现货市场建设试点工作的意见》（发改办能源规〔2019〕828号），提出合理设计电力现货市场建设方案、统筹协调电力现货市场衔接机制、建立健全电力现货市场运营机制、强化提升电力现货市场运营能力、规范建设电力现货市场运营平台和建立完善电力现货市场配套机制，电力现货市场顶层设计进一步完善。8个试点省份开展试运行，其他省份上报了电力现货市场建设方案和时间表。

## 1.3　电力市场研究的热点与难点

电力市场给传统电力工业带来了巨大冲击。从宏观上看，需要打破垄断、放松管制，建立现代企业制度；需要建立全新的交易模式及公平的电价和分配机制；需要完善的技术支持系统和监管体系。从微观上看，需要解决发、输、配电和用电各环节的软硬件技术问题，其热点和难点问题有：电力市场技术支持系统；能量管理系统扩展；优化潮流技术；输电服务与辅助服务定价；信息管理和电子商务；可中断负荷管理、需求侧管理与综合资源规划；电力市场的调度模式与交易模式；需求预测与系统规划，电价预测与灾变预警；电力市场经济性能分析与风险管理；竞争力与市场力；电力市场指标偏离之经济补偿；配电侧电力市场实施方案等。

在一个完整的电力市场中，应根据主次和优先次序，统筹解决好电力市场在理论和实践中存在的关键技术问题。

## 一、电力市场技术支持系统

在电力市场环境下，电网运营管理机构应当成为电网安全经济运行的调度中心、结算中心、经营中心和信息发布中心。因此，一套完整的电力市场技术支持系统应当包括：能量管理系统；电能计量系统；负荷和电价预报系统；自适应性评估管理系统；合同管理系统；期货交易管理系统；调度决策支持系统；即时信息系统；结算系统；发电公司竞价管理系统；配电公司及大用户数据申报系统等。

电力市场技术支持系统的复杂程度取决于电力市场的运营模式：买电型运营模式比较简单，批发型运营模式次之，零售型运营模式最为复杂。选择什么样的技术支持系统，应当与电力市场的模式相适应，必须在考虑扩展性的同时，与电力市场的发展保持同步。

## 二、电力市场中能量管理系统的扩展

能量管理系统包括数据采集与监视系统、负荷预测、发电与输电计划、自动发电控制、在线经济调度、网络状态估计、预想事故与潮流分析、开断计划等传统内容，还应包括实时电价计算、最大输电能力计算、输电路径优化、输电费用计算、输电服务预调度和实时调度等内容。因此，要在改造原有应用软件的基础上，不断开发新的应用软件。

## 三、电力市场结构及运营模式

电力工业放松管制后出现了许多全新的实体。这些实体包括：发电商、发电经纪商、电力交易中心、系统操作员、辅助服务供应商、电网拥有者、计划协调者、配电商和零售商。研究和确定这些实体的功能及其组合，以及相应的市场结构和交易模式，是电力市场成功运营的前提。

电力市场不存在特定的标准模式，适合本国国情的市场结构和监管体系才是电力市场健康、稳定发展的关键。在我国，如何在分层分区的市场结构框架下，同步建设跨区和省级电力市场，建立远期市场、期货市场、现货市场及平衡市场，成立电力交易中心和电网公司一体化的电力系统调度中心，研究基于电子商务的调度运营模式，避免市场崩溃等，也一直是研究的热门课题之一。

## 四、动态最优潮流（optimal power flow，OPF）与电力市场经济性能研究

在竞争性的电力市场中，调度的目标函数通常有两种：一种是系统的运行总成本最低，另一种是根据交易和竞价要求，使整个电力市场的购电费用最少。动态最优潮流是研究电力市场经济运行、安全和经济调度的最重要的工具之一，可用于进行有功无功一体化定价、可用传输容量和发电容量计算、拥堵管理及交易匹配等。更重要的是，在市场机制下用动态最优潮流寻求发电总成本最低或购电费用最少的运行方案，已经成为电力交易中心和电力公司追求的主要目标。因此，研究影响最优潮流优化结果和电力市场经济性能的因素，从中找出提高运营效率和经济效益的规律和方法，是非常重要的。

分析表明，在众多运行因素中，松弛节点的位置及该节点电压的幅值对优化结果有直接的影响。这就产生一个新的思想：在网络拓扑和系统负荷确定的情况下，同时运用常规潮流（如 BX 型潮流程序）和动态最优潮流程序，通过调整松弛节点 $V\theta$ 节点的电压，研究它们对优化结果和电力市场经济性能的影响。具体措施是，在具有功率调节能力的发电机组间，合理分摊每次迭代过程中产生的不平衡功率，使每台有调节能力的机组均参与不平衡功率的分配和调整，既能提高动态最优潮流解的合理性，又能保证动态最优潮流的快速收敛。研究内容包括：松弛节点电压对优化程序收敛性能的影响，对发电总成本的影响，对有功网损的影

响，对无功网损的影响，以及地处松弛节点的平衡机组的有功、无功出力的变化规律。

**五、发电成本分析与机组出力优化调度**

通过对动态最优潮流及电力市场经济性能的研究发现，调节松弛节点电压会不同程度地改变各发电机节点的有功和无功出力。对发电商而言，增加无功出力势必影响其有功出力和提供有功备用的能力和效益，从而直接影响本厂的效益和竞争质量。

在发电侧开放的电力市场中，如何核算发电厂的无功生产成本，如何在有功总负荷一定时，在各个机组间合理分配有功和无功出力、制订全厂的优化运行方案，已经成为当前发电商十分关心的重要问题。

**六、电力市场的负荷预测与电价预测**

1. 负荷预测

在放松管制的电力市场中，负荷预测和电价预测是进行优化决策的基础。电价预测的精度直接影响交易的收益和风险。因此，市场参与者急需一种有效的电价预测和电价灾变预警工具。借助这种工具，发电商可以进行策略报价，获得更多的利润。电厂投资者可以正确选址和评估盈利状况；用户则可确定合理的购电量和购电时段，降低自己的生产成本。

电力市场对负荷预测精度要求很高，它关系到发电计划的质量以及交易调整量的大小。也就是说，负荷预测精度对电价和电费会产生较大影响。负荷预测值过高，将导致整个市场电价抬升；负荷预测值过低，则会有大量的非平衡电量进入实时电力市场（平衡市场）和辅助服务市场，而这两个市场的价格往往远高于日交易市场，从而带来了较高的价格风险。

2. 电价预测

多年来，人们找到了许多有效的负荷预测方法。然而，这些方法并不像人们想象的那样能够轻易地预测电力市场中的电价。虽然电价曲线与负荷曲线在时间变化上基本一致，但与后者相比，电价变化不具备增长性，而且受更多非确定性因素（如供需变化、燃料价格波动、元件开断、网络阻塞、市场力等）的影响。这些非确定性因素很难检测和量化，更无法直接纳入电价预测模型。因此，预测电价要比预测负荷困难得多。

3. 电价灾变时刻预测与灾变预警

电价平稳的电力市场能够优化竞争环境，促进社会发展，提高全社会的经济效益和社会效益。相反，电价的剧烈波动甚至经常灾变则会带来巨大危害。电价的剧烈变化即灾变，通常仅出现在现货市场中而且常常出乎人们的预料。其特点是，电价数值很高但持续时间较短。电价一旦灾变，其数值往往上升到正常值的十几到几十倍，对整个电力市场将带来严重的不良影响。如何准确预测未来电价高峰或电价灾变发生的时刻，如何协调电力市场的主要软件、设计完整的电价预测及电价灾变预警系统，是电力市场运营机制是否完善的一个重要特征。

**七、输电服务分析与定价**

国际上许多国家电力市场已在很大程度上解除了管制，实现了发、输、配和零售电力的分离。我国目前虽未做到这一点，但趋势是将输电服务从发电和配电中剥离，实行独立定价。因此，研究与输电服务密切相关的技术问题，如输电成本、网损分摊、阻塞管理等，具有非常重要的意义。

**八、辅助服务分析与定价**

辅助服务是指为保证电能质量和电力系统安全而采取的任何辅助措施，它是我国电力市场改革必须全面考虑和解决的一个重要方面。电力市场越发达，存在的辅助服务项目也就越多，交易品种也越丰富。目前，比较常见而且容易量化的辅助服务项目有：调峰，调频，无功和黑启动。辅助服务的价格与电能的价格一起，构成了电力市场价格体系的基础。与电能价格的研究相比，对辅助服务定价的研究起步较晚，尚未形成具有完善理论基础、系统性和操作性很强的技术体系。造成辅助服务的理论与实践环节经常脱节的因素很多，而且十分复杂。在实际中，大多只能通过简化条件和操作过程等办法满足工程的需要。

在垂直一体化运营的电力系统中，通常都是采用最为简单的办法解决辅助服务的价格和收费问题。最常见的方法是，将年度总额固定的各项辅助服务费用，平均分摊到每个交易时段进行处理和结算。目前，我国有不少模拟电力市场和初级电力市场，其决策者和设计者虽然考虑了对辅助服务的奖惩，但仍十分粗糙。对于未来不同电力市场模式下辅助服务的内涵、定价理论、交易模式等，仍需进行深入细致的研究。

# 第 2 章 微观经济学基础

## 2.1 需求、供给和市场价格

价值规律作为市场经济的基本规律，是通过市场价格的波动或均衡反映的。这既表现在单个产品市场的运行之中，也表现在总体的市场体系的运行之中。但无论怎样，价格实际发生的波动及能否达到均衡，还要取决于市场需求与供给之间的相互作用。

### 一、市场需求与供给

在经济学意义上，需求是指人们在一定时期内愿意并能够购买的某种商品的数量。影响需求的因素是非常复杂的，除商品自身的价格和购买者的货币收入水平以外，还与其他相关商品或劳务的价格有关。根据商品之间的关系，商品可以分为替代品和互补品两种类型。在替代关系的情况下，一种商品或劳务的价格变动，会引起其替代品的需求同方向变动。比如，航空运输价格的上升，会导致铁路和公路运输需求的扩大。在互补关系的情况下，一种商品的价格变动则会引起另一种作为补充品的需求按反方向变动。比如，电价下跌时，家用电器的需求会伴随增加。

除了上述经济因素外，影响需求的还有许多非经济因素，如政治、法律、宗教、风俗习惯等。当主要考察需求与价格之间的关系，而把其他因素都当作给定条件时，需求函数可表述为

$$Q_d = f(\rho) \qquad (2-1)$$

式中：$Q_d$ 为需求量；$\rho$ 为价格。

根据这一函数，还可以用图形表示需求与价格之间的关系，得出需求曲线 $D$，如图 2-1 所示。

由图 2-1 可以看出：在其他因素不变的条件下，需求量与商品价格是一个下降函数，即价格上升，需求量减少；价格下降，需求量增加。这就是通常所说的需求规律。这一规律显然与人们的日常生活经验是一致的。价格变动之所以会引起需求量的反方向变动，在经济学理论上认为有以下两个原因：第一，收入效应。即价格的变动意味着人们的货币收入和支付能力变动，其方向是相反的。在某种商品价格降低而其他商品价格维持不变时，人们的实际收入相应地得到提高，从而需求量会增加。第二，替代效应。例如，某商品价格上升时，假定其他商品价格不变，人们就会购买价格较低的其他替代商品，从而使该商品的需求量下降。以上给出了价格因素与需求量之间的一般关系。实际上，对于不同商品来说，这些因素同一幅度的变化对需求量的影响是不一样的，现代经济学中用需求的价格弹性这一概念来描述。

需求的价格弹性也常常简称为需求弹性，它是指需求量对商品自身价格变动的反应程度。如以 $Q_d$ 和 $dQ_d$ 分别表示需求量及其变动量，以 $\rho$ 和 $d\rho$ 表示商品自身价格及其变动量，那么需求价格弹性系数 $E_d$ 的定义为

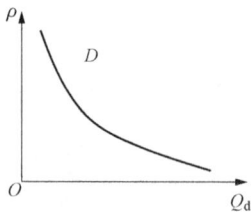

图 2-1 商品需求曲线

$$E_d = \frac{\dfrac{\mathrm{d}Q_d}{Q_d}}{\dfrac{\mathrm{d}\rho}{\rho}} \qquad (2-2)$$

因此，需求价格弹性系数 $E_d$ 就是需求量变动的百分数与价格变动的百分数的比值。由于 $Q_d$ 和 $\rho$ 的关系是下降函数，因而 $E_d$ 必然小于 0（$E_d < 0$）。所以，不能直接根据其数值大小直接比较不同商品的需求弹性，而要选用其绝对值进行比较。按照需求弹性系数的绝对值（即 $|E_d|$）的大小，可以把不同商品或劳务的需求对价格变动的反应划分为富有弹性和缺乏弹性两种基本形式。一般价格弹性系数大于 1 时，认为需求富有价格弹性；小于 1 时，认为需求缺乏价格弹性。

应该指出，需求价格弹性的大小在生产者和经营者作价格决策时，是十分重要的依据。在商品缺乏价格弹性时，降价造成的损失会超过需求量扩大而带来的收益，从而使总收益减少；反之，在商品富有弹性时，降低价格会导致需求量大幅度增加，故总收益会相应增加。

在经济学意义上，供给一般是指生产者或销售者在一定时期内愿意并能够提供给市场的商品数量。与需求会受到支付能力的约束不同，供给的约束主要来自一定时期内可用于生产的各种资源，包括劳动力人数、可使用土地量、可投入的资本量及可用的技术等。生产者供给商品是为了换取等量的价值，因此他最为关心的是自己提供的商品能否卖出和以怎样的价格卖出。

影响供给的因素很多，除价格 $\rho$ 以外，还与其他相关商品的价格、生产费用的变化等有关。

如果假定其他因素不变或已知，只考虑供给与价格 $\rho$ 的关系，则供给函数可写为

$$Q_S = f(\rho) \qquad (2-3)$$

供给函数也可以用供给曲线 $S$ 表示，如图 2-2 所示。

根据以上图形可知：在其他条件不变的情况下，商品的供给量与价格是上升的函数关系。即随着生产的扩大，其成本会呈递增上升趋势，这就是供给规律。供给函数的形态可用供给弹性来描述。供给弹性是供给量对价格变动反应程度的一个经济学概念。如以 $Q_S$ 和 $\mathrm{d}Q_S$ 分别表示供给量及其变化量，以 $\rho$ 和 $\mathrm{d}\rho$ 分别表示价格及其变化量，则供给弹性系数 $E_S$ 可表示为

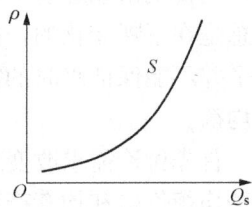

图 2-2　供给曲线

$$E_S = \frac{\dfrac{\mathrm{d}Q_S}{Q_S}}{\dfrac{\mathrm{d}\rho}{\rho}} \qquad (2-4)$$

由供给规律可知，$E_S$ 一般大于 0。

**二、市场机制及价格的决定**

在图 2-3 中，假定决定供求的因素除商品自身的价格外其余均为已知，因而供求状况确定。图中曲线 $S$ 表示供给曲线，曲线 $D$ 表示需求曲线，曲线 $S$ 和曲线 $D$ 在 $e$ 点相交，与 $e$ 点相对应的价格 $\rho_e$ 就是均衡价格，或者叫市场出清价格。因为在此价格水平上，买方愿意并能够购买的数量与卖方愿意并能够供给的数量恰好相等。所谓市场机制就是指在一个自由

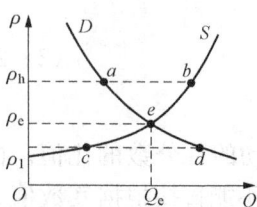

图 2-3 供需均衡与价格的确定

市场里能使价格得以变化一直达到出清（即供给量与需求量相等）的趋势。

为了理解市场价格有趋于均衡的倾向，首先假设市场价格开始时处于均衡价格之上的情况，假定市场价格为 $\rho_h$，则生产者的供给量将为 $b$，而消费者的需求量仅为 $a$，二者差额为 $b-a$，这时出现了市场盈余或过度供给。在此情况下，市场上存在一个价格向下的压力。因为盈余的存在意味着生产者的要价超过了消费者的支付能力，如果不能把这部分盈余商品或劳务销售出去，就无法实现这些商品或劳务的价值，甚至连成本也难以补偿。为此，生产者彼此之间会进行价格竞争，其结果是价格下降，直至使消费者把他们愿意并能够购买的商品或劳务的数量增加到与生产者的供给量相等为止。

类似道理也可讨论市场价格处于均衡价格以下的某个水平，例如 $\rho_1$ 的情况。此时，由于价格较低，消费者的需要量就会超过生产者的供给量，从而引起市场短缺或过度需求，缺额为 $d-c$。在此情况下，市场上必然存在一个价格向上的推力。因为短缺的存在意味着消费者的部分需求不能得到满足，或者说相对于一定的交易量，生产者的要价低于消费者愿意支付的价格。这样，消费者之间为能买到他们想要的商品或劳务必然会相互竞争，其结果是价格上升。一旦价格上升成为事实，消费者会相应降低需求，而生产者则会增加供给，这种价格与供求的变动将一直调整到短缺消除为止。

由上述分析可见，在市场经济中，均衡是一种必然的趋势。所谓市场机制正是指通过市场价格的变化使供给与需求达到均衡的一种趋势，它像一只"看不见的手"指挥着人们的经济活动。均衡价格就是供求一致时的市场价格，此时的交易量就叫均衡产量或销售量，即图 2-3 中的 $Q_e$。

均衡是市场经济中的一个必然趋势，但却不可能永远维持市场的均衡。这是因为供求状况总是在不断变化的，因而供求不可能总是处于均衡状态。这就意味着任意一个给定的价格水平并不能保证瞬时的需求与市场供给量总是相等。以下分析供求状况改变时如何影响市场的均衡。

首先讨论需求改变对市场均衡的影响。如果假定供给状况不变，需求的改变一般会引起市场均衡价格和均衡产量按同方向变化。也就是说，在供给不变的情况下，需求由于收入或消费者偏好等因素的提高而增加，市场均衡价格会上升，均衡产量也会增加，这可以用图 2-4 说明。

在图 2-4 中，市场原先的均衡点为 $e$，与此对应的均衡价格和均衡产量分别为 $\rho_e$ 和 $Q_e$。现在假设供给不变（亦即 $S$ 不变），需求提高，即需求曲线由 $D$ 向右移至 $D'$，那么新的供求均衡点为 $e'$。比较两个不同的均衡点，可以发现，均衡价格由 $\rho_e$ 上升到 $\rho_e'$，均衡产量由 $Q_e$ 增加到 $Q_e'$。

依照上述方法，可以类推出需求减少时市场均衡的变化。

以下讨论供给变化对市场均衡的影响。如果假定需求状况不变，而供给发生变动，则市场均衡产量会发生不一致的变动：均衡价格与供给变动的方向相反，均衡产量则与之相同。

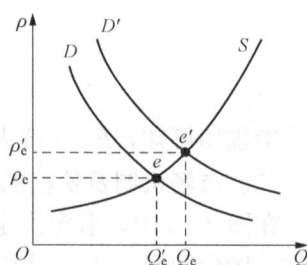

图 2-4 需求改变对市场均衡的影响

对此，可以用图 2-5 加以说明。

在图 2-5 中，市场原先在 $e$ 点的均衡价格和均衡产量分别为 $\rho_e$ 和 $Q_e$。现在假定供给减少，即供给曲线 $S$ 由向左移至 $S'$，而需求状况不变，则市场新的均衡点为 $e'$。显而易见，与原先的均衡相比，现在的均衡价格更高（即 $\rho'_e > \rho_e$），而均衡产量则更少（即 $Q'_e < Q_e$）。依照上述方法，同样可以说明供给增加时市场均衡会发生的变化情况。

以上假定市场供求中的任意一方不变，分析另一方的变动对市场均衡价格的影响的方法称为局部均衡分析法，是分析市场经济条件下供求规律的方法。

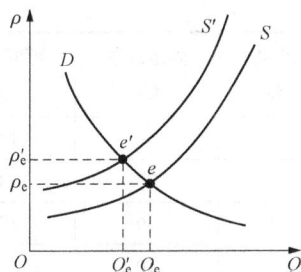

图 2-5　供给改变对市场均衡的影响

## 2.2　短期生产成本

成本是分析企业经营活动的重要依据。成本有许多种类别，最主要的是短期成本和长期成本。短期成本一般不考虑设备的投资，仅考虑劳动或产量的大小。长期成本则要考虑投资及劳动两个要素。

本节主要介绍短期成本的相关概念，长期成本的相关内容可参考文献 [8] 和 [9]。

短期之中，企业投入生产的某些要素是固定的，而另外的要素则随企业的产出的变化而变化。对企业生产成本的各种衡量基于此而加以区分。

总成本（$C_T$）由两个因素组成：

（1）固定成本（$C_F$）：无论企业生产的产出水平如何，固定成本均由企业承担。根据具体情况，固定成本可能包括维持厂房的费用、保险费和少量雇员的工资费用。无论企业生产多少产品这些费用均不发生变化，即使产出为 0，企业也要支付。固定成本只有在企业完全倒闭时才会没有。

（2）可变成本（$C_V$）：它根据产出水平的变化而变化。可变成本包括工资和原材料的费用。这些费用随产出的增加而增加。

要决定应该生产多少，企业经营者需要知道可变成本是如何随着产出水平的变化而变化的。为了说明这个问题，我们必须再推导出其他成本衡量的方法。下面运用一个对许多企业成本情况具有典型意义的例子来解释每一个成本的概念。

表 2-1 描述了一个固定成本为 50 美元的企业的短期成本。可变成本和总成本随产出的增加而增加，总成本是固定成本及可变成本的总和，由此可以界定其他的成本变量。

表 2-1　　　　　　　　　　　　某企业的短期成本（美元）

| 产量<br>$Q$ | 固定成本<br>$C_F$ | 可变成本<br>$C_V$ | 总成本<br>$C_T$ | 边际成本<br>$C_M$ | 平均固定成本<br>$C_{AF}$ | 平均可变成本<br>$C_{AV}$ | 平均总成本<br>$C_{AT}$ |
|---|---|---|---|---|---|---|---|
| 0 | 50 | 0 | 50 | — | — | — | — |
| 1 | 50 | 50 | 100 | 50 | 50 | 50 | 100 |
| 2 | 50 | 78 | 128 | 28 | 25 | 39 | 64 |
| 3 | 50 | 98 | 148 | 20 | 16.7 | 32.7 | 49.3 |

| 产量 $Q$ | 固定成本 $C_F$ | 可变成本 $C_V$ | 总成本 $C_T$ | 边际成本 $C_M$ | 平均固定成本 $C_{AF}$ | 平均可变成本 $C_{AV}$ | 平均总成本 $C_{AT}$ |
|---|---|---|---|---|---|---|---|
| 4 | 50 | 112 | 162 | 14 | 12.5 | 28 | 40.5 |
| 5 | 50 | 130 | 180 | 18 | 10 | 26 | 36 |
| 6 | 50 | 150 | 200 | 20 | 8.3 | 25 | 33.3 |
| 7 | 50 | 175 | 225 | 25 | 7.1 | 25 | 32.1 |
| 8 | 50 | 204 | 254 | 29 | 6.3 | 25.5 | 31.8 |
| 9 | 50 | 242 | 292 | 38 | 5.6 | 26.9 | 32.4 |
| 10 | 50 | 300 | 350 | 58 | 5 | 30 | 35 |
| 11 | 50 | 385 | 435 | 85 | 4.5 | 35 | 39.5 |

边际成本（$C_M$）有时被称为增量成本，是由多生产额外的一单位产出而引起的成本增加。由于固定成本不随企业产出水平的变化而变化，因此边际成本就是每增加额外的 1 单位产出所引起的可变成本的增加量。因此，边际成本为

$$C_M = \frac{\Delta C_V}{\Delta Q} \tag{2-5}$$

边际成本表明企业要增加多少成本才能增加 1 单位的产出。在表 2-1 中，边际成本是由可变成本或者由总成本计算而得的。例如，产量由 2 增至 3 的边际成本是 20 美元，因为企业的可变成本由 78 美元增至 98 美元。

平均成本（$C_A$）是单位产出的成本。平均总成本（$C_{AT}$）是企业的总成本除以其产出水平，即 $C_T/Q$。平均总成本即每单位产品的生产成本。通过比较平均总成本和产品的价格，可以确定生产是否有利可图。

平均总成本有两个组成要素：①平均固定成本 $C_{AF}$：固定成本除以产出水平的结果，即 $C_F/Q$。因为固定成本不变，平均固定成本随产出的增加而递减。②平均可变成本 $C_{AV}$：可变成本除以产出水平的结果，即 $C_V/Q$。

图 2-6 显示了与表 2-1 中数据近似的连续曲线。固定成本、可变成本和总成本曲线如图 2-6（a）所示。固定成本不随产出变化而变化，因而在图中为位于 50 美元处的一条水平直线。可变成本在产出为 0 时也为 0，然后随产出的增加而逐渐增加。总成本由固定成本曲线和可变成本曲线垂直相加确定。因为固定成本是不变的，这两条曲线间的垂直距离永远是 50 美元。

图 2-6（b）显示了边际成本曲线和平均可变成本曲线。由于总固定成本是 50 美元，平均固定成本曲线逐渐由 50 美元降低至 0。其余成本曲线由边际成本曲线和平均成本曲线的关系确定。当边际成本低于平均成本时，平均成本曲线下降。当边际成本高于平均成本时，平均成本曲线上升。并且，当平均成本最小时，边际成本与平均成本相等。

例如，在 20 美元处边际成本低于平均可变成本，平均成本下降。但是当边际成本为 30 美元时，边际成本大于平均可变成本（25 美元），从而平均成本上升。最后，当边际成本（25 美元）与平均成本（25 美元）相等时，平均可变成本保持不变（25 美元）。

$C_{AT}$ 曲线表示平均总成本。因为平均总成本是平均可变成本 $C_{AV}$ 与平均固定成本 $C_{AF}$ 之

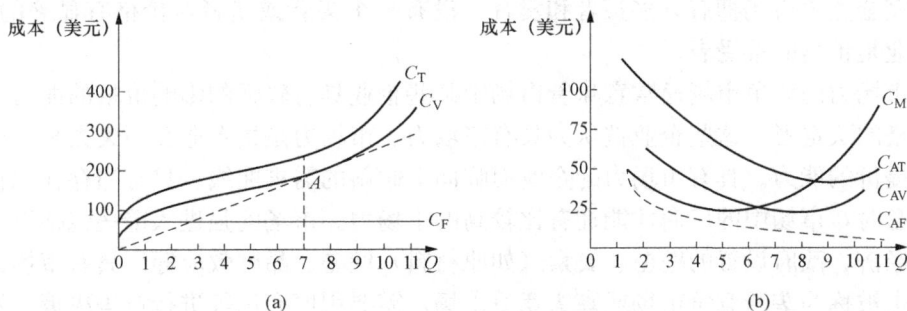

图 2-6  某企业的成本曲线

（a）固定成本、可变成本和总成本；（b）边际成本、平均固定成本、平均可变成本、平均总成本

和，而 $C_{AF}$ 曲线始终呈下降趋势，所以当产出增加时，$C_{AT}$ 曲线与 $C_{AV}$ 曲线之间的垂直距离就不断减小。与 $C_{AT}$ 曲线相比，$C_{AV}$ 曲线在较低的产出水平上达到了其最低点。这是因为在 $C_{AV}$ 和 $C_{AT}$ 曲线的最低点有：$C_M = C_{AV}$ 和 $C_M = C_{AT}$。由于 $C_{AT}$ 通常是大于 $C_{AV}$ 的，而且边际成本曲线 $C_M$ 上升趋势，$C_{AT}$ 曲线的最低点必然在 $C_{AV}$ 曲线的最低点的右上方。

考察总成本曲线与平均成本曲线和边际成本曲线的关系的另一种方法是考虑图 2-6（a）中的由原点到 A 点的射线。图 2-6（a）中，射线的斜率就是平均可变成本。由于 $C_V$ 曲线的斜率是边际成本（它计量每单位产出增加所引起的可变成本的变化量），在 A 点 $C_V$ 曲线的斜率就是产量为 7 时的边际成本。由于在此产出情况下平均可变成本最小，所以在 A 点边际成本为 25 美元，与平均可变成本 25 美元相等。

企业的产出是作为一种流量来计量的，企业每年生产一定单位的产品，因此，其总成本也是一种流量。为了简化起见，略去了时间参数，但是企业的产出和成本支出是发生于一定期间的。

边际成本和平均成本是两个重要的概念，它们是企业选择产出水平的重要因素。对于处于需求波动幅度较大的情况下经营的企业来说，关于短期成本的知识极其重要。如果企业现期处于边际成本迅速增加的产出水平，并且将来市场需求也会增长，企业可能会扩大生产能力以避免较高的成本。

## 2.3  市  场

### 一、市场类型

市场中独立的经济单位可以按功能分成两大类：买方和卖方。买方包括购买物品和服务的消费者，以及购买劳动力、资金和原材料用于生产商品和提供服务的厂商。卖方包括出售商品和服务的厂商、出卖劳动力的工人，以及向厂商出租土地或出售矿物资源的资源拥有者。显然，许多人和厂商充当了买方和卖方两种角色。在经济学意义上，当他们买东西的时候，把他们仅仅看作买方；而当他们卖东西的时候，又把他们仅仅看作卖方。

买方和卖方同时相互作用，形成市场。市场是相互作用、使交换成为可能的买方和卖方的集合。市场是经济活动的中心。市场又分为完全竞争市场、具有市场力的竞争市场和非竞争市场。市场结构和类型决定了企业是价格的决定者还是价格的接受者。

　　一个完全竞争市场拥有许多买者和卖者，没有一个买者或卖者对价格有显著的影响力，因此，企业是价格的接受者。

　　具有市场力的竞争市场通常意味着市场中某些企业具有较强的影响价格的能力，可以被看作是价格的决定者，这些企业被认为具有市场力。市场力是指企业在不失去全部市场份额的前提下提价的能力。具有市场力的企业面临向下倾斜的需求曲线。只有当存在比较强的市场进入壁垒时，市场中的厂商才能拥有比较高的市场力。市场的强进入壁垒包括以下主要因素：规模经济、政府设置的壁垒、要素（如原材料）壁垒、品牌效应等。具有市场力的竞争市场有时也被称为垄断竞争市场或寡头竞争市场，需要用博弈论等进行竞争决策。发电侧市场一般属于这类市场。

　　非竞争市场是指纯垄断市场，这种市场比较少见，其定价及经营受政府监管。电网的经营一般属于这种形式。

### 二、完全竞争市场的市场价格

　　市场提供了买方和卖方之间进行交易的可能性。不同数量的商品按特定的价格出售，在完全竞争市场上，一个单一的价格——市场价格，一般会占优势。

　　在不完全竞争的市场上，不同的厂商可以对同样的产品制定不同的价格。这种情况的发生，是因为一家厂商试图从其竞争对手那里赢得顾客，或是因为顾客存在对商标的忠诚心理，使得一些厂商能将其产品的价格定得高于其竞争对手的价格。这里所指的市场价格，是指不同商标、或不同地方的平均价格。市场的大小指的是市场的边界，既包括地理的边界，又包括就产品范围这个角度而言的边界。

　　绝大部分商品的市场价格会随着时间而上下波动，并且对许多商品来说，这种波动还可能相当迅速，在竞争市场上所销售的商品尤其如此。

　　在一个完全竞争的市场中，一种商品的卖方和买方都足够多，以至没有单独一个卖方或买方能影响该商品的价格。价格由供给和需求的市场力量决定，定价过程如图 2 - 3 所示。

　　在图 2 - 3 中，假定决定供求的因素除商品或劳务自身的价格外均为已知，从而供求状况既定，如 $S$ 曲线和 $D$ 曲线所示。从图中可见，$S$ 曲线和 $D$ 曲线在 $e$ 点相交，与 $e$ 点相对应的价格即 $\rho_e$ 就是均衡价格。因为在此价格水平上，买方愿意并能够购买的数量与卖方愿意并能够供给的数量恰好相等。也就是说，在 $\rho_e$ 水平上，市场上供求的相互作用不再能使价格进一步变化。

　　经济学理论还说明，由以上方式确定的价格就是该产品的边际价格。单个厂商在决定生产和销售量时都将价格看作给定的，消费者在决定商品的购买量时也将价格当作给定的。

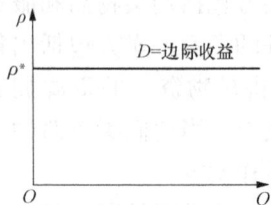

图 2 - 7　完全竞争市场中
单一企业的需求曲线

　　在完全竞争市场中，整个市场的需求曲线 $D$ 是下降的，如图 2 - 1 所示。但单一企业所面临的水平需求曲线一般被称为完全需求弹性，如图 2 - 7 所示。此时，企业所选择的产出水平应该是使得其边际成本等于市场价格（即边际收益）的那一点。

### 三、非竞争市场

　　非竞争市场有卖方垄断（简称垄断）和买方垄断出现，是与完全竞争相反的概念。垄断就是市场中只有一个卖方，但有许多买方；而反过来买方垄断，即市场中有许多卖方但只有唯一的买方。

由于一个垄断者就是一种产品的唯一生产者，市场需求曲线反映了该垄断者所能得到的价格是如何取决于他投放市场的产量的。垄断者会利用能控制价格的有利条件，追求自身的利润最大化。其价格和产量与完全竞争市场所决定的价格和产量之间有何不同呢？一般地说，与完全竞争的产量和价格相比，垄断者的产量较低而价格较高。这就意味着垄断造成了一种社会成本，因为它使得只有较少的消费者买到这种产品，而买到产品的消费者又要付出较高的价格。这就是为什么反垄断法禁止厂商垄断大多数的市场的原因。当规模经济使得垄断可取时，政府可以通过管制该垄断者的价格而提高效率。

作为一种产品的唯一生产者，一个垄断者处在一个特别的位置。如果垄断者决定提高产品的价格，他用不着担心会有其他的竞争者通过较低的价格来抢夺市场份额，损害他的利益。垄断者对市场出售的产量有完全的控制能力，但这并不意味着垄断者能想要多高的价格就可定多高的价格，至少其目标是利润最大化时无法在价格上随心所欲。

为了实现利润最大化，垄断者必须先确定市场需求的特征，以及其自身成本。关于需求和成本的知识对一个厂商的经营决策至关重要。通过这些知识，垄断者可以决定生产和销售的数量。垄断者销售每单位产量所能得到的价格直接由市场需求曲线决定。同样地，垄断者也可以先决定价格，而在此价格上所能售出的数量由市场需求曲线决定。

平均收益是指卖出每单位产品所得到的价格，也就是市场需求曲线。为了选择利润最大的产量水平，垄断者也需要知道边际收益，即 1 单位产量变化引起的收益变化。为了弄清总收益、平均收益和边际收益之间的关系，下面给出一个厂商的例子，其收益情况见表 2 - 2。该厂商面对的需求曲线为

$$\rho = 6 - Q \qquad\qquad (2 - 6)$$

表 2 - 2　　　　　　　　　　　　　　某 厂 商 的 收 益

| 价格 $\rho$<br>（美元） | 销售数量 $Q$ | 总收益 $B_T$<br>（美元） | 边际收益 $B_M$<br>（美元） | 平均收益 $B_A$<br>（美元） |
|---|---|---|---|---|
| 6 | 0 | 0 | — | — |
| 5 | 1 | 5 | 5 | 5 |
| 4 | 2 | 8 | 3 | 4 |
| 3 | 3 | 9 | 1 | 3 |
| 2 | 4 | 8 | −1 | 2 |
| 1 | 5 | 5 | −3 | 1 |

由表 2 - 2 或式（2 - 6）可以看出，当价格为 6 美元时，收益为 0。因为在该价格任何东西都卖不掉。在价格为 5 美元时能卖掉 1 单位，因而总收益及边际收益为 5 美元。卖出的数量从 1 单位增加到 2 单位时，总收益从 5 美元增加到 8 美元，因此边际收益为 3 美元。当卖出的数量从 2 单位增加至 3 单位时，边际收益下降到 1 美元，当卖出数量从 3 单位增至 4 单位时，边际收益变为负值。边际收益为正时，总收益随销量增加，但当边际收益为负时，总收益递减。

当需求曲线向下倾斜时，价格（平均收益）大于边际收益，这是因为所有单位的产品都

以同样的价格出售，为了增加 1 单位销售，价格必须降低。因此全部销出的单位（不仅是增加的这个单位）都取得较少的收益。

在理论上应该根据边际收益等于边际成本来选择价格和产量，但在实践中一个企业的经营者又如何找出正确的价格和产量水平呢？大多数经营者对企业所面临的平均收益和边际收益曲线只有很有限的知识。同样，他们可能只知道企业在一个十分有限产量范围内的边际成本。因此，应该将边际收益必须等于边际成本这个条件转换成在实践中很容易运用的简单法则。

为了做到这一点，先把边际收益 $B_M$ 的表达式重新写成

$$B_M = \frac{\Delta B_T}{\Delta Q} = \frac{\Delta(\rho Q)}{\Delta Q} \tag{2-7}$$

注意：来自增加 1 单位产量的额外收益 $\Delta(\rho Q)$ 由两部分组成。生产额外的 1 单位并以价格 $\rho$ 售出带来收益为 $\rho \times 1 = \rho$。但该企业面临一条向下倾斜的需求曲线，因此生产和销售该额外单位也会引起价格的小幅下跌 $\Delta\rho$，这会降低卖出的所有单位的收益，即引起 $Q\Delta\rho/\Delta Q$ 的收益改变。因此有

$$B_M = \rho + Q\frac{\Delta\rho}{\Delta Q} \tag{2-8}$$

已知需求弹性的定义为 $E_d = \frac{\rho}{Q}\frac{\Delta Q}{\Delta\rho}$，因此

$$B_M = \rho + \rho\frac{1}{E_d} \tag{2-9}$$

由于厂商的目标是实现利润最大化，因此令边际收益等于边际成本，即

$$\rho + \rho\frac{1}{E_d} = C_M \tag{2-10}$$

它可表达成

$$\frac{\rho - C_M}{\rho} = -\frac{1}{E_d} \tag{2-11}$$

这个关系为定价提供了一个简单法则。等式左边的 $\frac{\rho - C_M}{\rho}$ 为在边际成本上的加价占价格的百分比，该关系式说明它应等于需求弹性倒数的相反数。由于需求弹性本身为负，因此该数会是正的。同样地，也可以重新安排该方程以将价格直接表达为在边际成本上的一个加价，即

$$\rho = \frac{C_M}{1 + 1/E_d} \tag{2-12}$$

例如，若需求弹性为 −4，且边际成本为每单位 9 美元时，则价格就应该是每单位 12 美元。垄断者所定价格与竞争价格相比如何呢？我们知道在一个完全竞争的市场是等于边际成本的。垄断者所索取的价格则超过边际成本，超过的幅度反向取决于需求弹性。正如式 (2-11) 所示，如果需求特别有弹性，$E_d$ 的绝对值很大，则价格将非常接近边际成本，因而一个垄断市场看起来会非常类似于一个完全竞争的市场。事实上，当需求非常有弹性时，做一个垄断者并没有多大的好处。

**四、具有市场力的竞争市场**

纯粹的垄断是很少见的，但在许多市场中，常常会只有少数几个相互竞争的厂商，通常

被称为寡头竞争。这些市场中的厂商之间的相互作用很复杂，并且常常带有策略博弈。但无论如何，这些厂商都有能力影响价格，也都可以发现定价于边际成本之上将有利可图。这样的市场将是具有市场力的竞争市场，这些厂商就具有垄断势力。垄断势力和买方垄断势力是市场势力的两种形式。垄断势力通常也被称为市场势力或市场力。市场力即一个卖方或一个买方影响一种物品价格的能力。由于卖方和买方都有一定的市场力，因此必须弄清市场力究竟是如何起作用的，以及它对厂商和消费者的意义。

市场力可采用下述方法衡量：

1. 市场集中度指标

市场集中度表示为

$$HHI = \sum_{f=1}^{n} s_f^2 \tag{2-13}$$

式中：$s_f$ 为发电商 $f$ 所有机组的联合出力所占的市场份额；$n$ 为市场中公司总数。

美国联邦能源监管委员会（FERC）规定，$HHI$ 小于 1000 表示市场没有集中度，$HHI$ 在 1000～1800 之间为中度集中，$HHI$ 大于 1800 为高度集中。虽然 $HHI$ 不包含需求、机组报价及网络阻塞等信息，但在衡量市场结构方面有一定合理性，因此是市场设计的一个重要参考指标。

2. 价格—成本比较方法

对完全竞争厂商，价格等于边际成本；而对有垄断势力的厂商，价格大于边际成本。因此，测定垄断势力的一个自然的方法是计算利润最大化价格超过边际成本的程度，即价格减去边际成本再除以价格的加价率。这种测定垄断势力的方法是由经济学家阿巴·勒纳（Abba Lerner）1934 年首先使用的，称为勒纳指数（Lerner Index，LI），也称为勒纳垄断势力度，用公式表示为

$$LI = \frac{\rho - C_M}{\rho} \tag{2-14}$$

勒纳指数的值总是在 0～1 之间。对一个完全竞争厂商来讲，$\rho = C_M$，从而 $LI = 0$。$LI$ 越大，垄断力度越大。

该垄断势力指数也可以用厂商面临的需求弹性来表达。根据式（2-11）有

$$LI = \frac{\rho - C_M}{\rho} = -\frac{1}{E_d} \tag{2-15}$$

这里必须注意 $E_d$ 现在是厂商需求曲线的弹性而不是市场需求曲线的弹性。

以上分析表明有一定的垄断势力并不一定意味着高利润。利润取决于相对于价格的平均成本水平。例如，厂商 A 可以比厂商 B 有更大的垄断势力，但由于 A 的平均成本要高得多，A 的利润可能反而会较低。

与垄断市场的定价原则相似，具有市场力的竞争市场中各企业的定价也是采用加价的方式确定，即

$$\rho^* = \frac{C_M}{1 + 1/E_d} \tag{2-16}$$

这里 $E_d$ 同样是厂商面临的需求曲线的弹性而不是整个市场需求曲线的弹性。

由于厂商必须考虑他的竞争者对价格变化的反应，因此确定厂商的需求曲线比确定市场

的需求曲线要更困难。最基本的，经营者必须估计出1‰的价格变化会引起的销售量变化的百分比。这个估计可以是基于一个正式的模型作出的，也可以是根据经营者的直觉或经验作出的。

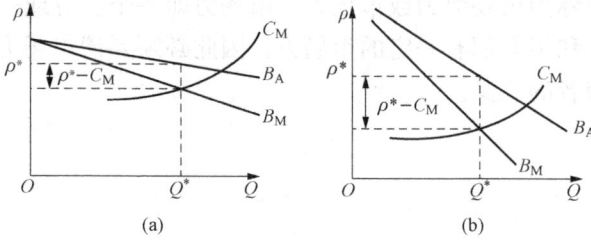

图 2-8　需求弹性和价格加价
（a）弹性较大、加价较小的情况；（b）弹性较小、加价较大的情况

通过对厂商需求弹性的估计，经营者可以算出合适的加价。如果厂商的需求弹性很大，这时加价就会较小（此时该厂商只有很小的垄断势力），如图2-8（a）所示。如果厂商的需求弹性很小，该加价就会很大（此时该厂商有相当大的垄断势力），如图2-8（b）所示。图中 $B_A$ 为平均收益，$B_M$ 为边际收益。

## 2.4　市　场　效　率

**一、消费者剩余和生产者剩余**

在经济上，通常用消费者剩余测度消费者从竞争市场获得的总净效益，用生产者剩余测度生产者获得的总净效益。二者之和就是市场产生的社会效益。显然，市场产生的社会效益越大，则市场效率越高。下面介绍消费者剩余和生产者剩余的概念。

在完全竞争市场上，消费者和生产者按现行市场价格买卖商品。但是对于某些消费者来说，商品价值超过市场价格；如若必须，他们愿意支付更高的价格。消费者剩余是消费者获得的超过购买商品支付的总效益或总价值。

例如，假设市场价格为每单位5美元，如图2-9所示。某些消费者可能对该商品评价很高，愿意支付更高的价格。例如消费者 A 愿意为此物品支付10美元，由于市场价格仅为5美元，他享受到5美元净效益；消费者 B 愿意支付7美元，因而享有2美元净效益；最后，消费者 C 对该商品的评价恰好等于市场价格5美元，消费者 C 的净效益为0。

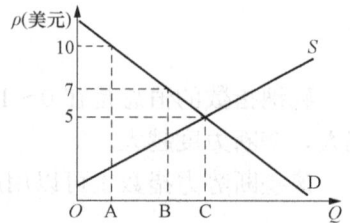

图 2-9　消费者剩余和
生产者剩余

就消费者总体来看，消费者剩余等于需求曲线与市场价格之间的面积。由于消费者剩余测度消费者总的净效益，通过计算消费者剩余变化可以测度政府干预给消费者带来的损益。

生产者剩余是对生产者的类似测度。某些生产者以正好等于市场价格的成本生产若干单位产品。但是，另一些生产者的成本可能低于市场价格，即使市场价格下跌，他们仍愿意继续生产和销售。因此，生产者从销售这些产品中享受到的效益也是一种剩余。就单位产品来看，这个剩余是生产者接受的市场价格与边际生产成本之间的差额。

从市场整体来看，生产者剩余是位于供给曲线上方直至市场价格的区域，等于图2-9中供给曲线与市场价格之间的面积，这是低成本生产者按市价出售产品获得的效益。

总的来说，消费者和生产者剩余之和为总社会效益，可用来测度竞争市场的效率。

**二、政府控制导致效益的变化**

为了说明怎样运用消费者和生产者剩余评价政府政策，首先假设通过价格控制抑制生产，而需求增加产生了过度需求。

价格控制带来的消费者剩余和生产者剩余的变化如图 2-10 所示。由于存在价格控制，价格从 $\rho_0$ 降为 $\rho_{max}$，生产和销售量从 $Q_0$ 降为 $Q_1$，一些消费者已经得到市场配给。那些仍能买到商品的消费者现在支付的价格降低，获得的剩余增加，如图中矩形区域 $A$。然而，有些消费者不再能买到商品，他们的消费者剩余损失为三角形区域 $B$。因此，消费者剩余的净变化为 $A-B$。在图 2-10 中，矩形区域 $A$ 大于三角形区域 $B$，所以，消费者剩余的净变化为正。

生产者剩余会怎样变化呢？那些仍留在市场上生产 $Q_1$ 数量商品的生产者，现在只得接受较低的价格，商品价格规定者不超过 $\rho_{max}$，低于市场出清价格 $\rho_0$。他们失去了矩形 $A$ 代表的生产者剩余。但是，总产量也下降了，导致生产者剩余的额外损失为三角形区域 $C$。因此，生产者剩余的总变化为 $-A-C$。显然，价格控制使生产者遭受损失。

那么，价格控制给生产者带来的损失是否可以被消费者的得益抵消呢？回答是否定的。如图 2-10 所示，价格控制导致总剩余的净损失，称为无谓损失。消费者剩余的变化为 $A-B$，生产者剩余的变化为 $-A-C$，所以，剩余的总变化为 $(A-B)+(-A-C)=-B-C$，从而有了无谓损失部分，见图 2-10 中两个三角形区域 $B$ 和 $C$。无谓损失也是价格控制造成的低效率；生产者剩余的损失超过了消费者剩余的增加。

如果社会对消费者剩余的评价高于生产者剩余，这一无谓损失就不会有大的政治影响。然而，如果需求曲线非常缺乏弹性，如图 2-11 所示，价格控制会进一步导致消费者剩余的净损失。在图 2-11 中，三角形 $B$ 为未得到市场配给的消费者的损失，它大于那些仍能买到商品的消费者的得益矩形 $A$。这里，消费者对这种产品的评价很高，所以，那些未得到市场配给的消费者遭受严重损失。

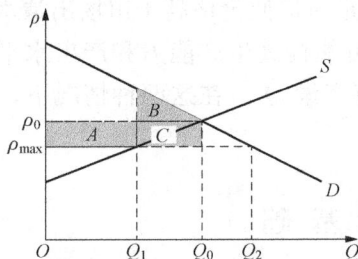

图 2-10　价格控制带来的消费者剩余
和生产者剩余变化

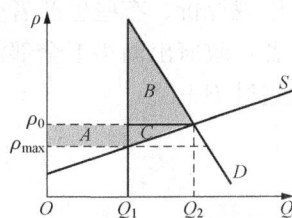

图 2-11　需求无弹性时价格
控制的影响

如果需求弹性非常小，使得 $B>A$，在这种情况下，价格控制将使消费者遭受净损失。上面讨论了价格控制怎样产生无谓损失。当政府要求生产者的价格低于市场出清价格时，经济效率（消费者和生产者福利总和）降低了。当然，这并不意味着该政策不好，它可能达到了政策制定者及公众心目中的重要目标。然而，这种政策是有成本的，它使得消费者和生产者剩余共减少了 $B+C$ 的无谓损失。

有人可能认为，如果要达到经济效率是唯一目标，最好让竞争市场自由运行。有时候情况并不总是这样。在两种情形下，政府干预能增加其他竞争市场中消费者和生产者的总福利。第一种情形是，给消费者或生产者带来损益的行为在市场价格中得不到反映。我们称这些损益为外在性，因为对于市场来说，它们是"外在"的。例如，化工污染造成的社会成本，如果没有政府干预，生产者绝不会考虑污染的社会成本。

另一种情形是市场失灵的情况，在这种情况下，政府干预能增进自由运行的竞争市场产出。大致说来，市场失灵是指价格不能向消费者和生产者提供正确的信号，因而市场不按我们所描述的那样运行。比如说，消费者由于缺乏商品质量或特性的信息，不能作出效用最大化的购买决策。从而，政府干预就是适当的。

除了外在性或市场失灵的情形以外，无管制的竞争市场确实能导致经济上有效的产出水平。为了说明这一点，让我们考虑如果价格受限而不是均衡的市场出清价格时会出现什么情况。

前面已经考察了价格上限的影响（即价格控制在市场出清价格之下），生产下降（图 2-10 中从 $Q_0$ 降到 $Q_1$），相应的总剩余损失为无谓损失 $B+C$。生产得太少，消费者和生产者总体境况恶化。

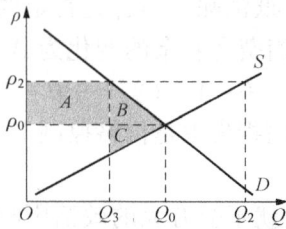

图 2-12　价格高于市场出
清价时的福利损失

现在，假设情况相反，政府要求价格高于市场出清价格，比如说，是 $\rho_2$ 而不是 $\rho_0$。如图 2-12 所示，在较高价格水平下，生产者将生产更多的产品 $Q_2$，但消费者愿意购买的数量下降为 $Q_3$。如果假设生产者以销定产，市场 $Q$ 产出水平将为 $Q_3$，这里再次出现总剩余的净损失。当价格规定不得低于 $\rho_2$ 时，需求量仅为 $Q_3$，如果只生产 $Q_3$，无谓损失为 $B+C$。

在图 2-12 中，矩形 $A$ 现在表示消费者转移给生产者的剩余（他们现在接受了更高的价格），但三角形 $B$ 和 $C$ 还是无谓损失。

由于价格更高，一些消费者不再购买商品（消费者剩余损失为三角形 $B$），一些生产者不再生产这部分产品（生产者剩余损失为三角形 $C$）。

事实上，图 2-12 中无谓损失部分 $B+C$ 还只是对迫使价格高于市场出清水平的政策效率成本的乐观评价。有些生产者受高价 $\rho_2$ 诱惑，可能提高生产能力和产出水平，导致产品滞销。或者，政府出面买下全部滞销商品，以维持产量 $Q_2$。在这两种情况下，总的无谓损失将远远超过 $B+C$。

## 2.5　博　弈　论　基　础

### 一、博弈论的发展及分类

博弈论又称为对策论或竞赛论，其实质是一种方法论。它是一种使用严谨数学模型来解决现实中利害冲突的理论。由于冲突、合作、竞争等行为是现实中常见的现象，因此博弈论可用于很多领域，如军事领域、经济领域、政治外交等，解决诸如战术攻防、国际纠纷、定价定产、兼并收购、投标拍卖、工程管理、文化娱乐甚至动物进化等。

博弈论与常规的优化决策理论的不同之处在于：①博弈论中参与者在利益上有冲突；②参与者要各自做出优化决策，并企图使个人的利益最大化；③每个人的决策和他人之间有相互作用，即他人的决策会影响某个人，而某个人的决策也会影响他人；④在博弈论中一般假定参与决策的个体均为理智的，从而进行理性的逻辑思维。

有关博弈问题的研究可以追溯到 19 世纪经济学中关于对策的研究，如经济学家古诺（Cournot）和伯特兰德（Bertrand）研究少数制造商操纵和控制市场问题的论文。此后数学家波莱尔（Borel）和策梅洛（Zermelo）也做了大量工作。冯·诺依曼（Von Neumann）在 1928 年发表了第一篇"零和"问题的具有里程碑性质的论文。但是直到 1944 年，求解零和问题的博弈理论才由冯·诺伊曼及摩根斯坦（Morgenstern）进一步发展，并形成专著《博弈论与经济行为》一书。该书的出版标志着博弈论理论体系的形成，并从此得到广泛的传播和应用。

博弈论更为深远和重大的发展，是在 20 世纪 50 年代和 60 年代。其中最重要的就是 1950 年由纳什（Nash）提出的纳什均衡概念。简单地说，纳什均衡是指在对手的策略既定的情况下，各个对局者所选择的策略都是最好的。或者这样说，纳什均衡是指一旦给定你的策略，我所选择的是最好的；一旦给定我的策略，你所选择的是最好的。

1994 年三位长期致力于博弈论研究实践的学者纳什、海萨尼（Harsanyi）、塞尔顿（Selten）共同获得诺贝尔经济学奖，1996 年的诺贝尔经济学奖又授予在博弈论应用方面有重大成就的经济学家。可见，博弈论在经济领域中的地位和作用得到了社会的承认和权威性的肯定。

博弈问题有多种不同的分类方法，相应的求解方法也有所不同。按参与者之间是否存在互相协作，可将博弈问题分为非协作博弈和协作博弈两大类；按参与者获利之和的特性，可划分为零和博弈和非零和博弈；按静态和动态的观点，可分为静态博弈和动态博弈。

1. 非协作博弈与协作博弈

非协作博弈是指参与者互相独立，各自争取最大利益的博弈。其广泛应用纳什均衡概念来求解。在纳什均衡上，如果某一个人的策略变化而其他人的策略保持不变，会导致这个人的获利减少。非协作博弈是研究少数制造商操控市场的若干标准问题的理论基础，对于研究市场力（即一个或多个个体、有意或无意地运用博弈方法，对市场进行操纵和控制的力量）有重大意义。

非协作博弈中有两个最经典的问题，即古诺双头垄断（cournot duopoly）和伯特兰德双头垄断（bertrand duopoly）。前者又称为古诺模型，两个生产商生产同一种产品，每个厂商必须在不知另一厂商决策的情况下决定自己的产品数量以使其获利最大，已知产品的市场价格是两个生产商产量的函数，且是下降型的需求函数（产量越多，市场价格越低）。后者又称为伯特兰德模型，两个生产同一产品的厂商，要求各自独立选择商品的价格，以使获利最大。

协作博弈一般是指基于参与者结成联合体，共同协作争取联合体的最大利益，再将利益进行内部分配的博弈，有关方法称为联合的或协作的博弈方法。例如安理会投票表决、OPEC（石油输出国联合组织）限产保价等问题。这类问题重点放在联盟利益的分配上，它的理论和方法广泛应用于利益损失的共同分担问题。其难度较大，大量地用于投标和分配问题上，并已在电力市场中的发电竞争、用户投标、输电与转运决策及相应成本分配以及研究市场力中得到了进一步的开发和应用。另外，对同一问题，参与者如采用协作博弈一般获得的收益比非协作博弈更大。

2. 零和博弈与非零和博弈

在零和博弈中，一个参与者的获利直接等于另一参与者的损失。例如下棋、扑克牌之类博弈问题大多属于零和博弈。而在非零和博弈中，参与者的获利和损失则不相等，即其代数和不必为零。这是更大量的博弈问题，是数学家纳什首先提出和解决的，即纳什均衡。纳什均衡的概念及其求解方法已成为博弈论最重要的工具，并扩展适用于各种博弈问题之中。

3. 静态博弈与动态博弈

博弈问题还可按静态博弈和动态博弈，以及对各方信息掌握完美与否分为四大类：静态的有完美信息的博弈问题、动态的有完美信息的博弈问题（例如下棋，双方都清楚对方下过的招数），静态的有不完美信息的博弈问题、动态的有不完美信息的博弈问题。另外，上述每一大类问题还可衍生出进一步的问题，如动态博弈中历史信息的完美与否，博弈是否不断重复，博弈中是否涉及恐吓或诈骗行为，博弈中是否有用非理性的行为来参与博弈，以及解决问题过程采用的形式是规范形式还是扩展形式等。

由于上述各种因素，实际的博弈问题十分复杂，一个实际问题的解由于求解人采用的假定、运用的模型与策略不同而导致不同的解，参与者获利就有很大不同。这就需要在实践中运用人工智能技术等各种方法不断完善对博弈问题的求解能力。同时，应注意其他参与方的策略是否会变化，因此还要使决策有适应性和鲁棒性。

**二、博弈论的基本原理与方法**

下面简要介绍博弈论的思想精髓和基本概念，一个完整的博弈应当包含以下七个方面的内容。

（1）参与者（player），又称博弈方，是博弈中能够进行理性逻辑思维的决策主体，能理性思考，独自选择并能独立承担后果的个人和组织（如厂商、政府、国家）。除了一般意义的参与者之外，有时为了分析的方便，简化计算的难度，会引入虚拟参与者（pseudo-player），即把除己方外所有的参与者看成一个虚拟参与者。

（2）信息（information），即参与者所获得的有关博弈并对博弈有帮助，对博弈最终结局有影响的信息集合。信息集是博弈论中描述参与者信息特征的一个基本概念，各参与者信息的流通传递了其行动空间和最优战略的选择。

（3）策略（strategy），又称战略，是参与者在每一种可想象到的情况下全部行为的组合。第 $i$ 个参与者的一次特定策略可表述为 $s_i$，$i = 1, 2, \cdots, n$，$S_i = \{s_i\}$ 表示第 $i$ 个参与者所有可选择的战略集合。如果 $n$ 个参与者每人都选择一个战略，$n$ 维向量 $S = (s_1, \cdots, s_i, \cdots, s_n)$ 称为战略组合。

（4）行动（action），是参与者基于可选择的策略做出的行动集合。例如使厂商利润最大化决策中的产量、价格等。

需要特别指出的是，战略绝对不能等同于行动，战略是行动的规则而不是行动本身。"人不犯我，我不犯人；人若犯我，我必犯人"是一种战略，而"犯"与"不犯"就是两种行动，战略一定是完备的，囊括了所有可能发生的行动，战略的规则决定了什么时候选择"犯"，什么时候选择"不犯"。

（5）博弈的次序（order），在任何一个博弈过程中，参与者的行动顺序有先后之分，而且其行动顺序对最终的博弈结局有直接影响。各发电厂商同时决策的情形称为静态博弈，否则就是动态博弈。

（6）支付（payoff），指各参与者在特定的战略组合下得到的期望效用水平，即各博弈方作出决策选择后获得的利益，可以量化，可能是正值也可能是负值，某个参与者的支付不仅取决于自己的策略，而且还取决于除己方外其他所有参与者的策略。它是分析博弈的基础和检验博弈效果的标准，令 $u_i$ 为第 $i$ 个参与者的支付函数，则 $U = (u_1, \cdots, u_i, \cdots, u_n)$ 表示 $n$ 个参与者的支付组合。

（7）均衡（equilibrium），指所有博弈方不断调整策略，最终所达到的一种平衡状态，是最优策略的集合。一般记为

$$s^* = (s_1^*, \cdots, s_i^*, \cdots, s_n^*) \qquad (2-17)$$

式（2-17）中，$s_i^*$ 是第 $i$ 个博弈方在均衡状态下的最优战略，它是第 $i$ 个博弈方所有可选择战略中使 $u_i$ 最大化的战略，用 $s_{-i} = (s_1, \cdots, s_{i-1}, s_{i+1}, \cdots, s_n)$ 表示由除 $i$ 之外的所有参与者的战略组成的向量，以此来把一个特定的参与者与其他参与者区别开来。因此，定义 $s_i^*$ 是 $s_{-i}$ 情形下第 $i$ 个博弈方的最优战略，即

$$u_i(s_i^*, s_{-i}) \geqslant u_i(s_i', s_{-i}) \qquad \forall s_i' \neq s_i^* \qquad (2-18)$$

均衡表示对所有的 $i = 1, 2, \cdots, n$，式（2-18）都是同时成立的。

综上所述，一个完整的博弈用战略式表述为：

（1）博弈的参与者集合，$i \in \Gamma, \Gamma = (1, 2, \cdots, n)$；

（2）每个参与者的战略空间，$S_i, i = 1, 2, \cdots, n$；

（3）每个参与者的支付函数，$u_i(s_1, \cdots, s_i, \cdots, s_n), i = 1, 2, \cdots, n$。

用 $G = \{s_1, \cdots, s_n; u_1, \cdots, u_n\}$ 代表战略式表述博弈。假设在两个寡头电力市场的产量博弈里，发电厂商是参与者，产量是报价策略，利润是支付函数。战略式表述博弈为

$$G = \{Q_1 \geqslant 0, Q_2 \geqslant 0; B_1(Q_1, Q_2), B_2(Q_1, Q_2)\} \qquad (2-19)$$

式中：$Q_i$ 和 $B_i$ 分别为第 $i(i = 1, 2)$ 个发电厂商的发电产量和利润。

**三、博弈论与电力市场**

电力市场的诞生为博弈论的应用提供了一个良好的环境。一方面，各个市场参与者要尽力运用博弈论使自己在和他人竞争中取得的利益最大化；另一方面，市场监管组织要用它来预测和判断在市场参与者各方的博弈行为下是否发生操纵市场、哄抬价格等不合理的竞争现象。例如，一些发电公司利用必开机组的机会抬高电价，一些发电公司组成利益集团，联合投标，以求最大利润等，都属于企图操纵、控制电力市场的行为。其中不合理的行为，必须予以监督、阻止，以及惩罚。由于电能是一种非常特殊的商品，电能交易形式又呈现多样化，用博弈论模拟电力市场，模拟的结果可能更加接近实际，为市场模式设计提供依据。因此，博弈论在电力市场中的应用研究具有很大的理论价值和实际意义。

1. 在购售电决策方面的应用

购售电决策与电力市场的模式有很大关系。例如，是联营体模式还是双边合同模式的交易。前者由联营体收集各参与者的投标情况（价格和电量），然后按统一原则评标，评标可以是一次性的，也可以是一次评完后各参与者还可以根据结果修正投标的多次评标过程。后者的双边合同可以在购电和售电双方经过讨价还价后签约，而且双边合同有各种不同形式，如现货、期货和期权合同，以及可以有风险回避的功能，如差价合同（contract for difference，CFD）等。两种市场模式在博弈决策时有很大的区别。

联营体模式下，参与者众多，若干发电公司或若干购电商可以结成联合体去投标，也就是协作博弈问题，这比各自独立去投标可以取得更大的利益，所得利益在联营体内合理分配。一般在这类博弈决策时，网络的输送容量是不考虑的。在联营体模式下各参与者也可不

合作而各自决策，也就是非协作博弈问题。这类问题现在大量采用纳什均衡的概念。求解有许多参与者的博弈问题的纳什均衡是一个难题。

在双边合同模式下，则常出现两个对立的参与者的局面，买卖双方必须进行针锋相对的非协作博弈，但为了减少风险也可让步。这种两个对立的参与者间的非协作博弈又和多个参与者的情况不同，求解时往往把每方的可能决策变为有限个离散的决定，并用矩阵形式表示双方决定的各种可能的组合以及相应的获利，并可较快地据此得到纳什均衡。

市场的规则及电价原则也对博弈有重大影响。譬如，是采用统一的市场电价还是采用现货电价，市场电价是否有上、下限等。市场参与者本身的特点也对博弈决策有极大的影响，例如售电参与者是火电厂、水电厂、核电厂、自备电厂等，又如购电参与者是中间商、供电公司及有或无自备电厂的大工业用户等，都会影响决策，以使自己的利益最大化。中间商若自己不拥有电厂，要按市场波动价买电，并以统一价售给用户；而供电公司可能拥有小电厂（一般成本较高），要决定自己生产多少、外购多少，以最低成本满足区内用户。

另外，购售的商品性质也影响博弈对策的方法，如是期货市场、日前市场、旋转备用市场还是实时平衡市场等。在计及网络输送容量极限时，网络的阻塞也成为博弈中失败或取胜的因素。系统其他调节控制性能（如无功/电压支持、稳定性控制等）也同样影响博弈决策。甚至电力系统的运行工况，如峰谷负荷、设备是否停运而造成阻塞、特殊的气候等，都可对决策造成影响。所有这些问题都应作进一步研究。

2. 在区域间功率交换、转运和输电成本分配方面的应用

区域间功率交换可以取得益处，如我国的西电东送，可得到错峰效益和水火联合调度效益，还可提高系统可靠性，减少装机和备用容量，降低成本，提高经济效益。互联网间短期功率交换是一种经济运行手段，既有合作又有竞争。为了解决该问题，可用古诺模型和纳什谈判方法来决策出双方都可接受的交换功率和交易价格。这类博弈多是双边合同性的，也可由更高一层机构进行中央管理，其决策优化方法有所不同。

博弈论也可用于相应网络和联络线上输电成本的合理分配。一般地，当两个区域电力系统的市场清算价不同时，市场清算价高的区域电力系统供电商从经济的角度出发会向市场清算价低的区域电网发电公司购电，并支付相应的输电费和过网费。这类电力跨网交易决策的特点是，必须计及相应联络线的传输极限和相应的输电费用（联络线使用费或其他区域电力系统过网费），并应计算区域间交易带来的各种效益的量化值，以确定最优交易量、价格及时间。这和上述同一电力系统内的购售电投标有所不同。因为在同一电力系统内市场参与者投标往往不计输电约束，并常由运行部门考虑安全约束问题，再对电力交易进行修正。同一电力系统内的联系紧密，一般认为不发生输电阻塞问题。如真有阻塞出现，可人为将它分为两个区域处理，则有区域间交易发生。

3. 在研究市场行为方面的应用

由于电力市场中各参与者企图通过各种策略来优化自己的获利，一些企图控制市场的不合理行为也由此出现。在市场设计时如何运用博弈论指导市场设计和规则制定，尽可能防止这类行为发生，以及在市场运营时如何运用博弈论判别及分析这类行为，并予以防止及纠正，也是博弈论在电力市场中成功应用的一个领域。

例如，仿真及理论研究表明电力市场中参与者可以联合起来，运用协作博弈方法进行投标来控制市场，特别是在参与者数量较少，而其组成的联合体占有大量市场份额时，情况更

加严重，即出现寡头垄断问题。因此市场运营中必须防止和阻止这类市场力。另外，如果有市场参与者利用线路阻塞、特殊事件（停运、事故）和气候、峰荷时段、联络线瓶颈造成的必须运行机会，运用博弈方法和策略哄抬电价，也应及时识别并予以纠正。

以上介绍了博弈论在电力市场中的三个方面的研究，在其他方面也有应用，如：供电局可用其进行负荷管理以便取得最大利益；在电力市场环境下进行电站规划及筹资建设时，也可用来优化决策；拥有自备电厂的用户，既可以从公用电力系统购电，也可以自己发电来满足自身，为解决两者的冲突，可构造有关的博弈模型［如斯塔克尔伯格（Stackleberg）模型］来分析，使电力系统降低出售电价，普通用户得到更多的益处；为了解决转运市场的双边贸易中输电系统固定成本分摊问题，可构造出基于多人合作的博弈模型，可以计算出线路逐笔交易的分摊费用。

但是应用博弈论进行决策时也存在缺点，主要是纳什均衡求解的困难较大；竞争各方相互保密，由于对方策略信息未知造成的决策困难；分析计算中的假定及简化影响决策结果的可靠性等。为了克服单纯使用博弈论进行电力市场中投标和决策的缺点，各种人工智能的方法，如人工神经元网络、模糊理论、遗传算法及专家系统等被应用于电力市场研究。这些方法可相互结合，进行市场决策。

# 第 3 章　电力市场结构及运营模式

## 3.1　电力市场结构模式的选择及特点

电力市场中，发、输、配、售电相互间构成了电力市场的业务结构。电力工业重组模式决定了电力市场的业务结构，由于各国电力工业重组模式各异，在此基础上构建的电力市场的结构也不同。国外电力市场的业务结构模式主要有以下六种：①发、输、配、售电一体化模式；②输电独立，发、配、售电一体化模式；③发、输电独立，配、售电一体化模式；④输、配电独立，发、售电一体化模式；⑤发、售电分开，输、配电一体化模式；⑥发、输、配、售电完全分开模式。

电力市场结构是经过复杂的电力产业重组所形成或选择的，在重组过程中，应考虑多种因素，如根据各自国家的国情特征、社会经济条件、电力行业自身的发展技术水平等，选择合适的结构模式。

（1）电力产业发展的影响。在电力产业发展初期，出于电力行业规模经济的特征，以及电力初期投资的需要，技术上的规划协调等考虑，垂直一体化模式往往成为各国电力产业结构的自然选择。而随着电力产业的规模扩大，各国开始进行行业纵向拆分重组从而打破垄断、引入竞争，重组模式必须根据其他社会经济条件进行选择。

（2）地理、资源因素的影响。地理、资源结构因素也是影响电力市场业务结构选择的重要方面。在电力市场改革时，资源紧缺的国家对能源与安全战略的考虑将优于对电力产业效率的考虑，因此适于选择竞争性较小的产业结构模式。此外核电在电源结构中占据重要地位的国家，同样不适宜对电力产业进行彻底的纵向拆分；由于地理因素水利资源丰富的国家，基于丰枯时期统一调度的考虑，输配环节宜选择一体化模式。

（3）经济环境影响因素。经济环境因素对电力市场结构选择的影响主要体现在市场体制的成熟度、相关法律保障是否健全、监管体制的完善几个方面。电力市场机制包括电价机制、交易机制。经济环境的成熟度影响着所选择电力市场结构模式的改革效果，理想的结构模式在缺失健全的经济环境时，可能会导致改革的失败甚至倒退。

（4）安全因素的影响。电力市场化改革必须在系统安全运行的前提下进行，网架结构是市场结构选择的重要安全影响因素。在电网脆弱条件下，可以选择输配一体化模式，有利于输配电网的协调建设与安全稳定运行；在网架结构坚强的情况下，可以考虑选择输配分开的结构模式，形成透明的输电成本与定价机制，配电公司实行有效竞争。但是现在一些网架结构较好的国家，由于新的数字电网（智能化电网）的技术考虑，又要求输配的紧密联系。而对于电力运作的安全保障也需要相关技术的支持，例如电网自动化保护程序的技术投入。因此安全保障技术角度的可行性以及产业智能化发展对模式要求的制约，也是市场结构选择时需要考虑的因素。

（5）政府因素的影响。尽管各国电力市场结构更多的是客观条件的选择，但是由于电力工业作为国家基础产业的重要性，大多数国家在电力市场改革中，政府作为电力改革的组织者，提出改革的方案并出面组织，政府意志在模式选择中有着重要的引领作用。特别是电力市场化改革初期，以及一些电力产业的国有性质浓重的国家中，政府的意志决定着电力市场结构的走向，例如英国的电力自由化改革，就是在保守党派撒切尔夫人的强力推动下进行的，其他国家如法国、日本在其电力市场改革中政府也扮演了重要的角色。

20 世纪 80 年代末期，英国率先实行电力工业私有化改革，并提出了轰动世界的解除管制的理念。其含义是尽量减少市场管制和干预，并从商业运营的角度将发电、输电和配电的主要功能分解成相互独立的实体。

实际上，英国电力市场是将垄断的电力工业全面解除管制、引入竞争形成的，而美国的电力市场则是在全面私有化基础上进行的，它们是最具代表性的两种电力市场结构模式。英国的强制型电力库（power pool）模式、NETA 模式以及 BETTA 模式广受关注。美国加利福尼亚州（加州）的市场化改革虽然起步较晚，但却独树一帜，改革伊始就力图设计一种完美、超前和具有表率作用的市场模式。在 2001 年加州电力危机出现之前，这种模式曾一度受到许多学者的推崇。然而，加州电力市场仅仅运营了两年多的时间便出现了严重的电力危机，并导致惨重失败。这种结果远远超出了人们的预料，促使人们细致地思考改革中可能遇到的各种因素和困难，更加稳妥地进行市场化改革。

世界上主要的电力市场有：英国电力市场；美国加州、PJM 和 NEPOOL 电力市场；澳大利亚电力市场；新西兰电力市场；阿根廷电力市场；北欧电力市场；日本电力市场等。虽然各国电力市场的结构互不相同，改革所处阶段及所遇到的问题也不同，但有一些共同的特点：

（1）电价改革是关键。

（2）规模效益日渐消失。垄断导致规模效益越来越低，已无法补偿因低效带来的损失。同时，规模效益的下降和非增性质，已经影响到了输电定价的经济学理论基础。

（3）发电侧首先引入竞争，现货与合同交易并举。

（4）供电领域逐步开放，先从大用户再到所有用户均可自由选择供电商。

（5）输电网垄断经营，挖掘和发挥其自然垄断的潜力。输电网的自然垄断特性说明，电网不能重复建设，应该组建国家电网公司实行开放式的垄断经营。

（6）用经济和法律手段管理市场，避免简单命令式的调度方式。充分发挥市场经济这只"看不见的手"，充分运用经济手段调节和平衡电力市场。

（7）实施有限但严格的监管。监管必不可少，且应具备实时反馈和灵活调节的功能。为了保护公众的利益，必须对具有垄断性质的环节实行有限的管制，其最终目的是用法律手段规范市场，保证市场竞争的公平和公正。

## 3.2　电力工业重构产生的新实体及其应用组合

电力工业由传统模式走向电力市场引发了解除或放松管制、机构重组的复杂过程，并衍生许多新的实体。这些实体包括：

（1）发电商 G（generator）；

（2）发电经纪商 PM（power marketer）；

（3）电能交易中心 PX（power exchange）；

（4）独立系统操作员 ISO（independent system operator）；

（5）辅助服务供应商 AS（ancillary service provider）；

（6）电网公司 GC（grid company）；

（7）计划协调者 SC（scheduling coordinator）；

（8）零售商 R（retail service provider）；

（9）配电商 D（distribution service provider）。

上述实体中有些我们已经熟知，另一些如 ISO、PX、SC 等则是电力市场环境所独有的，这些实体将在后面分别加以分析和说明。

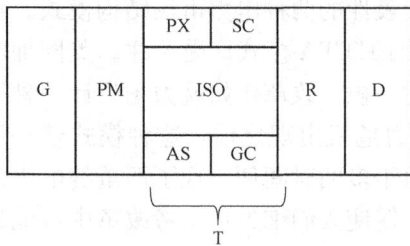

图 3-1　各种实体在电力市场中的位置

不同实体在电力市场中的位置如图 3-1 所示，输电部分 T 包括 GC、ISO、PX、SC 和 AS 五部分，是最重要、也是最复杂的环节。

根据市场结构的复杂程度，不同国家应用这些实体的组合方式有很大差别。典型应用情况如下：

（1）英国电力库模式。在英国第一次改革的电力市场中，只有英国国家电网公司（NGC）一个机构，它集 ISO、PX 和 GC 功能于一身；另设辅助服务交易商 AS；没有计划协调机构 SC。

（2）美国 PJM 电力市场。ISO 与 PX 合二为一；SC、GC 和 AS 相互独立。

（3）美国加州电力市场。所有机构（ISO、PX、SC、AS）都有，实行 ISO 和 PX 相互独立的结构模式。

（4）挪威电力市场。ISO 与 GC 合而为一；PX、SC 和 AS 独立运营。

在竞争性的电力市场中，各个实体对其提供技术支持的软件的具体要求可归纳为：

（1）GC：需要高水平的规划和分析工具，潮流及稳定分析软件。在电力市场环境下，需要考虑拥堵管理、可用输电容量和最大输电容量计算等软件。

（2）PX：带安全约束的机组组合程序，交易评估及结算软件，电子公告发布与信息交互处理系统。

（3）ISO：预调度和实时调度软件，最优潮流，预想、事故分析，辅助服务交易软件。

（4）SC：系统优化软件，市场评估与合同优化，投标策略和计量软件。

## 3.3　英国电力市场

**一、英国电力市场的结构和运营、交易模式**

英国电网包括英格兰和威尔士、苏格兰、北爱尔兰三个独立电网。前者已实行电力市场运营，后两者由于其用电量仅占全英国的 10%，尚未进行市场化改革。市场化意义上的英国电网，通常是指英格兰和威尔士电网。

英国电力市场可以划分为四个阶段：

（1）1989 年以前为垄断运营阶段。1989 年以前，电力由国家经营，为公有制。专设中央发电局，全面管理英格兰和威尔士电网的发电、输电和配电，实行高度垄断。

（2）第一次改革阶段（1989～2000 年）。其标志是以 1990 年 3 月 31 日成立的国家电网公司为依托，采用强制型电力库模式。

（3）第二次改革阶段（2000～2005 年）。此次改革于 1997 年开始酝酿，2000 年正式运作，其标志是引入了新的市场机制和交易模式（new electricity trading arrangements，NE-TA）。

（4）第三次改革阶段（2005 年至今）。其标志是实施英国电力交易和输电协议（british electricity trading and transmission arrangements，BETTA）。

（一）第一阶段的电力市场改革

1989 年，英国颁布了电力工业白皮书，提出将电力工业私有化和实行自由竞争的市场经济政策。1990 年，开始实行厂网分开、竞价上网。1990～1995 年，发电公司、配电公司、国家电网公司的股票陆续上市。1997 年，正式颁布电力法，解散中央发电局（CEGB），拍卖电厂和地区供电局的股份，并将国家控制的电网也以私有资本代替，形成了电力工业私有化的格局。

第一次电力市场改革后，英国电力市场的组织结构如图 3-2 所示。

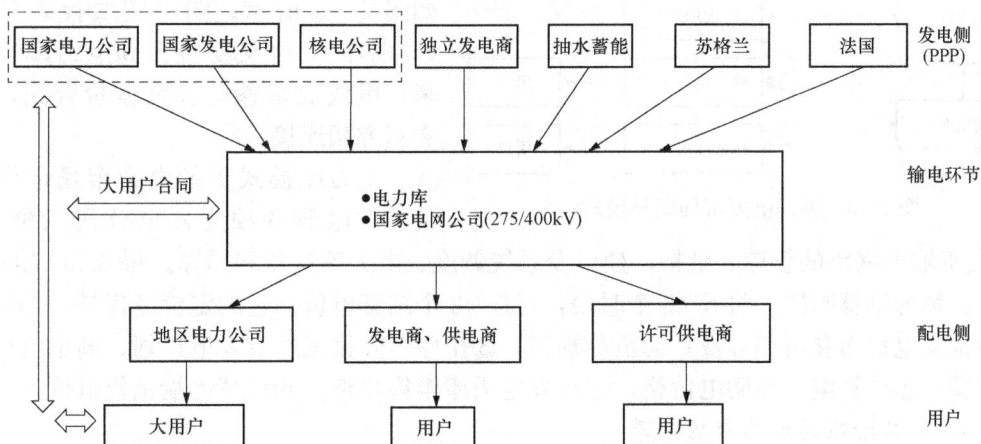

图 3-2　改革后的英国电力市场组织结构

其主要特征为：

（1）发电侧。将原有中央发电局重构为四部分：国家电网公司（NGC），国家电力公司（NP），国家发电公司（PG），核电公司（NE）。NGC 拥有所有 275、400kV 高压输电网，并负责与法国和苏格兰的电气联络；NP 拥有占总容量 30％的火电厂，2001 年被德国第二大电力公司（E·ON 公司）以 51 亿英镑收购；NE 拥有核电站，占总容量的 20％。

为防止少数发电公司垄断市场，后又已重新作出规定，任何发电公司的装机容量不得超过系统总容量的 25％～30％，而且鼓励独立发电商（IPP）。到 1997 年底，发电商和供电商（含从法国和从苏格兰进口的电力）的数量已经达到了 28 个。

（2）配电侧。改革之初共有 12 家地区电力公司（REC），其中 8 家由美国公司控股，负责向终端用户供电。这些公司拥有 240V～132kV 的输配电网络，负责给终端用户售电。1997 年底，配电侧的供电商数量已经达到 33 个。

（3）用户开放。从大用户到小用户，再到所有用户逐步开放。开放的对象，最初界定为 10MW，约 400 个用户；之后为 1000kW，约 5000 个用户；1997 年增至 55000 个。1998 年

4月1日，取消功率的限制，所有用户原则上均可自由选择供电商。

（4）市场监管。1999 年成立电力管理办公室（office of gas and electricity markets，OFGEM）和电力供应主管机构（director general of electricity supply，DGES），取代前期的电力监管办公室。市场监管机构的职责是：保证满足用户用电需求，促进发电侧和用电侧竞争，保护用户合法权益，提高效率和经济运作，促进新技术的研究与发展，促进环境保护。

（5）电力库（pool）。电力库是电力市场的交易中心，所有交易均需通过电力库实现。以电力库购买价格（PPP）购电，以电力库销售价格（PSP）售电。由于电力库中的电能价格存在不确定性，因此交易双方需通过签订金融差价合同（CFD）共同承担价格风险。

在电力市场中，买卖双方均通过电力库进行交易。同时，为了规避市场价格波动带来的风险，允许供需双方签订长期的金融差价合同。也就是说，金融差价合同只是买卖双方的事情，合同内容与电力交易中心无关。

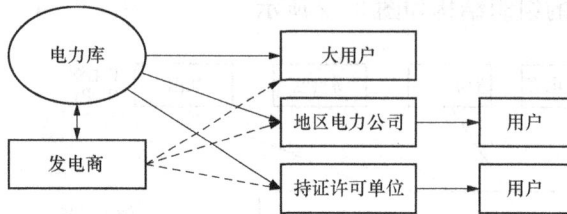

图 3-3 英国电力市场交易模式

第一阶段英国电力市场的交易模式如图 3-3 所示。图中实线代表商品流（即潮流），将交易各方和电力库连接起来；虚线表示参与金融差价合同，与买卖双方相连接。

电力库模式下的电力市场运作原则是：发电侧各独立发电公司竞价上网；NGC 负责输电网络的管理、维护、建设及系统调度、电力库运作和结算。每 0.5h 为一个交易时段，称为结算时段。每天 48 个时段，对应 48 个结算电价。它的定价过程是：①每天发电商申报发电价格和可用容量；②负荷预测；③排序，安排无约束发电计划，满足负荷和备用的需要；④计算电力库购电价格；⑤计算电力库销售价格；⑥计算终端销售电价。

**（二）第二阶段的电力市场改革**

英国电力市场在强制性电力库的模式下运行近 10 年，取得了很大成就，但也存在不少缺点。为克服这些缺点，英国于 1997～1999 年开始酝酿新一轮更为彻底的市场改革方案，并完成了新方案的设计和法规定义。从 2000 年 12 月起，NETA 模式开始运行。设计 NETA 模式的出发点是：降低批发电价，比如 10%；保证即时和长期供电可靠性；价格透明，使用户真正参与价格的制定过程；促进发电市场公平竞争，鼓励对环境型发电项目进行投资。NETA 模式的突出特点是：①细化市场，引入新的市场体系。NETA 模式主要以双边交易为基础，由发电商自行调度所属机组，而不再由 NGC 进行集中调度，拥有远期、期货和期权市场、短期双边市场和平衡市场三级交易系统，外加一个结算中心。②削减 NGC 的功能。新的机制下，NGC 只负责平衡市场。③开放各类市场，扩大用户参与。

NETA 模式的市场分类及签约方式分为：

（1）长期市场。基本特征：通过交易方的双边交易；交易不细化到每 0.5h 间隔；交易量很大；长期交易基于年度基本负荷；逐步向有组织的标准化产品交易过渡。

（2）中期市场。基本特征：可以通过交易方或交易中心进行电能买卖；交易基于季度、月或周的基本负荷；交易产品相对标准化；部分交易可以细化至 0.5h 的交易时段；交易量较大。

（3）短期市场。基本特征：通过交易方、交易中心或日前拍卖进行电能买卖；标准化产品交易（0.5h 或基于 0.5h 的简单组合）；参与者很多，但大多数交易量不大。

（4）实时市场（平衡市场）。基本特征：调度中心（SO）不具有直接控制发电局组的权力，只能根据不同位置的发电商或供电商的竞价来增加或减少出力以维持系统的平衡，并负责结算；体现发电机和用户在短时间内的反应能力；电能交易量有限。

长期、中期合同市场和短期市场都是由发电商和售电商签订供需合同。无论是以 OTC（over the counter，不通过交易中心直接售电给用户）方式签订，还是通过 PX 签订，合同都将分解为每 0.5h 的交易量。合同市场在实施前 $T=C$ 时刻关闭。NETA 模式实施之初，$C$ 为 3.5h。通过积累运行经验并根据市场参与者的要求，$C$ 已减少为 1h，$C$ 时刻前的 0.5h 被称为截止期。在截止期内，市场参与者向调度中心和结算系统（ELEXON）提交合同位置、发电和需求方的有功功率大小等数据，如图 3-4 所示。

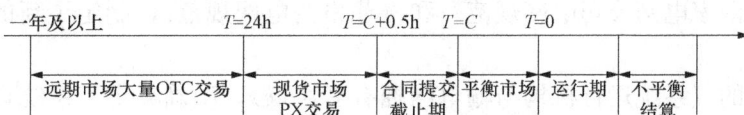

图 3-4　NETA 交易模式

在 NETA 的模式下，NGC 只负责平衡市场，平衡调度的目的是使系统调度员能够按照收到的增减出力（负荷）及报价，调整发电和负荷水平，从而维持能量平衡和安全运行。与传统意义上的市场概念不同，在平衡调度机制中只有系统调度员（ISO）才能接收增加出力及其报价。因此，它并不是一个真正的完全自由竞争市场。而平衡服务合同实际上是一种期权合同。通过签订期权合同，NGC 可以只提前很短的时间通知参与平衡市场的成员调整其出力或负荷。

平衡市场机制的原则为：①按投标价格进行结算；②不平衡结算时，实时调度电量按分钟进行累加；③在某个时段，参与平衡服务的市场成员和市场调度员都是确定的；④bids 和 offers（是指市场成员自愿向系统调度员申报的增减出力及其报价）必须在市场关闭后发送给市场调度员，调度员不准在此之前接收任何 bids 和 offers，目前每个交易时段的平衡调度周期暂定为从该交易时段前 1h 开始直至该交易时段结束，共计 1.5h；⑤通过改变平衡机组的最大输出和输出限值，bids 和 offers 可以在调度员接收之前收回；⑥bids 和 offers 必须成对发送，每台平衡机组可以发送多对 bids 和 offers。

平衡市场的结算分为信息不平衡结算和能量结算两种。信息不平衡是指平衡机组或负荷的最新申报出力或负荷水平与实际量测量值之间存在差异。能量结算是指对调度员接受的 bids 和 offers 进行结算。实时交易中出现的能量不平衡，分别按系统买电价格（SBP）和系统卖电价格（SSP）进行结算。系统买电价格是指以成交电量为权重的加权 offers 价格，系统卖电价格则是指以成交电量为权重的加权 bids 价格。发电商或售电商的最终电价包含了双边合同的电量电价和平衡市场的电量电价及不平衡结算电价。

（三）第三阶段的电力市场改革

1989 年以来，在英格兰和威尔士地区，第二阶段的改革成效显著。参与市场竞争的发电公司已从 1990 年的 3 家增至 36 家，市场电价持续降低，终端用户得到了益处。然而，英格兰地区的电力体制改革却相对滞后，绝大部分市场被 3 家电力公司垄断，限制了跨区电力输电，使缺乏市场竞争、市场容量小、供需极不平衡、电价居高不下等矛盾凸显。因此，英格兰地区的整体电力市场改革势在必行。

为了缓和供需矛盾，英国电力管理办公室提出了新的改革设想，即对英格兰电力体制进行改革，将 NETA 模式在全英国范围内推行，建立了统一的英国交易输电协议（BETTA）。BETTA 模式的实施始于 2005 年 4 月，旨在全英国范围内的电力批发机制，促进电力市场的良性竞争。

BETTA 模式的创新点在于：

（1）以 NETA 模式为基础，建立全国统一的电力交易、平衡和结算系统，统一了输电定价方法和电网使用权合同。

（2）建立了唯一的国家级系统操作机构（GBSO），负责电力调度，保证系统安全和供电质量。

（3）修订《国家电网公司电网规范》和《苏格兰电网规范》，制定了新的、独立的《英国电网规范》。

（4）制定新的《系统运行机构与输电网拥有者协议》，明确界定了系统运行机构与输电网拥有者的职责范围。

（5）消除了跨大区电网的使用障碍。建立了新的英格兰—苏格兰高压电力输送网络，市场范围扩大，对参与者更加开放。

**二、英国电力市场输电服务**

输电服务是指将电能从发电厂安全、优质地输送到用户的全过程。具体而言，输电服务需要完成三种服务：输送服务、辅助服务和管理服务。

输电服务的基本属性可用以下特征加以描述：输电量的大小；合约的严格程度；输电时间特性；交易的收点和发点；网损分摊的公平与合理性。

英国电力市场早期采用的电力库模式是一个由国家电网公司经营的市场交易场所，发电商卖电给电力库，供电商从电力库买电，所有的电厂都必须加入电力库，形成全国统一的电力交易市场。电力库采用委员会管理制度，人员由发电、供电、电力用户及社会贤达人士组成。电力库的日常管理工作由电网公司负责，电网公司不是电力库成员，但代表电力库工作。

**三、英国电力市场辅助服务**

电力市场中辅助服务的项目主要包括：负荷跟踪与频率控制；旋转备用；运行备用；无功备用和电压控制；发电再计划；能量不平衡处理；黑启动；稳定性控制服务。

英格兰—威尔士电力市场采用的电力库模式，电能交易是通过电力库来完成的，同时辅助服务是通过辅助商行（ASB）来操作的。其辅助的主要内容有频率响应、备用支持、无功和黑启动。这些服务以两种形式提供，一种是系统辅助服务，即发电商有义务向 NGC 提供诸如频率响应、无功的辅助服务；另一种是商业辅助服务，即发电商没有义务向 NGC 提供该服务，但若双方经协商可达成合同交易方式提供服务（含非发电商）。根据英格兰—威尔士发电主市场运行规则，提供辅助服务必须服从中央调度，本质上是以电力库为中心，在竞价上网的基础上实行统一调度。其辅助服务模式显然为统一型。

英格兰在新的电力联营体模式下，联邦能源管制委员会（FERC）要求建立分类计价的电力市场，这使得辅助服务竞争出价和电能竞价一样重要。辅助服务调度相应地和电能一样由新英格兰 ISO 安排，各种辅助服务须事先定价，和电能一起采用竞价方式。辅助服务模式为投标型。

### 四、英国配电侧电力市场

英国配电侧电力市场改革进行较早，1990 年 3 月电力改革就将 12 个地区供电局改为地区配电公司，同时成立了 3 家发电公司和 1 家高压输电公司。供电商包括地方供电公司和二级供电商。首先允许用电量在 1000kW 以上的用户选择供电商。2001 年 3 月取消强制性电力库，建立双边合同为主导的电力市场。已有若干个地区配电商（DNO）和供电商在配售电业务上展开激烈竞争。

### 五、英国电力市场小结

1990 年，为了打破垄断而引入了电力库模式，其特点是市场成员统一竞价、集中出清，所有的电力交易都必须都过电力库完成。它的缺点是管理过于集中，是纯粹的单边市场；市场力严重，投标和竞价过于复杂，价格信号不透明，并出现了扭曲等。

正是由于电力库模式的上述不足，英国于 2001 年采用了 NETA 模式，2005 年又将此模式推广到包括苏格兰区域在内的地方，从而形成了全英国统一的电力市场。NETA 模式的最大特点是以中长期的双边交易为主，以平衡机制和事后不平衡结算为辅。有 95％～98％的电力交易是在中长期合约市场上完成的，电网实时平衡和系统安全则是由调度通过平衡机制来实现的。采用此模式后发电侧的批发价格下降了约 40％，市场集中度下降，中长期的电力交易量被放大。但是，NETA 模式无容量市场，仍然无法有效解决长期的电力投资和清洁能源消纳的问题，并且其日益增长的阻塞问题也是当前模式难以解决的。

英国电力市场的典型特征总结如下：

（1）只有电量市场，无容量市场。认为电量价格中已经包含了容量部分的费用。

（2）调度职能和交易职能相剥离，各司其职。交易在平衡机制阶段没有进行组织交易的职责，而调度却可以在平衡机制阶段接收 bids 和 offers 的投标，从而满足系统平衡的需要。

（3）市场运行以中长期双边合同为主，集中报价为辅。

（4）签订双边合约后的双方将电量分解至每 0.5h，由电厂自主调度，自行决定机组运行状态，调度负责剩余电量的平衡。

（5）双边合约有物理交割的义务。

（6）平衡机制阶段采取按报价付费（pay as bid），事后不平衡结算采取双轨制（系统卖出价和买入价，买入价大于卖出价），激励市场成员按照签订的合约履行。

（7）中期的辅助服务交易，用来应对系统不平衡电量和开机需求（如快速备用、需求侧响应等）。辅助服务不与电量联合出清，即不与电量绑定在一起。调度中心自行签订辅助服务合约，并确定平衡机制阶段的调用情况。

（8）调度负责系统的实时平衡，自行解决阻塞问题，没有金融输电权（FTR）。

（9）总体上来看，英国电力市场集中度较小（市场集中度指标 $HHI$ 略大于 1000），合约流动性好，市场竞争度高。

2011 年，英国政府发表了《规划我们的电力未来：关于发展安全、价格适宜和低碳电力的白皮书（2011）》，开启了新一轮旨在提高新能源消纳和更加环保的电力体制改革。

# 3.4　美国电力市场

**一、美国电力市场管理体制**

美国电力工业是政府多部门分工管理体制。美国能源部主要分工负责管理核能、水、火电等，农业部农电管理局主要负责农村电力工业，联邦政府电力主管部门主要职责是制定电力工业法规并实行监督，各州县政府设有相应的管电机构和人员。

联邦和州分别设有电力管制机构，类似于中国政府管电事业单位，其职能与政府电力主管部门有严格划分。

联邦电力管制机构的主要职责：审批批发电价；审批输电服务价格；审查跨州电力公司的合营、兼并；审查电力公司开放的输电设备；核发水电工程许可证，监察大坝安全等。州电力管制机构的主要职责是：核发电力营业许可证；审批电力公司改组；审查公司经营活动，如债务、证券发行等；审查重要固定资产买卖；审批零售电价。

为了规范电力行业管理，美国电力企业界自发成立了若干自律性的行业管理协会。美国大的电力企业协会有三个：

（1）公共电力企业协会（APPA）。美国公共电力企业协会是 2000 多家公共电力企业的代表，成立于 20 世纪 40 年代初，有 1400 多个会员单位。其主要任务是向议会、政府和联邦能源管制委员会（FERC）反映公共电力企业的问题和呼声，制定运行技术标准，收集、交流信息，提供培训服务等。

（2）爱迪生电气协会（EEI）。爱迪生电气协会由 200 多家私营电力公司的代表组成，有几百个分会和 26 个海外分支机构。其主要承担国会、政府、联邦能源管制委员会与私营电力公司之间的桥梁作用，代表和反映私营电力公司的呼声，提供大量信息统计资料服务，每年举行年会就共同关心的问题进行研讨。

（3）农村电力合作社协会（NRECA）。美国农村电力合作社协会是 900 多个农村电力合作社的代表。其主要职责与公共电力企业协会和爱迪生电气协会类似。

**二、美国电力工业体制改革历程**

美国电力工业体制改革经历了以下过程：

（1）联邦电力法律。美国联邦一级电力法律主要有：①1930 年颁布的《联邦动力法》。该法律主要规定了水电工程许可证制度，电力公司要承担跨州电力贸易活动；电价必须公平合理，电力公司联合、兼并必须考虑公众利益。②1935 年颁布的《公用电力控股公司法》。该法律主要对电力公司合营、控股公司和子公司等作出规定。③1978 年颁布的《公用电力管制政策法》。该法律突破了《公用电力控股公司法》的一些限制，鼓励建设热电联产机组和开发可再生能源项目，但也存在一定缺陷，例如非电力公司兴建电厂受到输电等各种限制。④1992 年颁布的《国家能源法》。该法律消除了新发电公司上网的法律障碍，鼓励任何人投资办电厂，机组类型亦不受限制；鼓励批发电力市场竞争；要求公共电力公司开放输电系统，必须为非公用电力公司发电厂提供输电服务；允许电力企业到国外参与电力市场竞争。

（2）电力体制改革的主要内容。随着美国国民经济和电力工业的快速发展，以往的电力工业管理体制暴露出越来越多的缺陷。主要存在的问题是：在投资体制上只允许拥有电网的公用电力公司投资建电厂，不允许电力公司以外的投资者投资；在管理模式上公用电力公司采取垂直管理，电网不对外开放；在电价机制上不鼓励市场竞争定价。这样形成了公用电力公司的垄断地位，加上石油价格上涨、利率上扬等其他因素，全美电价不断攀升，居高不下，遏制了美国电力工业的进一步发展。

20 世纪 80 年代末电力工业改革之风遍及世界各国。美国电力工业也开始进行改革。美国电力工业改革的主要内容：

1）发电端放开，实行投资主体多元化，允许公用电力公司以外的投资者投资建厂，这一政策使非电力公司拥有的独立发电厂迅速发展。1987 年，独立发电厂只有 3000 万 kW，仅占全国装机容量的 4.18%。至 2000 年，新投产独立发电厂容量超过全国投产容量的 54%。

2）公用电力公司相应改变发、输、配电垂直管理模式，组建一批控股子公司，实行输电子系统分开管理，输电和配电分开结算。

3）鼓励发电环节竞争。各独立发电厂上网电价按市场价与电力公司电厂进行竞争。美国电力市场放松管制的目的是引入竞争和降低电价。因此，在进行电力工业重构时产生了许多新的实体，如非营利性的 PX 和 ISO。PX 的核心功能是提供一个电能交易的场所，而 ISO 则是负责系统调度和安全运行。

美国各州电力市场的改革情况及运营模式相差很大。美国已经形成的有组织的电力市场区域包括：新英格兰（ISO-NE）、纽约（NYI-SO）、PJM、得克萨斯（ERCOT ISO）、加利福尼亚（CAISO）、中西部（MISO RTO）和西南部（SPP RTO）等，其他如东南部、西北部等区域有组织的电力市场正在酝酿或发展，但尚未成形。在所有的区域中，目前都存在短期的双边电力交易，主要是日前双边交易，用以满足下一天的负荷需求。在有组织的电力市场区域内，则存在着日前市场和实时市场，所有的 ISO 和区域输电组织（RTO）都不组织长期电力交易市场，所有的长期交易均以双边合同形式实现。美国各市场的发展并不统一，有成功的经验，也有失败的教训，北美地区最大的互联电力系统 PJM 和加利福尼亚州是两个典型的代表。

加利福尼亚州放松电力管制后，2000 年夏季出现了规模空前的电力危机，停电警报频发，批发电价飞涨，供电公司入不敷出、濒临破产。危机的根源，除了天气异常炎热、燃料价格上涨等客观原因外，电力市场的设计缺陷是不容回避的因素。与世界其他市场相比，加利福尼亚州市场最大的一个不同点是缺少合同或其他形式的长期供电协议：三大电力公司被强迫出售 50% 的发电容量，同时不允许与任何发电商签订任何长期稳定的供购电合同，必须 100% 从现货市场购电。这样，加上市场冻结对最终用户的零售价格，当批发市场价格大幅波动和上涨时，电力公司必然面临价格倒挂，最终因财政入不敷出而申请破产保护。保证电网用电增长需要的系统容量增加和输电线路扩建责任不落实，而寄托于市场的自我调节，也是导致该州供电紧张、电价上涨的重要原因之一。加利福尼亚州的电力危机引发了电力专家、经济学者和政策制定者对将竞争引入电力工业的可行性及意义的重新思考。一个共识由此产生，即电力商品具有不同于一般商品的特殊性，设计一个强壮健康的电力市场要求设计者们在技术上对电力系统有充分的理解和认识。

PJM 的市场转型被认为是成功的范例。PJM 运行有日前能量市场、实时能量市场、容量市场、每月和多月的容量市场、调频市场、旋转备用市场和金融输电权的每年和每月拍卖市场。其成功经验有：①市场的改革和发展循序渐进，首先将各电力公司发电、输电、配电、供电进行功能性分离，财务分开核算，建立联营市场，有利于实现平稳过渡；②市场提供了灵活的交易机制和多样化的交易种类，为市场成员提供了充分的选择权和防范风险的手段；③系统运行及规划集中由 PJM ISO 负责管理和协调，有效地保证了供电的安全性和可靠性；④负荷服务企业（电力公司及供电商）必须满足它们应该分担的一部分系统容量，即容量责任，不足将受处罚。满足容量责任的途径有本公司电厂，双边交易合同，日或月容量市场。电力市场交易容量占 15% 左右。容量市场可以令发电商在电能交易之外通过容量交易获得一定的收入，为新建和扩建发电容量积累资金，有利于保证发电容量的稳定增长。

传统上，美国电力工业受州政府监管。各州对于竞争性批发和零售电力市场建设以及电力公司重组有着不同的观点，因此改革很大程度上依赖各州和 FERC 的合作以使用其有限的州立法案来支持。FERC 于 2002 年 7 月 31 日颁布《标准电力市场设计》，试图为全美各区域的电力批发市场建设提供一个有效的统一标准。2009 年《美国清洁能源安全法案》推出后，由于市场设计需要继续完善以适应可再生能源的大规模接入，该标准已暂停执行。

### 三、美国 PJM 电力市场

PJM 电力市场，指宾夕法尼亚-新泽西-马里兰联合电力市场，是北美最大的电力联营体。

#### （一）PJM 电力市场的发展历程

PJM 已发展为一个成熟的电力市场。它拥有一个独立的系统运营机构，管理着整个区域内的电力批发市场，并且控制着一个可靠的输电系统，保证输电及各种辅助服务的顺利实现。

PJM 电力市场的主要发展历程如下：

1927 年三个公用事业单位组成了世界上第一个电力联营公司。

1981 年成员发展为八个拥有公用事业单位的投资者。

1993 年 PJM 形成了一个独立的统一体。

1997 年 PJM 变成一个有限责任公司，成为第一个基于报价的电力市场。

1998 年 PJM 变成 ISO，节点边际电价（local marginal price，LMP）成为电价模式，创建了容量市场，在宾夕法尼亚州首先开始实行零售选择权，并且随着规模的不断扩大，成员得到了长足的发展。

1999 年 PJM 建立全时段的运行记录，在宾夕法尼亚州完全拥有零售权，在输电服务中引入金融输电权（financial transmission right，FTR），成熟电力市场所具备的其他辅助服务初见端倪，200 多个参与者和 100 多个输电服务商成为市场的重要成员。

2000 年开始运营两个市场（日前市场和实时市场），开放了调频市场。

2001 年 PJM 部分地区有条件的被接受为区域输电组织（regional transmission operator，RTO）。

2002 年 PJM 实行全天候运行记录，PJM West 于 4 月 1 日正式开始运行，PJM 完全被接受为 RTO。

2004 年北伊利诺伊联邦爱迪生公司 Northern Illinois 并入 PJM West。

（二）PJM 电力市场的划分

1. 日前电力市场

市场成员在每天 8∶00～12∶00 向 PJM 市场运行部（office of the interconnection，OI）提交第二天的投标计划。PJM 市场运行部在每天 12∶00～14∶00 结合系统有关信息对各成员的投标计划进行评估，系统信息包括预期用户需求、气候条件、输电线路、发电机组等，评估完成后，选择最有效、最经济的运行方式。PJM 市场运行部在每天 14∶00～16∶00，向各成员通报评估结果，在 16∶00 至第二天 8∶00，PJM 还可根据系统经济性、可靠性等方面的要求作一定调整。

2. 期货市场

期货市场分长、中、短期。一年或一年以上为长期，一个月至一年之内为中期，一天至一个月以内为短期。期货交易是按实时节点边际电价结算，中长期期权可转让。

3. 实时市场

实时市场实际上是一个平衡市场，它是为解决系统突发事故、网络阻塞、市场结算困难而设立的。市场出清价每 5min 计算一次。

4. 零售市场

目前只对宾夕法尼亚州的用户开放零售市场，在 PJM 的其他地区将逐渐开放零售市场。

（三）PJM 的组织结构

（1）用户组织：由市场成员代表委员会成立。代表环保组织和公众的利益，参与 PJM 的各方面工作，使 PJM 制订的规则、处理程序更趋合理、完善，平衡各方面的观点，最后达到统一。

（2）市场成员代表委员会：代表来自各个市场成员，负责监管计划委员会、运营委员会和能量市场委员会的各项工作，将有价值的意见或建议通报给董事会。该委员会有权终止或修改运营协议（operating agreement），有权改选董事会。

（3）输电网所有者协议管理委员会：负责向 PJM 联络办公室提出区域输电网的扩建计划及其他与输电网络有关的各项事宜，有权修改或终止输电网所有者协议。

（4）可靠性委员会：负责可靠性协议的准确实施，负责控制区内的负荷预测，并制订合理的备用容量标准。

（5）计划委员会：负责电力联营计划的有关政策制订。

（6）运营委员会：向市场成员代表委员会和 PJM 联络办公室汇报 PJM 系统的运营情况，并提出有关建议。

（7）能量市场委员会：为运营协议服务，负责监督电力市场和辅助服务市场的运营，并提供有关意见和建议。

（8）财经委员会：监管 PJM 年度运营情况和资金预算完成情况，并形成有关报告上交给董事会。

（9）电价顾问委员会：定期对现行电价体系进行评价，决定是否有必要对有关电价条款进行修改，并形成有关建议上报给 PJM 联络办公室。

（10）结算审计咨询委员会：由市场成员代表委员会成立，向董事会报告年度结算情况及对有关成员单位的特殊审计要求进行协调。

（11）董事会：由 1 名董事会主席和 7 名董事组成，分别由市场成员代表委员会选举产生，每 3 年改选 1 次。董事会监督 PJM 联络办公室的各项事务。并任命 1 名执行总裁 (CEO) 直接负责管理 PJM 联络办公室。

**（四）输电服务**

在 PJM 市场中，输电网络属功能性分享，即原来的输电网络所有权没有变更，只是将输电经营权移交给 PJM，而输电网所有者作为市场成员参与到 PJM 市场中。PJM 市场输电服务类型有点对点传输服务和网络综合传输服务两大类。PJM 市场主要是采取协议的形式管理输电服务。输电价格采用一部制容量电价。

点对点传输服务指在指定的注入节点接受电能，并把这些电能传输到指定的送达节点。点对点传输服务分为固定点对点传输服务和非固定点对点传输服务两种类型。固定点对点传输服务又有长期和短期之分。固定点对点传输服务的预定遵循"先来先服务"的原则，将每个传输用户的预定请求按申请时间先后排序。固定点对点传输服务比非固定点对点输电服务有更高的预定优先级别。点对点传输服务采用固定费率制，其计费单位为美元/kW。传输用户根据预定的传输容量按月交纳输电服务费。

网络综合传输用户（简称网络用户）可以在系统中指定多个发电资源和多个负荷为该用户的网络资源和网络负荷，这些网络资源的出力通过 PJM 的输电系统来满足网络负荷的需要。在输电系统可能的情况下，网络用户还可以把购自非指定资源的电能传送到网络负荷节点，不需要另外付费。这样的传输服务比任何非固定点对点传输服务的优先级别都要高。

**（五）输电阻塞管理与输电权拍卖**

PJM 利用节点边际电价（LMP）对输电阻塞进行管理，管理措施为：①发电机以其节点处的 LMP 结算；②负荷方以其负荷节点处的 LMP 支付；③负荷需求方要支付阻塞成本，阻塞成本等于负荷需求方与发电供给方两地的 LMP 差值。网络阻塞的情况下，从负荷收取的费用将高于支付给发电方的费用，两者之差即为阻塞剩余。

为避免阻塞成本费用导致市场价格不稳定，PJM 采用金融输电权（financial transmission right，FTR）的管理方法平抑价格的波动。FTR 实际上是一种金融手段，它允许网络输电用户和固定的点对点输电服务用户事先向 PJM 联络办公室申请，经批准后获得 FTR，它可保护该输电用户不会因发生阻塞而使自己支付的费用上升。通常，如果系统发生阻塞，FTR 拥有者将按其预约容量和预约线路上的节点边际价格获得补偿。输电权可以分为责任型和特权型两种。责任型输电权可以为持有者带来收益，也有可能带来收费。

FTR 可以通过三种市场机制得到：每年的 FTR 拍卖，每月的 FTR 拍卖和 FTR 二级市场。每年 FTR 拍卖市场是一个 4 轮的过程，每轮拍卖 25% 的系统传输能力。在某轮中获得的 FTR 可以在随后的各轮出售。每月 FTR 拍卖提供了市场来拍卖每年 FTR 拍卖市场结束后剩余的系统传输能力。每月 FTR 拍卖是一个单轮的过程。每月 FTR 拍卖也允许 FTR 持有者拍卖他们拥有的 FTR。二级市场是一个双边交易市场，可以方便已经存在的 FTR 在 PJM 成员之间交易。非成员也可以参加交易，但 PJM 不会改变输电权的持有者记录。

**（六）PJM 有功市场**

PJM 有功市场 1997 年 4 月 1 日开始运行。PJM 每年总供电量为 2500 亿 kW·h 以上，其中 100 亿 kW·h 的电量通过有功市场进行交易。

（1）节点电价。节点电价是考虑输电阻塞、网损、固定双边交易、电网预想事故、机组报价和负荷报价等因素，以最低成本满足系统电量、调频容量和备用容量要求，并采用线性优化程序计算得出的。

（2）有功市场运营。

1）预计划运行。预计划运行主要是为计划和调度阶段进行准备工作，时间发生在运营日的前一天早上 8：00 之前。在这个阶段，PJM 要保存 PJM 区域输电组织内外部发电机组和输电设备对有功市场计划和调度不可缺少的数据；对容量资源中断供应进行处理；保存和更新 PJM 运行备用的有关数据；评估预测发电备用和输电系统的充足性等。

2）计划运行和日前市场。PJM 的计划运行包括日前市场计划、控制地区可靠性计划和每小时计划，开始时间为运营日的前一天。

8：00，日前市场开放。

12：00，日前市场关闭。在提交数据的基础上，PJM 将以最小费用安全经济调度的方法，安排运营日每小时的发电计划，同时计算得到日前的节点边际电价。

16：00，PJM 把第一次机组安排的结果在网上公布出来。

16：00～18：00，开放实时平衡市场。

18：00，平衡市场关闭，PJM 实施第二次机组安排。

18：00～运营日，如果有必要，PJM 在更新的 PJM 负荷和更新的机组可用性信息的基础上，执行另外的机组安排计划。

从 22：00 到运营日某个小时的前一小时，由于不断的情况改变，之前的两次机组安排计划可能会被改变以适应新的情况，即为每小时计划。

3）调度运行和实时市场，事后电价。调度包括了系统控制、辅助服务监测、输电系统的监控等。PJM 在实时市场采用与日前市场一样的模型，PJM 在实时调度中采用的是事后电价方法，事后电价的基本思想就是根据系统实际运行情况计算节点边际电价。

由上面的描述，可以将 PJM 的有功市场运营过程归纳为：采用节点电价模式进行有功结算，通过若干次机组计划安排，不断逼近实际需求，在实时调度中采用事后电价方法，以平衡实时需求和出力。

（七）PJM 两部结算系统

PJM 两部结算系统按日前市场和实时平衡市场分开结算。下面举例说明两部结算系统的结算过程：某发电机在日前市场上竞标得到 20 万 kW 的发电功率，该发电机所在节点 LMP 为 20 美元/1000kW，则在日前市场，该发电机可以获得 4000 美元的收入。在实时市场，如果该发电机通过竞价，获取发出 30 万 kW 电能的机会，所在节点 LMP 为 22 美元/1000kW，多发的 10 万 kW 电能应按照实时电价结算，此时，发电机可以从 PJM 处获取 100×22＝2200（美元）的收入，总的收入为 6200 美元。但是如果由于发电机故障，发电机只能发出 10 万 kW 的电能，则必须退还在日前市场多得到的 10 万 kW 功率的收益，这部分收益用实时市场的 LMP 结算，因此在实时市场应该向 PJM 支付 100×22＝2200（美元）的费用。最后，该发电机实际发电为 10 万 kW，得到 4000－2200＝1800（美元）的收入。

（八）PJM 自动发电控制（automatic generation control，AGC）市场

PJM 调节和频率响应服务的最大特点是不单独设立调频电厂，而将调频服务分配到每个负荷服务企业（load serving entity，LSE）。LSE 可以利用自己的发电资源或通过与第三方签订合同来满足自己的调频服务，也可以从 PJM 购买这项服务。

PJM 调频市场给市场参与者提供了基于市场买卖调频辅助服务的机会。PJM 使用通用

数据系统（universal data system，UDS）计算出来的预测 LMP 和机组计划来估计每台机组如果在运营日提供调频将导致的机会成本。发电机为提供调频服务提交报价，每台机组的机会成本加上机组报价将得到它的最优排序价格。将所有的提供调频服务的机组按照最优排序价格进行排序，从而可以得到最优的（总成本最小）提供自动发电控制服务的机组组合。其中中标机组中最高的价格即为调频出清价格（RMCP）。发电机也可以自调度机组，这时的机组最优顺序价格设为 0。

在事后结算时，任何自调度提供调频的机组以 RMCP 得到补偿，被 PJM 选中提供调频的机组用 RMCP 或报价加实时机会成本结算。需要购买调频服务的 LSE 的收费为：RMCP＋应该承担的机会成本（RMCP 没包括的）＋由于开动新机组提供调频所带来的未收回成本。

（九）容量市场

为了配合宾夕法尼亚州电力零售市场的开放，PJM 在 1998 年设立了容量市场，主要从事容量信用的交易。容量信用是指完全可用的发电能力。

容量市场分为日市场和月市场。每天 7：00～10：00，PJM 的容量市场开放交易，各市场成员可以根据自己第二天容量义务的大小进行容量信用的买卖。在市场成员分别投出买标和卖标后，市场根据投标价格，从价格最低的卖标开始进行交易匹配。最后匹配成功的卖标价格确定为市场出清价，所有交易成功的容量信用都按这个价格支付费用。容量市场最终的交易结果在中午公布。

没有在容量市场达成交易的市场成员可以在中午到午夜这段时间继续通过 eCapacity 进行双边交易。但是在午夜前，所有负荷服务企业都必须获得足够的容量信用来满足第二天自身的容量义务。

（十）负荷响应计划

PJM 的负荷响应计划分为紧急负荷响应计划和经济负荷响应计划。紧急负荷响应计划是指参与者通过参与该计划，可以在紧急时间中自愿减少负荷，并得到补偿。经济负荷响应计划是用来刺激终端用户或用户服务提供商（customer service provider，CSP）减少在 LMP 很高时的电能消费而设计的，分为日前经济负荷响应计划和实时经济负荷响应计划两种。通过实时经济负荷响应计划，有资格的 LSE 或 CSP 可以为终端用户提供机会，或者本身就是 PJM 成员的终端用户也可以选择通过在实时能量市场减少负荷，以实时的 LMP 得到回报；日前经济负荷响应计划是指参与者通过在实时的运行之前减少负荷，同时以日前的 LMP 得到回报的计划。

（十一）PJM 运行的经验

在监管方面，PJM 除了受联邦级别的 FERC、各州公共事业管理委员会的监督外，还有独立市场监管机构负责每年发布监管报告以改进市场设计、提高市场表现。在 2016 年度报告中，该机构认为 PJM 市场中电力批发价格基本接近边际成本，整体上实现了有效竞争。

PJM 成功经验包括：

（1）市场的改革和发展循序渐进，有利于实现平稳过渡；

（2）市场提供了灵活的交易机制和多样化的交易种类，为市场成员提供了充分的选择权和防范风险的手段；

（3）系统运行及规划集中化管理和协调，有效地保证了供电的安全性和可靠性；

（4）通过制订统一的市场交易规划、系统可靠性准则、输电服务定价规则来促进区域内交易，实现州间开放。

## 3.5　澳大利亚电力市场

澳大利亚自 1990 年开始对电力工业进行改革，并于 1991 年 5 月成立了国家电网管理委员会（NGMC）。澳大利亚建立电力市场的原则是在发电和电力供应中引进竞争机制，要求开放国家电网，允许私营电厂、国有公司及公有、私有客户在大电力系统中进行公开交易，从而增加市场成员的选择范围。

**一、澳大利亚电力市场的管理机构**

澳大利亚电力市场的管理机构由国家电力市场管理公司、国家运营规约管理协会及系统运行部门组成。

1. 电力市场管理公司

电力市场管理公司代表市场成员管理批发市场，收集来自参与者的投标，结算短期提前电力市场及实时电力市场，计算系统实时运行的发电计划并报告系统运行人员。

2. 运营规约管理协会

国家运营规约管理协会的责任是：监督并报告执行规约的一致性、高效性和完备性，强化规约，完善规约，解决争端等。在新的电力市场中，所有参加电力市场交易的成员必须服从运行规约，运行规约是电力市场管理的核心和依据，主要包括如下内容：

（1）市场规则。规定实时电力市场、短期提前电力市场等的运行机制。

（2）网络价格。规定网络所有者的责任及网络收费问题。

（3）网络连接。规定发电者、客户、零售商如何使用电网进行贸易，规定测量标准，以确保交易中电能计量的准确性。

（4）法规部分。规定市场参与者的责任、争端的处理方法、对法规进行更改的机制。

（5）系统安全部分。规定在正常运行及故障时，确保系统安全的措施。

3. 系统运行部门

系统运行部门与系统的实际运行紧密相关，必须每时每刻平衡发电与需求，负责网络元件的控制，维护系统运行的安全稳定，但与市场中错综复杂的财政关系没有联系。系统运行人员在各州的电力控制中心，根据市场规约及电力市场管理公司的发电计划，平衡电力供应。在事故情况下，系统运行人员有权不按市场运行机制，尽力保证系统安全。

在澳大利亚电力市场管理中，电力市场管理部门与系统运行部门是相互独立、相互制约的两套系统。这与英国电力市场的管理方式有很大不同。系统运行部门不参与市场的贸易和计算，但为了维持系统的安全，有权否决市场管理部门制定的贸易计划。

**二、澳大利亚电力市场的运行机构**

澳大利亚电力市场的运行机构由发电公司、客户、零售商和输电网络组成。

1. 发电公司

发电公司负责电力生产。目前主要有 8 家独立发电公司，每个发电公司的容量都超过 500MW，有的发电公司属于国有，有的属于私人拥有。有些发电公司可以拥有许多家发电厂，如昆士兰发电公司；有些是单个发电厂运行，如格兰得斯通发电厂。澳大利亚电力市场规定，所有容量超过 30MW 的发电厂，必须参加电力批发交易市场。

2. 客户

目前只允许负荷容量超过 10MW 的大客户可以选择供电方，将来限制可能会逐渐放宽。

3. 零售商

零售商从市场中购买批发电力，向客户售电。除现有的配电机构外，将出现大批不拥有配电网络的，只从事电力零售业务的零售商。

4. 输电网络

与英国电力市场不同，澳大利亚电力市场的输、配电网络并没有收归国有，而是作为电力市场的参与者，承担电能的输送与分配，并收取费用。网络所有者必须保证网络的安全运行，对所有成员无歧视地开放。运行规约具体地制订了网络运行必须遵守的规则。

**三、澳大利亚电力市场的贸易形式**

澳大利亚电力市场的贸易形式分为零售贸易和批发贸易，一般根据客户容量的大小选取贸易形式。

1. 小客户

小客户必须参加零售贸易，其所需电力由零售商供应。零售商购买批发电力并交付网络的费用，与以往传统的贸易方式相比，现在的客户可以选择不同的零售商，从而获得最优的电价和供电方式。零售商为了争取客户，将千方百计地降低电价，增加供电方式、服务方案、信用方案等，可见在供电业务中引进了竞争机制。

2. 大客户

对于容量超过 10MW 的大客户，有权自由选择供应方。大客户可以选择零售贸易或批发电力市场贸易。如果客户进入批发电力市场贸易，则客户的选择范围很大。客户进入批发电力市场，首先要进行登记，缴纳成员费，满足咨询要求，遵守电力市场的规约。在批发电力市场中，有三种贸易方式：长期双边合同、短期提前电力市场、实时电力市场。下面分别进行说明：

（1）长期双边合同。对于数量较多的电力交易，在批发市场中买卖双方之间可以采用长期双边合同的方式。卖方可以是发电者或发电业务代理人，买方可以是终端大客户或零售商。这种交易，确保在规定的时间内，以商定的电价供应规定数量的电力。如果合同双方最终不能按合同规定的数量供电或用电，则超过或不足部分由电力市场按实时电价结算。

（2）短期提前电力市场。由于电量供应和使用是不能非常精确预测的，作为长期双边合同的补充，短期提前交易可使市场参与者在交易前的较短时间内改变其发电计划或电力需求。这种选择一般在电力交易的前 2 日内作出。

（3）实时电力市场。实时电力市场的交易，维持了电力供应的平衡。发电者和客户在实时电力市场中，对未能由长期双边合同和短期提前交易完成的电力贸易进行交易。实时电力市场是对电力系统短期运行的协调，是由电力供应中电能不能储存的特点所决定的。

**四、网络电价**

澳大利亚电力市场的网络电价原则是以成本为基础计算输、配电电价。电力市场将保证无歧视地开放网络，电力市场成员向网络所有者交付使用费。使用费包括市场成员与网络连接的费用和网络使用的费用。网络费用独立于客户交易的各种合同，当不同地区之间出现输电限制时，有可能交付较高的网络费用。

市场运行规约中，规定了网络运行水平的种类。网络的使用者可以选定某种网络运行水平并交付相应的费用。若网络所有者未能满足运行要求，则必须给予网络使用者补偿。

**五、结算**

批发电力市场的电量结算，由中心计算系统完成。每个批发电力市场的成员，均拥有一个账号，包括该成员以 0.5h 计的电力生产、消费及所应承担的网损的全部信息。

在结算时，计量设备是十分重要的。批发电力市场的成员均必须有仪表能记录并储存 0.5h 电量消费数据，以作为计算依据。

## 3.6　我国电力市场的建设与实施

**一、世界主要电力市场模式比较**

对比几个主要的电力市场，考察其电网、发电厂和配网的所有权，ISO 与 PX 的整合情况，双边合同签约情况，需求方报价，容量费，阻塞管理以及网损分摊方案等。各个电力市场的具体情况见表 3 - 1。

表 3 - 1　　　　　　　　　　　　　世界主要电力市场模式比较

| 国家 | 英国 | 挪威/瑞典 | 澳大利亚 | 新西兰 | 美国加州 |
|---|---|---|---|---|---|
| 所有权 | 全面私有化 | 输电网国有 | 仅出售 IPP | 输电网国有 | 仅出售 IPP |
| ISO 与 PX | 集中 | 集中 | 分开 | 分开 | 分开 |
| BC 合约 | 旧模式不允许 | 允许 | 不允许 | 允许 | 允许 |
| 需求方报价 | 作负发电处理 | 用需求报价确定负荷曲线 | 作负发电处理 | 与发电报价一起确定电价 | 用需求报价确定负荷曲线 |
| 容量费 | 单独考虑 | 不单独考虑 | 不单独考虑 | 不单独考虑 | 不单独考虑 |
| 网络阻塞 | 平均分摊 | 分区定价 | 分区定价 | 节点定价 | 分区定价 |
| 网损 | 统一定价 | 分区边际定价 | 分区边际定价 | 动态节点定价 | 动态节点定价 |

**二、我国电力市场的层次结构**

按照不同的发展阶段或按照不同的市场特征，电力市场可以分为垄断型、买电型、批发竞争型和零售竞争型，或称为完全垄断、寡头垄断、垄断竞争和完全竞争型，也可称为垄断型、发电竞争型、输电开放型和配电开放型。我国制订的分四步建设电力市场的框架正是这一思想的具体体现。然而，围绕电力市场的层次结构及交易模式，却存在诸多争议。有些最初认为是较好的市场模式，经模拟运行后却发现存在严重弊端。因此，需要重新审视这一问题。

目前我国已有 6 个区域电网和 1 个独立省网，形成了国家、大区、省、地和县的 5 级电网调度体系，实行纵向分层和分区控制。因此，首先面临的是在哪些层次建立电力市场的问题。

一种观点认为，市场规模越大其潜在效益也越大，建立全国性的统一电力市场最有利于资源的优化配置。因此应首先全面放开输电市场，建立一个国家级电力市场中心，然后在各地区成立地区性交易市场。显然，这种模式的物质基础是独立的国家电网公司和全国联网，目前还不具备这样的条件。理论和实践表明，统一的电力市场模式适合于较小的国家或地区，如英国、新西兰等，较大国家和地区则应采用协调、分层分区的电力市场模式。

最早的一种观点是，在现行调度体制基础上，有计划地建立国家级、网级、省级、地区级和县级电力市场。其优点是层次清晰、易于机构重组和管理。但缺点也比较明显，由于层次过多，受技术设备和各级市场权利的制约，发电商、用户和交易中心之间自由选择的范围受到限制，容易导致垄断和较强的市场力。针对这种情况，有学者认为应减少中间层次和简化市场结构。其思路是以省为实体，跨省电力公司缩减为 ISO，取消地级和县级电力市场。显然，这样的方案需要大规模地与电网资产重组同步进行，而且未涉及国家电力市场的问题。

从 1998 年以来的试点情况看，单纯强调省为实体而忽视区域联合调度的作用，会导致许多不良后果。最突出的是地区垄断和省间经济壁垒，这一点已经造成整体的巨大经济损失和资源浪费。比如，某缺电地区有外省廉价电力不用，只用本地的高价电；国家花巨资投入的水电项目及其配套的高压直流输电跨省输电走廊，由于地区利益冲突无多少功率可送，更谈不上实现经济功率输送。

因此，适合中国国情的市场结构或布局应当是：先建立区域级电力市场，实现跨区电网规划、运行和资源配置；然后建设和完善省级电力市场；最终逐步形成全国统一的电力批发市场与地方零售市场共同发展的格局。除独立省网外，应把竞价上网的重点从省级市场调整到大区范围进行。

区域电力市场的运营中心应该拥有跨省联络线和区内的超高压主干线路，并成为所在区域电力系统规划、电网调度和市场交易结算的中心。这种层次简单、结构分明的市场模式，必将全面提高电力市场的稳定性和电力系统的安全性，而且具有以下优点：

（1）符合电网自身的运行规律。电力交易以电网为载体，电网自身又是依据潮流而设计，具有密集区域结构和区间松散联络的特点，自然形成区内和区外交易，造成地区差别。

（2）大范围的电力市场格局。如西电东送和区域间水电资源互补的国民经济总体战略，有利于资源优化配置。

（3）省级电力市场具有很好的物质基础和组织结构。只要协调好省级各实体的利益与区域间经济利益分配的机制，就能保证整个电力市场的健康发展。

### 三、我国电力市场的调度运营模式

在电力市场调度运营方面，如何处理好电网拥有者、系统调度员和市场操作员之间的关系是最敏感、也是最重要的问题。

根据国内外的经验，比较理想的模式是组建以下几个最为关键的运营实体：独立发电商（IPP）；电网公司（GC）；系统操作员（SO）和电力交易中心（PX）。这种模式从改革的酝酿阶段就应加以考虑，它既能满足市场竞争的要求，又有利于改革的平稳过渡。在现阶段，可将 SO 和 GC 捆绑在一个机构内，逐步实现 PX 的独立运营，最终像英国电力市场那样，将 PX 的功能移交给由电力监管部门认定的社会机构负责。

上述运营模式既不同于英国的电力库模式，也有别于美国加利福尼亚州模式。其意义在于：组建 IPP 是基于发电侧竞价上网的需要；SO 与 GC 一体化，适合我国的调度结构，有利于电力市场的平稳过渡。随着条件的不断成熟和运营经验的丰富，再考虑是否将 SO 独立出去。PX 的最终独立，将有助于提供公平的交易平台。

目前，世界上 ISO 的运营模式可以归纳为两种类型：第一种是基于电力库的 ISO，它是大多数电力市场采用的结构，如美国的 PJM ISO、NY-ISO 和 Cal-ISO；第二种则是近年来国外学者提出的基于电子商务的 ISO，这是一个值得关注的动向。这里将给出基于电力库的 ISO 的不足之处和基于电子商务的 ISO 的优点。

1. 基于电力库的 ISO 的不足之处

（1）中央调度系统仍属垂直垄断。

（2）安排预调度计划时未考虑系统备用和输电拥堵管理。为解决这一问题，必然要求 ISO 拥有和管理数量足够多的电能投标。这可能诱发垄断，进而需要增加相应的监管机构的数量，以维持电力市场的公平性。

（3）阻塞调度的价格由电力库根据竞标确定，这在调度上表现为高度随意和不可预测。譬如，某时段的现货电价为 30 美元/(MW•h)，由调度确定、购电商承担的阻塞费用达数百美元/(MW•h)，而该用户在第一时间内对此却一无所知，只能等到交易结束才会知晓。为此，基于电力库的 ISO 只能用差价合同（CFD）减少交易风险。然而，CFD 既复杂又无法全部保值。

（4）建设费用昂贵。基于电力库的 ISO 常常要以巨资把已有的多个调度区合并，才能运行中央优化调度程序。加州 1997～1998 两个年度用在 ISO 和 PX 的建设费用高达 7 亿美元，使同期批发电力的成本增加了 5% 以上。

2. 电子商务 ISO 的优点

（1）随着互联网的发展和电子商务的日趋成熟，网上实时交易可以简化电力市场结构，提高调度和运营效率。

（2）可以实时、自动生成双边合同。所有参与者可瞬间匿名登录和查询相关数据。

（3）理论上说，可实现无间隙连续贸易。此外，交易周期的缩短又反过来降低了对容量备用的需求，减少了电力市场的运营成本。

（4）实施电子商务 ISO 的投资较低。

**四、我国电力市场的交易模式**

在区域级和省级电力市场中，竞价交易与合同交易相结合是一种比较理想的交易模式。同时，应同步建立远期（期货）合同市场、现货市场和平衡市场。鉴于国情并考虑交易过程和结算的简单化，在初期电力市场中可不考虑期权市场。

另外，采用丰富的电价体系和交易品种，也是避免英国和美国加利福尼亚州电力市场单一电价体系弊端的有效途径。具体而言，远期和期货市场可由（独立）交易中心负责，通过合同方式实现批发电能的长期交易，达到稳定电价、化解交易风险的作用；现货市场和平衡市场由 SO 负责，采用竞价交易模式，实现短期电能的交易；阻塞管理、网损分摊及平衡市场所需的辅助服务（如调峰、调频、备用、黑启动）等，则应安排在平衡市场中完成。

我国电力现货市场和辅助服务市场的预期模式如图 3-5 所示，图中涵盖了除期货和远期市场以外的日前市场、小时提前市场、实时市场和辅助服务市场。

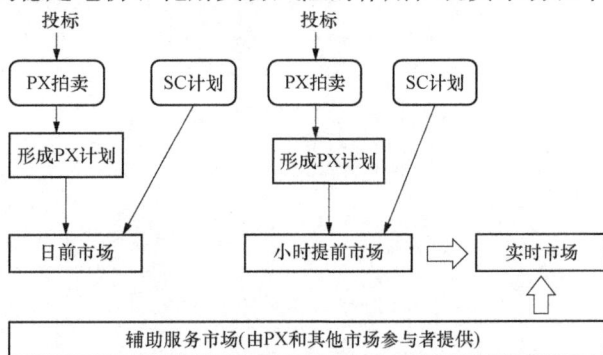

图 3-5　我国电力现货市场和辅助服务市场的预期模式

**五、我国电力市场监管体制改革的发展历程**

1. 探索阶段（1992～1998 年）

按照政企分离的要求成立的国家电力公司和电力工业部，标志着中国电力市场监管体制由计划经济向市场经济迈出了重要一步，开始探索在完善社会主义市场经济的背景下推动我国的电力体制改革。

2. 深化阶段（1998～2008 年）

按照国务院发布的"三定"方案，国家电力监管委员会（以下简称电监会）作为国务院直属事业单位，将按照国务院授权，依照法律、法规统一履行全国电力监管职责。以此为标志，中国电力产业被看作是最早探索政府行政部门与监管机构职能分离（即"政监分离"）的代表性产业。

3. 调整阶段（2008 年至今）

2008 年 3 月，十七大报告提出"探索实行职能有机统一的大部门体制"的改革目标，标志着政府机构调整的关注点由部门间的拆分合并转移至部门间关系的协调统一。在电力监管方面，提出要"加强能源管理，设立高层次议事协调机构国家能源委员会"。根据国务院颁布的"三定"方案，新成立的国家能源局下设电力司负责电力工业管理，主要工作内容为"拟定火电、核电和电网有关发展规划、计划和政策并组织实施，承担电力体制改革有关工作，组织核电厂的核事故应总管理工作等"。至此，电力监管体制进入了国家能源委员会、国家能源局和电监会共同能的"三驾马车"时代。2013 年 3 月，务院的第十次机构改革将电监会整合到新组建的国家能源局，中国电力监管体制改革进入了新阶段

# 第 4 章 电力市场中的电价

## 4.1 制定电价的基本原则

《中华人民共和国电力法》（简称《电力法》）第 36 条规定，制定电价应坚持"合理补偿成本，合理确定收益，依法计入税金，公平负担"的原则，同时还应有利于促进合理用电及合理利用资源。由此可见，在考虑公平的基础上，电价就等于成本、利润和税金之和。

长期以来，我国电力行业一直采用基于成本的会计学定价方法。随着电力市场的不断完善和竞争程度的日趋激烈，人们对基于经济学原理的定价方法，如边际成本法、当量电价法等的研究日渐成熟，在电力市场的实时电价和输电定价等方面将具有广阔的应用前景。

### 一、最低成本与合理成本原则

在商品经济中，收回成本称为保本，可以维持简单再生产。

根据马克思主义经济学理论，在社会化大生产的经济条件下，制定价格所依据的产品成本是指生产同类产品的生产企业的部门平均成本，而不是某个企业的个别成本。只有企业的个别生产成本等于部门平均成本时，该企业才能维持简单再生产；如果企业的个别成本高于部门平均成本，则不能维持简单再生产。可见，在社会化大生产的经济条件下，部门平均成本（全行业的平均成本）才是最低价格。

电力行业的供电成本包括燃料费、水费、材料费、工资及福利费、折旧费（指提取的固定资产折旧）、维修费、外购电力费、其他费用（办公费、宣传费、运输费、税金等）。在现实社会中，合理成本应当是电能在生产、输送过程中所发生的任何必要的会计成本，在数值上就等于一定时期内的总支出与总产量的商。贷款利率、债券发行费、环保投资等均属必要的合理成本。下列项目则应视为不合理成本：

（1）供求关系：用备用率指标衡量。若备用过多则多余容量的成本属于不合理成本。

（2）设备和燃料的采购价格：高出市场价格或管制价格的那部分成本为不合理成本。

（3）员工收入水平，即劳动力价格：若收入水平高出社会公认的标准，或连续几年内工资增幅大于社会平均增幅，则过高的部分应视为不合理成本。

（4）科技水平和管理水平：用国际通行的资本利用率指标和劳动效率指标进行评价。

（5）电能质量：凡质量未达标的电力或电能，其成本均应视为不合理成本。

### 二、合理收益原则

利润是劳动者创造的剩余价值的一部分。在测算电价时，可采用资金利润率乘以资金占用量计算利润的大小。电力行业的资金利润率水平要适当高于整个社会的平均资金利润率水平，但应以不获取超额利润为原则。其必然性体现在下列两个方面：

（1）电力要先行，其发展速度应稍高于国民经济的整体发展速度。

（2）要有足够的自我积累、自我发展和还贷付息的能力。电业部门既不获取超额利润，又要有合理的收益。

按照我国现行财务制度，企业利润包括生产发展基金（公积金）、职工集体福利基金

（公益金）、企业奖励基金或股东红利（股份公司）。合理利润应依供求关系的变化略高或略低于正常利润。正常利润就是资本的机会成本。

电力工业的正常利润应与社会总资本的盈利水平相当，即接近社会平均利润。社会平均利润水平应该比银行一年期的储蓄利率略高一点。许多发达国家也以此作为垄断性产业投资回报率的依据。

### 三、依法计入税金

在成本和利润水平确定之后，按国家税法的规定将税金纳入价格之中，这部分税金也称为价内税。价内税费一般都有统一的收费标准，仅就供需双方而言，价内税费是一个外部既定量，不必作专门的研究。

### 四、公平负担、等价交换原则

制定分类和分时电价，公平合理地分摊用户的用电费用。

### 五、促进合理用电与合理利用资源原则

电价的制定，应有利于改善国家能源生产和消费结构，有利于电力的有效使用。电价应能给用户正确的用电信号，鼓励用户在适当的时候以适当的方式用电。

促进用户合理用电的原则，体现了供电方和用电方的合作。目前常用的多种需求侧管理措施，均是这一原则的具体体现。例如，分时电价可以促进削峰填谷，功率因数调整电价可以鼓励用户进行无功补偿，可中断电价则可以鼓励用户承担系统备用。

## 4.2　制定电价的理论方法

### 一、计划经济条件下电价形成机制存在的问题

计划经济条件下的价格形成机制，虽然理论上讲是科学合理的，但在实践中由于缺少科学客观的方法去获得平均化的社会机制，只靠政府职能部门的少数人去制定具体的标准，这本身就包含了一定的主观随意性，更多地体现出定性而非定量的原则，在实践中很难达到科学合理的水平。因此，这种电价通常又被称为管制电价。

计划经济条件下电价机制的缺陷，一是表现在价格管理机能有严重缺陷，二是表现在价格管理体制僵化。具体表现在以下几个方面：

（1）价格管制原则不明确，存在很大弹性。马克思《资本论》关于价值量定义的理论中，社会必要劳动时间在实际操作时很难确定其边界值。目前的《电力法》也只能规定合理成本、合理利润，既无量的界定，也无质的说明，只能依靠主观的判断。

（2）没有规范的定价方法。我国至今仍没有任何产业利润率标准，更没有确定以行业平均成本为基础的成本利润率和工资利润率。

（3）价格管制机构职能单一。多年来，我国一直没有能统管全国各行业的价格管制机构。各地的物价管理部门职能单一，除了能对产品或劳务定价外，对其他价格形成因素都无法控制。具体地说，物价部门不参与市场准入、需求侧管理及运营成本的监控，与被管制企业间的信息严重不协调。

（4）价格监管主体与客体关系倒置。对新建项目，国外先定价、后建厂；我国则是先建厂，后上报定价。其结果是，政府批准的项目在电价审批时就要首先予以保护。可以说，我国现行的指导性电价，既不是按计划机制形成的，也不是按边际成本法制定的，而是倒逼出

来的。

（5）对价格管制机构的监督体系尚未建立。我国目前对价格管制机构的监督措施主要是申请复议和行政诉讼，而且对监管对象只限于违规罚款。对调价和定价行为没有形成有效、及时的社会约束力量。

## 二、市场经济条件下的电价形成机制

市场经济条件下的价格形成机制，本质上是指通过市场机制引导资源最佳配置的价格机制。

在任何情况下，资源的最佳配置作为一种稳定状态几乎是不存在的，即使存在也只能是一种瞬间状态。因此，正确理解价格合理性的方法应当是看它的调节方向和调节力度，是否与资源最佳配置的要求相一致。

## 三、电力投资与电价形成的特点

制定电价就应先了解电力商品与其他普通商品的共性和不同，了解影响电价的主要因素，以便在电价模型中恰当运用规则，充分反映电力生产和消费的客观规律。电力投资对电价的形成具有决定性的作用，它与电价的形成过程具有以下特点：

（1）资金密集。电力行业的人均固定资产净值是其他行业平均水平的几十倍。

（2）投资周期和运行周期长。建设期：火电 3～5 年，水电 5～10 年。运行期：火电 30年，水电 50 年左右。

（3）产品单一，资本存量调整困难。

（4）发电和供电存在效益和安全一体化关系。

（5）电价对生产、消费具有明显的调节作用。

（6）电能消费存在区域差别。

（7）消费范围广泛，可替代性小，逐渐居于能源消费的主体地位。

（8）电能从生产到销售的全过程属于一个整体。与其他商品不同，它在零售过程中的增值非常小。

## 四、电价的制定

从理论上说，定价就是要确定电价水平和电价结构。

（一）电价水平

电价水平由电能基础价格和供求价格组成。基础价格反映电能的自身价值，对整个电价起着决定性作用；供求价格反映电能商品的市场紧缺程度，在某种程度上会对电价产生较大的影响。电价水平可表示为

$$电价水平 = 基础价格 + 供求价格 \qquad (4-1)$$
$$基础价格 = 成本 + 利润 + 税金 \qquad (4-2)$$

（二）电价结构

合理的电价结构不仅要反映电力生产的特性和用电特性，还要满足计量成本最低的要求。电价结构可分为供电电价结构、用电电价结构和调节电价结构。供电电价是指电力企业之间，如电厂与电网经营企业、电网经营企业与电网企业之间电力交易的价格，前者形成的电价被称为上网电价或收购电价，后者形成的电价叫转供（转运）电价。用电电价结构可以分为一部制电价、两部制电价和三部制电价。

电价结构与电力市场模式紧密相关。在以往的电力系统和初期的发电侧竞争的电力市场

中，可以采用上述电价结构。但在更加开放的电力市场机制下，输电网络开放、配电侧展开零售竞争，电价结构应当更加透明、公正，有利于各个环节的竞争。此时，应该考虑全网实时电价方案或发电、输电、配售电的三段式电价结构方案。

1. 供电电价结构

（1）上网电价。上网电价是指发电企业向电网经营企业提供上网电量时与电网经营企业之间签订的结算价格。上网电价取决于发电企业向电网提供效益的大小，分为容量电价和电量电价两部分。容量电价又可分为基荷容量电价和调峰容量电价。

我国的上网电价过去采用一部制电价，将发电企业的全部成本费用、利润及税金都计入电量电价。其优点是方法简单易行、直观、竞争力度大，对新机组竞价比较有利；缺点是在当前新老电厂的效率、污染及成本（还本付息）差异巨大的条件下，无法满足电力市场对公平竞争的要求。

1997 年以后，我国采用了两部制电价结构。随着电力市场的发展，学术界又提出了不少其他的上网电价模式，如电能价值当量分析法、基于动态最优潮流的 PQ 一体化定价模型等。总体说来，在电力定价方面还有大量课题有待进一步研究和开发。

在竞价上网的体制下，应当遵循"按同类电厂最低电价顺序上网"的原则。"同类电厂"具有两层含义：一是指火电类、水电类或核电类电厂；二是指一般电厂、境外上市电厂、特许权电厂 BOT（build operate transfer）或 TOT（transfer operate transfer）等。

（2）网间互供电价。设 A 网向 B 网购电，则可视 A 网为 B 网的用户，而 B 网为 A 网的电厂。若 B 网提供的是季节性电能，而对 A 网来说不是季节性电能，则按利益均分思想确定的购电价格为

$$\text{A 网购电价格} = \text{B 网电价} + \frac{1}{2}(\text{A 网电价} - \text{B 网电价})$$

（3）转运电价。在初级电力市场机制下，转运是指电网所有者提供输电设备，为另外的供电和用电双方提供输电服务的全过程。提供转运服务的电网一方有获得输电收益和补偿输电成本的权利。图 4-1 能够形象地说明转运服务的含义。

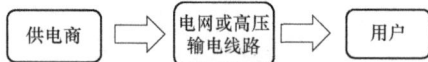

图 4-1 转运服务的含义

出现转运的原始驱动力主要有：地区成本差；紧急功率交换；一方长期缺电。转运合同有两种形式可供参考：一是美国采用的针对每项转运业务分别签订合同的方式；另一种是像英国那样，由电网规定统一的转运费标准，每 0.5h 公布一次。

2. 用电电价结构

用电电价结构又称销售电价结构，体现了用户合理分摊电力费用的原则。它与电压等级、用电时间、地理位置、无功特性及可靠性等因素有关。

（1）一部制电价结构。电价只与用户的用电量有关，最简单模型表示为

$$R = \rho_{\text{w,d}} W_{\text{d}} \qquad\qquad\qquad (4-3)$$

式中：$R$ 为电费；$\rho_{\text{w,d}}$ 为电价；$W_{\text{d}}$ 为用电量。

一部制电价结构特点是简单明了，易于理解，计量费用少；适用对象为大多数用电量较少的客户，如居民用户。

（2）两部制电价结构。两部制电价较一部制电价有很大进步，是我国目前采用的最重要

的一种电价制度。两部制电价由电力电价和电量电价两部分构成，表示为

$$R = \rho_{P,d} P_d + \rho_{W,d} W_d \tag{4-4}$$

式中：$R$ 为电费；$\rho_{P,d}$ 为电力电价；$P_d$ 为有功容量；$\rho_{W,d}$ 为电量电价；$W_d$ 为用电量。

电力电价反映供电的固定成本，即容量电价。即使用户不用电，供方也应做好供电的准备，从而产生相应的成本，这部分成本只与系统的容量有关。电量电价反映供电可变成本的大小及其回收情况。

不同性质的大用户应当有不同的两部制电价形式，才能较好地符合其真实的用电特性。对日负荷率高的大用户，应当推出不分时的两部制电价结构，因为系统的峰谷差不是由他们造成的，他们分摊的固定费用主要与负荷量有关，且与用电时间关系不大。对负荷率低的大用户，应当推出分时电价结构，因为系统的峰谷差主要是由他们造成的，他们分摊的固定费用不仅与负荷量有关，而且与负荷出现的时间和持续的时间有关。采用分时电价，不仅有利于用户间合理分摊电力企业支出的费用，也有利于调整日负荷曲线。

（3）三部制电价结构。这是美国实行的用电电价结构，其将供电成本中的固定成本再加以细分，分成电力成本和基本成本两部分。该结构电力成本的计算同前；基本成本包括营业设施折旧、工资福利、办公费用、接户线及电能表的成本、负荷管理设备等，它们与系统容量和发电量没有直接的关系。

三部制电价结构可表示为

$$R = \rho_{P,d} P_d + \rho_{W,d} W_d + F \tag{4-5}$$

式中：$F$ 为基本费用。

3. 调节电价结构

调节电价是指为保证用户合理用电，借助经济手段改善用电结构，调整用电时间的一种差别付费政策。目前各地正式实施的调节性电价主要有：峰谷分时电价、丰枯分季节电价、功率因数调整电价。

（1）峰谷分时电价和丰枯分季节电价。峰谷分时电价：将日负荷曲线按时间划分为高峰、平段、低谷三个时段（如安徽电网，高峰 8h，平段 6h，低谷 10h），或仅划分高峰、低谷两个时段，实行高峰高价、低谷低价的政策。

近年来，各地电力系统峰谷用电容量矛盾加剧，导致大部分时间系统供过于求，仅在短时间内供应短缺的现象。因此，有必要进一步加大峰谷分时电价的调节力度。

以江苏省 2018 年 5 月 1 日起执行的政策为例，居民峰谷分时电价表高峰时段为 8：00～21：00，低谷时段为 21：00～8：00；居民分时电价 1kV 以下：高峰 0.5583 元/(kW·h)，低谷 0.3583 元/(kW·h)。1～10kV 大工业用电：高峰（8：00～12：00，17：00～21：00），1.0697 元/(kW·h)；平段（12：00～17：00，21：00～24：00），0.6418 元/(kW·h)；低谷（0：00～8：00），0.3139 元/(kW·h)。

峰谷分时电价最大的受益者当属夜间经常使用空调和电热水器的用户。

至于丰枯季节性电价结构，则有利于充分利用丰水期的低价水能资源、减少燃料发电量和环境污染的程度。

【例 4-1】　实行分时电价后用户的负荷调整策略。假设 A、B、C 厂的最大负荷均出现在系统负荷高峰时段，负荷水平分别为 500、920、3300kW。实行分时电价后，3 个厂都采取一定的避峰措施，尽可能将高峰负荷转移至平段和低谷段。在操作中，A 厂将高峰负荷全

部移至低谷段；B厂将高峰负荷一部分移至平段，其余大部分移至低谷段；C厂转移了部分高峰负荷。A、B、C厂避峰前后各时段的用电量情况见表4-1。

表4-1 A、B、C厂避峰前后各时段的用电量情况（MW）

| 用户 | 避峰前 | | | 避峰后 | | |
|---|---|---|---|---|---|---|
| | 高峰 | 平段 | 低谷 | 高峰 | 平段 | 低谷 |
| A厂 | 1.79 | 1.10 | 0.00 | 0.00 | 1.10 | 1.79 |
| B厂 | 4.66 | 0.26 | 1.84 | 0.00 | 1.46 | 5.30 |
| C厂 | 16.12 | 14.02 | 2.73 | 13.39 | 14.02 | 5.46 |

如果在实行峰谷电价之后，低负荷率用户A、B、C厂仍不采取避峰措施，则其电费将显著增加。在采取避峰措施和重新安排用电时间后，各厂的电费支出和生产成本均可降低，同时也在一定程度上缓解了整个系统高峰缺电的矛盾，充分体现出电价的经济杠杆作用。A、B、C厂避峰前后平均电价水平见表4-2。

表4-2 A、B、C厂避峰前后平均电价水平［元/(kW·h)］

| 用户 | 避峰前电价 | 避峰后电价 | 电价降低额 |
|---|---|---|---|
| A厂 | 0.906 8 | 0.438 7 | 0.468 1 |
| B厂 | 0.847 5 | 0.384 7 | 0.462 8 |
| C厂 | 0.824 4 | 0.761 6 | 0.062 8 |

为了全面缓解尖峰负荷对电力系统的冲击，我国采取了一系列相应措施。1998年以来，要求各供电公司采取错峰调荷措施：对大工业用户实行负荷率考核奖励、执行周修制度、签订大用户错峰用电协议；加强地方电厂调峰，在签订并网协议时明确电厂的调峰义务。

（2）功率因数调整电价。功率因数标准共分0.9，0.85，0.8三档，适用于不同的用电对象。这一电价政策在技术上要求单独加装有功电能表和无功电能表，计算月平均功率因数$\cos\varphi$。根据$\cos\varphi$高于或低于标准的情况，按照电费调整表的要求调节电价。根据电力系统具体情况，对不需增设补偿设备功率因数就能达到标准的用户，或距离电源点较近，电压质量较好，无须进一步提高用电功率因数的用户，经省级电力部门批准，可以降低功率因数标准值，不实行功率因数调整办法。

## 4.3 电价的计算方法

### 一、电价的计算步骤

电价计算需要四个基本步骤：

（1）作未来计算期内的负荷预测，以此作出系统最优发展规划及资金计划。

（2）核算供电成本。

（3）计算基础电价，方法有综合成本法，长期边际成本法，实时电价定价法三种。

（4）根据基础电价，制定分类电价。

**二、计算基础电价的三种方法**

1. 综合成本法（embedded cost method）

综合成本法是求取计算期内的全部供电成本，然后分摊到所有用户，计算步骤如下：

（1）作出计算期内的电力发展规划和资金计划。

（2）成本核算。逐项目核算供电成本，求和得到综合电力成本和电量成本。其中的折旧费应分成两部分：一是根据现有设备的账面成本计算得到的年折旧费；二是在规划期内计划投入设备的年折旧费。

（3）平均分摊成本。

容量电价为

$$\rho_{P,d} = \frac{C_{P,d}}{P_d} \tag{4-6}$$

电量电价为

$$\rho_{w,d} = \frac{C_{w,d}}{W_d} \tag{4-7}$$

式中：$C_{P,d}$ 为综合电力成本；$C_{w,d}$ 为综合电量成本；$P_d$ 为最大负荷容量；$W_d$ 为负荷用电量。

综合成本法具有以下特点：

（1）方法直观、简便，易操作。

（2）计算周期较长，相对稳定，有利于避免因投资高峰带来的电价波动。

（3）只根据以往账面计算折旧费，无法体现未来通货膨胀、能源和环境开支的增加等因素，有可能导致折旧费不足和企业资金状况恶化。

2. 长期边际成本法（long run marginal cost method，LRMC）

（1）长期边际成本法定价的理论依据。根据微观经济学理论，由于未来微增负荷的持续增长所产生的微增成本，称为长期边际成本。长期边际成本法定价的理论依据，是从全局考虑使社会总效益 $B_f$ 最大化，即目标函数为 $\max B_f$，$B_f$ 表示为

$$B_f = B_e - C_d \tag{4-8}$$
$$C_d = C_{P,d} + C_{w,d}$$

式中：$B_f$ 为消耗电能 $W_d$ 后产生的社会净效益；$B_e$ 为用户使用电能 $W_d$ 后产生的用电效益（未扣除电费）；$C_d$ 为系统总供电成本。

对 $B_f$ 求偏导数，得

$$\frac{\partial B_f}{\partial P_d} = \frac{\partial B_e}{\partial P_d} - \frac{\partial C_{P,d}}{\partial P_d} = 0 \tag{4-9}$$

$$\frac{\partial B_f}{\partial W_d} = \frac{\partial B_e}{\partial W_d} - \frac{\partial C_{w,d}}{\partial W_d} = 0 \tag{4-10}$$

对用户而言，用电 $W_d$ 产生的净效益为

$$B_d = B_e - \rho_{w,d} W_d - \rho_{P,d} P_d \tag{4-11}$$

用户的目标是使其 $B_d$ 最大，即

$$\frac{\partial B_d}{\partial P_d} = \frac{\partial B_e}{\partial P_d} - \rho_{P,d} = 0 \rightarrow \frac{\partial B_e}{\partial P_d} = \rho_{P,d} \tag{4-12}$$

$$\frac{\partial B_d}{\partial W_d} = \frac{\partial B_e}{\partial W_d} - \rho_{w,d} = 0 \rightarrow \frac{\partial B_e}{\partial W_d} = \rho_{w,d} \tag{4-13}$$

将式（4-12）和式（4-13）代入式（4-9）和式（4-10），可得到以下结果：

容量电价等于电力成本对负荷容量的微增率，即

$$\frac{\partial C_{P,d}}{\partial P_d} = \rho_{P,d}$$

电量电价等于电量成本对负荷用电量的微增率，即

$$\frac{\partial C_{w,d}}{\partial W_d} = \rho_{w,d}$$

（2）长期边际成本法定价的计算过程及步骤：

1）预测负荷容量 $P_{d1}$ 和用电量 $W_{d1}$，计算供电容量成本 $C_{P,d1}$ 和电量成本 $C_{w,d1}$。

2）假设负荷容量和用电量分别从 $P_{d1}$、$W_{d1}$ 变化到 $P_{d2}$、$W_{d2}$，即有一微小增量

$$\Delta P_d = P_{d2} - P_{d1} > 0 \tag{4-14}$$

$$\Delta W_d = W_{d2} - W_{d1} > 0 \tag{4-15}$$

3）计算 $P_{d2}$、$W_{d2}$ 下的容量成本 $C_{P,d2}$ 和电量成本 $C_{w,d2}$。

4）求容量成本增量 $\Delta C_{P,d}$ 和电量成本增量 $\Delta C_{w,d}$。

$$\Delta C_{P,d} = C_{P,d2} - C_{P,d1} \tag{4-16}$$

$$\Delta C_{w,d} = C_{w,d2} - C_{w,d1} \tag{4-17}$$

5）用长期边际成本法定价。

容量电价为

$$\rho_{P,d} = \frac{\partial C_{P,d}}{\partial P_d} \approx \frac{\Delta C_{P,d}}{\Delta P_d} \tag{4-18}$$

电量电价为

$$\rho_{w,d} = \frac{\partial C_{w,d}}{\partial W_d} \approx \frac{\Delta C_{w,d}}{\Delta W_d} \tag{4-19}$$

（3）长期边际成本法定价的特点。

1）可以反映用户负荷增加时的供电边际成本。

2）能体现未来能源的价值。

3）计算周期较长，相对稳定，避免投资高峰时出现较大的电价波动。

4）某些与时间有关的宏观因素会直接影响边际成本法定价的实用性。

5）常造成收支不平衡。一类情况是收入大于支出。例如发电侧，其供电成本与供电量之间呈下凹形增长曲线；此时的系统边际供电成本（即供电成本函数对供电量的一阶导数）总是大于系统的平均供电成本。另一类情况是支出大于收入。例如输电环节，其供电成本与供电量之间呈上凸形增长曲线，此时的系统边际供电成本总是小于系统的平均供电成本。为了平衡收支情况，需要采取各种各样的修正措施，如拉姆齐修正法、加权最小二乘方法、直接附加费法等，这些措施会反过来影响边际成本定价的经济导向作用。

3. 短期边际成本法

综合成本法和长期边际成本法只能反映较长时期内（如1年或2年）的生产成本和总体负荷水平。分时电价也只能反映一段时间内日负荷及供电成本的统计规律，不能精确反映每日各时段的负荷及供电成本的变化。

短期边际成本法能够较好地反映较短时期内（如1天、1h、0.5h等）供电成本的变化情况。当测算的时间间隔越来越短，如30、15、5min时，所计算出的短期边际成本在工程

意义上又可称为实时电价。

实时电价能够反映短期内由负荷变化引起的生产成本的变化及用电量信息，指导用户正确用电。除此以外，在电力市场中它与节点的位置密切相关。在同一时间刻度上，不同节点的电价具有明显的差异，这种差异既能体现交易自电力充裕地区向缺电地区流动的情况，又能反映出输电资源的利用和拥堵状况。因此，实时电价又常被译为 spot price（现货电价）。

实时电价的原理模型可用下面的数学表达式加以说明

$$\rho_{k,t} = \frac{\partial C_{\mathrm{W,d}}}{\partial W_{k,d}} \tag{4-20}$$

$$W_{\mathrm{g},t} = W_{\mathrm{d},t} + W_{\mathrm{l},t} \tag{4-21}$$

$$P_{\mathrm{load}} + P_{\mathrm{loss}} \leqslant P_{\mathrm{G,max}} \tag{4-22}$$

$$|P_{\mathrm{line}}| \leqslant P_{\mathrm{max}} \tag{4-23}$$

式中：$k$ 为用户编号；$t$ 为时段编号；$C_{\mathrm{W,d}}$ 为电量成本（运行成本）；$W_{k,\mathrm{d}}$ 为用户 $k$ 在 $t$ 时段的用电量；$W_{\mathrm{g},t}$ 为发出的总电能；$W_{\mathrm{d},t}$ 为用户消耗的电能；$W_{\mathrm{l},t}$ 为系统的电能损耗；$P_{\mathrm{G,max}}$ 为系统发电总出力；$P_{\mathrm{load}}$ 为系统总负荷；$P_{\mathrm{loss}}$ 为系统总网损；$P_{\mathrm{line}}$ 为线路实际潮流；$P_{\mathrm{max}}$ 为线路允许最大传输容量。

其中，式（4-21）为电量平衡约束，式（4-22）为发电容量约束，式（4-23）为线路潮流约束。

实时电价非常适合于发电侧竞价上网的电价模型，它建立了电量成本与用电量 $W$、用电时刻 $t$ 和关口（即用户 $k$，涉及地理位置、潮流断面、网损、传输拥挤等）这三个最主要因素之间的关系。从理论上说，这是最理想的一种定价模式。

换句话说，用实时电价法定价，可以提供每个交易时段、各个节点的实时电价参数和信息，便于电网间的交易结算和输电费用的计算，指导发电厂随时从经济上调整发电出力，促进用户主动承担备用与合理用电。

## 4.4　实时电价理论

### 一、实时电价的定义及数学模型

实时电价是在考虑运行和基本投资的情况下，在给定的极短时段（如 30、15、5min）内向用户提供电能的边际成本。

1980 年，美国麻省理工学院（MIT）的 F. C. Schweppe 教授就提出了这样的构想：要改变传统的供求模式，并建立电力市场，就应像计算电压和频率那样，计算和控制电能的价格，即采用实时电价，它不仅随时间变化（最初设想为 5min），而且能够体现节点位置、事故和可靠性的影响。20 世纪 80 年代中后期，正式提出并建立了实时电价理论。

根据 Schweppe 教授建立的数学模型，实时电价由 8 个分量组成，其表达式为

$$\rho_{k,t} = \gamma_{\mathrm{F},t} + \gamma_{\mathrm{M},t} + \gamma_{\mathrm{QS},t} + \gamma_{\mathrm{R},t} + \eta_{\mathrm{L},t} + \eta_{\mathrm{M},t} + \eta_{\mathrm{QS},t} + \eta_{\mathrm{R},t} \tag{4-24}$$

式中：$\rho_{k,t}$ 为第 $k$ 用户在时段 $t$ 的实时电价；$\gamma$ 为发电分量，包括边际发电燃料成本 $\gamma_{\mathrm{F},t}$、边际发电维护成本 $\gamma_{\mathrm{M},t}$、发电质量分量 $\gamma_{\mathrm{QS},t}$、发电收支平衡项 $\gamma_{\mathrm{R},t}$ 4 项、$\eta$ 为输电分量，包括边际网损成本 $\eta_{\mathrm{L},t}$、边际网络维护成本 $\eta_{\mathrm{M},t}$、网络供电质量分量 $\eta_{\mathrm{QS},t}$、网络收支平衡项 $\eta_{\mathrm{R},t}$ 4 项。

### 二、实时电价各分量的含义及求解方法

#### 1. 边际发电运行成本

边际发电运行成本是指边际发电燃料成本 $\gamma_{F,t}$ 和边际发电维护成本 $\gamma_{M,t}$ 两项之和，简称为系统 $\lambda_t$，计算公式为

$$\lambda_t = \frac{\partial\left[C_F(W_{g,t}) + C_M(W_{g,t})\right]}{\partial W_{g,t}} \tag{4-25}$$

式中：$C_F(W_{g,t})$、$C_M(W_{g,t})$ 分别为系统发电量为 $W_{g,t}$ 时的燃料总成本和维护总成本；$\lambda_t$ 与系统发电量 $W_{g,t}$、机组状况、水的可用率以及电力公司间的交易等因素有关，$\lambda_t$ 随系统发电量 $W_{g,t}$ 的增加而呈上升趋势。

#### 2. 发电质量分量

发电质量分量 $\gamma_{QS,t}$ 的大小反映出整个系统发电容量的充裕程度。当电力供应十分充足时，$\gamma_{QS,t}$ 的值接近于零；当电力非常紧缺时，其值增大并趋于缺电损失值。

#### 3. 边际网损成本和边际网络维护成本

边际网损成本 $\eta_{L,t}$，是指用户 $k$ 的负荷 $W_{d,t}$ 发生微增变化，进而引起网损增加所带来的成本，它与用户所在节点的位置有关。其表达式为

$$\eta_{L,t} = (\gamma_{F,t} + \gamma_{M,t} + \gamma_{QS,t})\frac{\partial W_{L,t}}{\partial W_{d,k,t}} \tag{4-26}$$

式中：$\dfrac{\partial W_{L,t}}{\partial W_{d,k,t}}$ 为第 $k$ 个用户的网损微增率。

边际网络维护成本 $\eta_{M,t}$，是指用户 $k$ 的负荷 $W_{d,t}$ 发生微增变化时，整个系统网络维护总成本所发生的微增变化。

#### 4. 网络供电质量分量

网络供电质量分量 $\eta_{QS,t}$ 反映用户 $k$ 的负荷 $W_{d,t}$ 发生微增变化时，电网各支路输送容量的充裕程度。当 $W_{d,t}$ 微增时，如果第 $i$ 条支路的实际潮流远远小于其允许传输容量，该支路的网络供电质量分量 $\eta_{QS,k,i,t}$ 的数值将会很小；如果第 $i$ 条支路的实际潮流接近其允许传输容量，$\eta_{QS,k,i,t}$ 的值将迅速增大。第 $k$ 用户的负荷 $W_{d,t}$ 微增时，各支路 $\eta_{QS,k,i,t}$ 之和即为第 $k$ 用户总的网络供电质量分量 $\eta_{QS,t}$。

#### 5. 收支平衡项

由前述结论可知，实时电价的计算依据是边际成本理论。采用边际成本定价，必然带来收支不平衡问题。对实时电价而言，造成收支不平衡的原因主要有两个：

（1）实时电价只考虑电量成本，如燃料费和维护费等，而不考虑容量成本。

（2）从理论上说，边际成本必然高于或低于平均成本。

显然，为了实现系统的收支平衡，就必须在实时电价的表达式中加入相应的修正量或调整量，即对发电分量采用 $\gamma_{R,t}$ 进行平衡，对输电分量采用 $\eta_{R,t}$ 进行平衡。

由于平衡分量的存在，边际成本定价法本身所具有的优点，即电力市场的经济导向作用在一定程度上受到限制。

### 三、对原始实时电价方法的评价

最初由美国麻省理工学院 F. C. Schweppe 教授提出的实时电价理论，将经济学中的边际成本定价理论引入电力市场的定价过程之中，系统而精确地描述了节点电价与时间、地点

（关口）、用电量这三个最主要因素间的数学关系，从物理意义和数学算法上将其划分为 8 个具体的费用项。原则上讲，实时电价反映短期供电边际成本，具有全社会效益最大的优点；提供各节点的实时电价参数，便于互联电网间的交易结算或转运费的计算；能够发出正确的激励信号，鼓励用户承担备用，合理用电，合理利用和配置资源。因此，实时电价法曾被认为是最理想的定价模式。

但是，限于时代的局限性，该方法仍然是以"厂网一家"的垂直垄断型经营模式为前提，依据传统经济调度理论（ED）和直流潮流（DC Flow）建立数学模型。该算法模型中的各项费用，不仅计算繁杂、不便于理解，而且简化了电网模型，忽略了无功的影响，更没有考虑输电服务费用等问题。因此，早期的实时电价理论已经不能适应当前和未来电力市场改革的需要，必须对其进行改进和完善，以适应不同阶段、不同性质的电力市场运营模式的需要。

### 四、节点电价

节点电价（nodal price）是现今美国最为流行的一种电能计价模式，也是美国联邦能源监管委员会（federal energy regulatory commission，FERC）标准电力市场设计（stand market design，SMD）推荐的电能竞价模式。

所谓节点电价是指为满足某节点新增 1MW 电量需求时的系统边际成本，这一计价模式的原则是电网中不同节点的单位电量有不同的价格。造成这种电量价格空间差别的主要原因是输电线路损耗和输电阻塞。这些随位置不同而不同的实时电价也称为节点边际电价（locational marginal price，LMP）。

当输电系统没有约束并且不考虑网损时，各节点的电价相同；在有约束的条件下，节点电价反映了电能从发电单元输送到负荷母线处所增加的费用。

节点电价理论是在 20 世纪 80 年代提出来的，一直以来都是电力市场定价理论研究中的热点。

节点电价有着实现全社会效益最优的丰富的经济学信息，电价随时间变化，反映的是负荷需求的不断变化；同时电价随节点位置变化，反映的是网损和传输阻塞的影响。

节点电价的定价原则为：①发电机组以其发电节点处的节点电价结算；②负荷方以其负荷节点处的节点电价支付；③交易双方要支付阻塞成本，分别按照自己母线处的 LMP 支付，阻塞成本等于负荷节点与发电节点之间节点电价的差值。

以最小化的机组发电成本为目标，可建立如下基于最优潮流的节点电价数学模型。

（1）目标函数为

$$\min C = \sum_{i \in G} \left[ C_{P,i}(P_{g,i}) + C_{Q,i}(Q_{g,i}) \right] \tag{4-27}$$

式中：$G$ 为发电机；$C$ 为发电机的成本函数。

一般近似写为

$$C_{P,i}(P_{g,i}) = C_{i,2} P_{g,i}^2 + C_{i,1} P_{g,i} + C_{i,0} \tag{4-28}$$

$$C_{Q,i}(Q_{g,i}) = K(CS_{g,\max} - C \sqrt{S_{g,\max}^2 - Q_{g,i}^2}) \tag{4-29}$$

式中：$K$ 为定常系数。

（2）约束条件。

1）节点注入功率约束为

$$P_{g,i} - P_{d,i} = \sum_{j \in i} U_i U_j (G_{ij} \cos\theta_{ij} + B_{ij} \sin\theta_{ij}) \tag{4-30}$$

$$Q_{g,i} - Q_{d,i} = \sum_{j \in i} U_i U_j (G_{ij} \sin\theta_{ij} - B_{ij} \cos\theta_{ij}) \tag{4 - 31}$$

式中：$P_{g,i}$、$Q_{g,i}$ 分别为节点 $i$ 的有功、无功发电功率；$P_{d,i}$、$Q_{d,i}$ 为节点 $i$ 的有功、无功负荷功率。

2）节点电压约束为

$$U_{i,\min} \leqslant U_i \leqslant U_{i,\max} \tag{4 - 32}$$

3）线路潮流约束为

$$P_{ij,\min} \leqslant P_{ij} \leqslant P_{ij,\max} \tag{4 - 33}$$

4）发电机约束为

$$P_{g,i,\min} \leqslant P_{g,i} \leqslant P_{g,i,\max} \tag{4 - 34}$$

$$Q_{g,i,\min} \leqslant Q_{g,i} \leqslant Q_{g,i,\max} \tag{4 - 35}$$

上述问题的拉格朗日函数如下

$$
\begin{aligned}
L = & \sum_{i \in G} \left[ C_{P,i}(P_{g,i}) + C_{Q,i}(Q_{g,i}) \right] \\
& - \sum_{i=1}^{n} \lambda_{P,i} \left[ P_{g,i} - P_{d,i} - \sum_{j \in i} U_i U_j (G_{ij} \cos\theta_{ij} + B_{ij} \sin\theta_{ij}) \right] \\
& - \sum_{i=1}^{n} \lambda_{Q,i} \left[ Q_{g,i} - Q_{d,i} - \sum_{j \in i} U_i U_j (G_{ij} \sin\theta_{ij} - B_{ij} \cos\theta_{ij}) \right] \\
& + \sum_{i=1}^{n} \pi_{i,\min}(U_{i,\min} - U_i) + \sum_{i=1}^{n} \pi_{i,\max}(U_i - U_{i,\max}) \\
& + \sum_{i=1}^{n} \mu_{i,\min}(P_{ij,\min} - P_{ij}) + \sum_{i=1}^{n} \mu_{i,\max}(P_{ij} - P_{ij,\max}) \\
& + \sum_{i \in G} \eta_{i,\min}(P_{g,i,\min} - P_{g,i}) + \sum_{i \in G} \eta_{i,\max}(P_{g,i} - P_{g,i,\max}) \\
& + \sum_{i \in G} \xi_{i,\min}(Q_{g,i,\min} - Q_{g,i}) + \sum_{i \in G} \xi_{i,\max}(Q_{g,i} - Q_{g,i,\max})
\end{aligned}
\tag{4 - 36}
$$

式中：$\lambda$、$\pi$、$\mu$、$\eta$、$\xi$ 为各约束对应的拉格朗日乘子；$n$ 为节点数。

设 $x = [\theta_1, \theta_2 \cdots, V_1, V_2, \cdots]^{\mathrm{T}}$，其中不包括平衡节点对应的电压相角和幅值。由库恩—塔克（Kukn-Tucher）一阶最优条件，有

$$
\left.
\begin{aligned}
\frac{\partial L}{\partial P_{g,i}} &= 0 \\
\frac{\partial L}{\partial Q_{g,i}} &= 0 \\
\frac{\partial L}{\partial x} &= 0
\end{aligned}
\right\}
\tag{4 - 37}
$$

$$\frac{\partial L}{\partial P_{g,i}} = \frac{\partial C_{P,i}(P_{g,i})}{\partial P_{g,i}} - \lambda_{P,i} - \eta_{i,\min} + \eta_{i,\max} = 0 \tag{4 - 38}$$

$$\frac{\partial L}{\partial Q_{g,i}} = \frac{\partial C_{Q,i}(Q_{g,i})}{\partial Q_{g,i}} - \lambda_{Q,i} - \xi_{i,\min} + \xi_{i,\max} = 0 \tag{4 - 39}$$

其中，节点注入功率平衡的拉格朗日约束因子就是所对应的该节点注入电力的边际成本，这样计算各点的节点电价为：

$$\rho_{P,i} = \lambda_{P,i} = \frac{\partial C_{Pi}(P_{g,i})}{\partial P_{g,i}} - \eta_{i,\min} + \eta_{i,\max} \qquad (4-40)$$

$$\rho_{Q,i} = \lambda_{Q,i} = \frac{\partial C_{Q,i}(Q_{g,i})}{\partial Q_{g,i}} - \xi_{i,\min} + \xi_{i,\max} \qquad (4-41)$$

从上述推导过程可知，节点 $i$ 的节点电价由三个分量组成，一是平衡节点的边际发电成本，二是阻塞成本，三是损耗成本。当不考虑损耗且没有线路阻塞时，所有节点有相同的价格。

## 4.5　电力市场的负荷预测与电价预测

### 一、电力市场的负荷预测

负荷预测是从已知的用电需求出发，考虑政治、经济、气候等相关因素，对未来的用电需求做出的预测。负荷预测包括电力需求预测和电能需求预测两部分内容。对系统规划而言，电力需求预测决定着发电、输电、配电系统新增容量的大小，电能需求预测则决定着发电设备的类型（如调峰机组、基荷机组等）。对电力系统的运行而言，负荷预测用来合理安排机组启停、检修以及确定系统的旋转备用容量。显然，负荷预测在电网调度自动化系统高级应用软件（如能量管理系统）中起着非常重要的作用。

负荷预测是一项重要的基础性工作。我国的负荷预测的历程如下。在 1970～1996 年的缺电时期，由于控制用电、控制报装等客观原因，造成负荷预测的准确度不受实际检验，随意性较大，并且对新方法的应用力度不够。1997 年后，我国电力市场供需矛盾缓解，局部地区供大于求，甚至出现了供电负荷负增长，电力发展由资源约束转向了需求约束。1998 年，全社会用电同比增长只有 2.6%，是 20 世纪 90 年代以来增速最低的一年。1999 年，除经济发达地区外，有些地区的用电仍处于低迷状态。在电力市场机制下，电力公司力求及时、准确地把握负荷变化的信息，对负荷预测的重要性和迫切性提到了新的高度，同时也对负荷预测的精度提出了更高的要求。

做好负荷预测工作，需要多方面的努力、协调和配合。因此，了解负荷预测技术的发展趋势，掌握负荷预测的最新技术，有助于提高负荷预测的精度，合理调度系统的安全和经济运行方式。

#### （一）负荷及负荷预测的种类

##### 1. 负荷的种类

对负荷类型的划分有许多种不同的方法，例如按用电类型、用电水平、电费等级或地理区域分类。比较常见的是按全社会用电情况，分为第一、第二、第三产业和居民用电四大类；同时按照行业类别将负荷细分为八类，即农林牧渔水利业、工业、地质普查和勘探业、建筑业、交通运输邮电通信业、商业饮食物资供销仓储业、居民用电和其他。

2020 年，我国全社会用电量达到 7.51 万亿 kW·h。其中，第一、二、三产业和居民生活用电量分别为 859 亿、5.12 万亿、1.21 万亿、1.09 万亿 kW·h。

##### 2. 负荷预测的种类

（1）按功能划分，负荷预测可为系统负荷预测和母线负荷预测两大类。系统负荷预测用于安全监视和负荷控制、编制运行计划、安排检修计划。母线负荷预测是按指定的时刻，将系统负荷预测值转换为各母线的有功负荷和无功负荷计算值，进而替代某些错误的量测值和没有量测到的数值，或用于修正母线负荷模型的数值。

（2）按预测周期划分，根据负荷预测的使用场合和使用的便利性，又有两种常见的分类方式。第一种是：长期负荷预测的预测周期为数年至数十年；中期负荷预测的预测周期1月至1年，用于水库调度、机组检修、交换计划、燃料计划的长期运行计划的编制；短期负荷预测的预测周期为1日至1周，用于编制调度计划；超短期负荷预测的预测周期为未来1h以内，用于质量控制时为5～10s，用于安全监视时为1～5min，用于预防控制和紧急状态处理时为10～60min。第二种是：长期负荷预测（20年以上）、年负荷预测、月负荷预测、日负荷预测、周负荷预测、短期负荷预测（10～60min）、超短期负荷预测（5～10s或1～5min）。

（3）按全社会用电或行业类别，分为城市民用负荷预测或商业负荷预测、农村负荷预测、工业负荷预测等。

（4）按预测负荷的特性，分为最大负荷预测、最小负荷预测、平均负荷预测、峰谷差预测、高峰负荷平均预测、低谷负荷平均预测、母线负荷预测、负荷率预测等。

（二）负荷预测的特点及步骤

1. 负荷预测的特点

做好负荷预测工作首先应了解负荷预测的机理，掌握负荷预测技术的特点。负荷预测依据的基本原理有：可知性原理、可能性原理、连续性原理、相似性原理、反馈性原理和系统性原理。

负荷预测具有以下显著特点：不准确性或不完全准确性、条件性、时间性、同一时间不同条件下的多方案性。显然，不可能存在某种方法，在任何时候、任何地点，对任何对象，都具有普遍的适用性。

2. 负荷预测的步骤

（1）明确负荷预测的内容和要求。根据不同地区、不同时期的具体情况，确定合理的预测内容和预测指标。

（2）调查并搜集资料。要尽可能全面、细致地收集所需要的资料，避免用臆想的数据去填补负荷预测数学模型中所缺少的资料。

（3）基础资料分析。对收集的大量信息去伪存真，提高关键数据的可信度。

（4）经济发展预测。掌握经济发展对电力需求的影响。一般说来，经济增长必然带动电力需求的增长，要重点关注国家增加投入、扩大内需、结构调整、通货紧缩、企业经营状况及深化改革等因素。

（5）选取预测模型，确定模型的参数。

（6）负荷预测。用预测模型进行负荷预测，给出上、中、下几个可能的，较为可靠的预测方案。

（7）结果审核。结合专家经验对预测结果、预测精度及可信度作出评价，用历史数据样本进行检验，并进行自适应修正。

（8）准备滚动负荷预测。积累资料，为下个年度的滚动负荷预测做好准备。

（三）负荷预测的方法

1. 常规单一的负荷预测方法

（1）专家预测法。曾经流行的是德尔菲（Delphi）法，即专家小组预测法。它分为准备阶段、第一轮预测、反复预测（3～5 次）和确定结论等步骤。该方法简单，但盲目性较大。

（2）类比法。对具有相似研究特征的事件进行对比分析和预测。例如新开发区的建设，无历史经验可以借鉴，此时可用类比法预测负荷的发展。

（3）主观概率预测法。对不能做实验或实验成本太高，无法接受的方案，请若干专家估计特定事件发生的主观概率，然后综合得出该事件的概率。

（4）单耗法。该方法需做大量细致的调研工作，对短期负荷预测效果较好。

（5）负荷密度法。已知某地区的总人口（总建筑面积或土地面积），按每人平均用电量（即用电密度）计算该地区的年用电量。

（6）比例系数增长法。假定负荷按过去比例增长，预测未来的发展。

（7）弹性系数法。设 $x$ 为自变量，表示国内生产总值，$y$ 为用电量且函数 $y = f(x)$ 可导，则弹性系数可以定义为

$$\varepsilon_{yx} = \frac{\dfrac{\mathrm{d}y}{y}}{\dfrac{\mathrm{d}x}{x}} \qquad (4\text{-}42)$$

电力弹性系数 $\varepsilon_{yx}$ 的概念自从国外引入以来，便被视为衡量电力工业和国民经济发展关系的重要指标。一般认为，如果 $\varepsilon_{yx} > 1$，表明电力工业的发展超前于国民经济的发展；如果 $\varepsilon_{yx} < 1$，说明电力工业的发展滞后于国民经济的发展。但我国发展过程中，出现过电力弹性系数连续多年低于 1，而国民经济仍保持较高的增长速度，导致经济增长与用电增长关系处于非正常状态的现象。可以这样解释这种现象：

1）不能再简单地把电力工业适度超前发展理解为电力弹性系数大于 1。当电力工业能基本保证国民经济发展和人民生活质量时，电力弹性系数可能只需要 0.8，这样电力弹性系数在 0.8～1 之间就可以说得到了适度超前发展。

2）不能简单地与国外的弹性系数进行比较。

3）不能简单地用国内生产总值（GDP）度量电力弹性系数。

总之，对具有一定规模的电力系统进行负荷预测时，不能仅仅依靠单一的弹性系数法、人均电量预测法或单耗法等方法。因为这些方法的共同点是，将电力需求作为一个整体，根据某个单一的指标进行预测，方法虽然简单，但比较笼统，很难反映现代经济、政治和自然气候条件的影响。因此，应该采用先进的计量经济模型、投入产出模型、数学规划模型、气候影响协调模型等进行负荷预测。

2. 负荷预测的新技术

（1）趋势外推预测技术。电力负荷虽有随机、不确定的一面，但有明显的变化和发展趋势。根据各行业负荷变化的规律，运用趋势外推预测技术进行负荷预测能够得到较为理想的结果。趋势外推预测技术有线性趋势预测、对数趋势预测、二次曲线趋势预测、多项式趋势预测、季节性预测和累计预测等方法。

（2）负荷回归模型预测技术。根据以往负荷的历史资料，用数理统计中的回归分析方法对变量的观测数据统计分析，确定变量之间的相关关系，从而实现负荷预测的目的。回归模型有一元线性回归、多元线性回归、非线性回归等。其中，线性回归可用于中期负荷预测。

（3）时间序列预测技术。实际问题中，多数预测目标的观测值构成的序列表现为广义平稳的随机序列或可以转化为平稳的随机序列。依据这一规律建立和估计产生实际序列的随机

过程模型，并用它进行负荷预测。时间序列预测技术有一阶自回归、$n$ 阶自回归、自回归与移动平均 ARMA $(n, m)$ 预测等。

以上这些技术的优点是所需历史数据少、工作量少；缺点是没有考虑负荷变化的因素，只适用于负荷变化比较均匀的短期预测的情况。

（4）灰色预测技术。灰色系统理论是邓聚龙教授 1982 年提出的。他发现概率统计追求大样本量，必须先知道分布规律、发展趋势，而时间序列法只致力于数据拟合，对规律性的处理不足，以此提出了灰色系统的理论。以灰色系统理论为基础的灰色预测技术，可在数据不多的情况下找出某个时期内起作用的规律，建立负荷预测的模型，用于短期负荷预测。

3. 负荷预测技术的发展动态

（1）优选组合预测技术。优选组合预测技术有两层含义：一是从几种预测技术得到的结果中选取适当的权重加权平均；二是可在几种方法中比较，选择标准偏差最小或拟合度最佳的一种技术。

（2）专家系统预测技术。专家系统是基于知识建立起来的计算机系统，它拥有某个领域内专家们的知识和经验，能像专家们那样运用这些知识，通过推理作出决策。实践证明，精确的负荷预测不仅需要高新技术的支撑，同时也需要融合人类自身的经验和智慧。因此，就会需要专家系统这样的技术。专家系统预测技术适用于中长期负荷预测。

（3）模糊预测技术。这是建立在模糊数学理论上的一种负荷预测新技术，有模糊聚类预测技术、模糊相似优先比技术和模糊最大贴近度技术等。

（4）神经网络（artificial neural network，ANN）预测技术。神经网络预测技术可以模仿人脑做智能化处理，对大量非结构性、非确定性规律具有自适应功能，有信息记忆、自主学习、知识推理和优化计算的特点。这些是常规算法和专家系统技术所不具备的。

神经网络预测技术适于短期负荷预测，此时可近似认为负荷的发展是一个平稳的随机过程；否则，可能会因政治、经济等大的转折导致其模型的数学基础的破坏。

（5）小波分析预测技术。小波分析是 20 世纪数学研究最杰出的成果，它是一种时域—频域分析方法，在时域和频域上同时具有良好的局部化性质。小波变换能将各种交织在一起的不同频率混合组成的信号，分解成不同频带上的块信息。

对负荷序列进行正交小波变换，投影到不同的尺度上，各个尺度上的子序列分别代表原序列中不同频域的分量，可清楚地表现负荷序列的周期性。以此为基础，对不同的子负荷序列分别进行预测。由于各子序列周期性显著，采用周期自回归模型（PAR）会得到更为精确的预测结果。最后，通过序列重组得到完整的小时负荷预测结果，它要比直接用原负荷序列进行预测更精确。

（6）空间负荷预测技术。这是 20 世纪 80 年代提出的一种负荷预测理论，不仅能够进行负荷预测，而且能对未来负荷的地理位置分布进行预测。

这种方法适用于新建开发区的负荷预测，并能够与需求侧管理（DSM）、管理信息系统（MIS）、地理信息系统（GIS）等结合，实现资源共享，进而使负荷预测和系统规划更全面、更合理。

（四）影响负荷预测的主要因素

许多因素都会对负荷预测的精度产生不良影响，如何排除各种不确定因素的负面影响一直是科技工作者追求的主要目标。

### 1. 气候变化和自然灾害的影响

气候因素有很多，但主要以温度和湿度为主。随着空调器具的普及，气候变化对负荷的影响愈来愈显著，生活用电的比例逐年增加。这种趋势在我国许多大中城市的电网中已经出现。据某城市电网统计，当夏季气温超过 37℃ 时，温度每上升 1℃，电力负荷便增加 80MW左右。此外，严重自然灾害如洪涝、大旱等，也会造成电力负荷的大幅度波动。例如 1998年的全国性洪涝灾害，造成众多大中型工业企业停产，负荷大幅度下降。

### 2. 宏观产业结构调整的影响

宏观产业结构调整必然会影响电力需求的变化。譬如，基建项目实行宏观调控，直接刺激或抑制国民经济的发展和耗电大企业的用电，造成电力负荷的变化。

### 3. 能源市场变化的影响

从整个能源消耗市场来看，电力市场只是其中的一个组成部分。事实上，用户消费能源的种类和数量与能源价格和易用性均有关系。在一定条件下，用户选择电力消费和其他能源消费的比重可能发生变化，有时甚至发生逆转。例如，管道煤气价格的提高会使居民用电迅速增加；电价居高不下或供电网络不完整，则会导致农村用户将电力能源消费改变为其他能源的消费。

可见，电力消耗与其他能源的消耗之间有着密切的联系。国内外能源价格的调整都会对电力负荷产生一定的冲击。因此，在进行负荷预测时应该关注能源市场的变化，考虑各种替代能源的供需状况和价格因素，并尽可能在负荷预测模型中予以考虑。

### 4. 环境保护的影响

全面实行和强化环境保护对电力工业也有较大的影响。一方面，生产、生活、服务等行业对清洁的电力能源的需求更为迫切，从而增加电力消费支出的力度；另一方面，电力企业强化治污，执行环境保护标准，必然会增加电力商品的成本，不利于降低电价，这反过来会影响那些实力较弱或消费能力有限的用户对电力的需求。因此，进行负荷预测时最好根据系统的具体情况，恰当地考虑近期和未来的环境保护对电力消费的影响。

### 5. 人口因素的影响

人口数量、人口结构、家庭规模、住宅小区的特性会直接影响居民生活用电的需求。因此，在对生活用电进行负荷预测时，要适当考虑这些因素。

### 6. 错误估计国民经济发展速度造成的影响

过高估计国民经济发展速度，导致负荷预测结果偏高，备用容量偏多，效益下降。存在虚报负荷现象，某些地方在进行系统规划时，片面理解"电力要适当超前发展"的思想，为使工程批复上马，向上虚报和夸大负荷增长率。过高估计工业发展速度，提供的数据与实际情况相去甚远。其结果是，整个系统的负荷预测结果较多地偏离实际数值，导致系统出力在短期内大幅度变化，进而影响电力系统的经济运行。反之，过低估计国民经济发展速度，导致负荷预测结果偏低，紧急状态时系统发电容量和备用容量不足，限制用电，对工农业生产和人民生活造成严重影响。2003 年上半年我国部分电网出现的电力供应紧张状况，在很大程度上应归咎于前期对国民经济发展速度的过低估计。为此，2003 年国家对"十五"电力规划重新进行调整。

7. 实施需求侧管理带来的影响

需求侧管理（DSM）是指电力公司为鼓励用户调整电力需求的时间和大小，采取错峰、避峰措施，采用节能和绿色电器，调整电力消费模式，而采取的一种管理模式。近年来，世界各国普遍通过技术、经济、行政等手段，采用需求侧管理改变用户负荷曲线的形状，调整用户侧的电力需求。此外，将需求侧管理与综合资源规划（IRP）有机结合，可使电力企业、用户和社会三方同时受益。

目前，我国大多数电力企业都接受了需求侧管理的思想，意识到需求侧管理是一种需求资源，直接影响负荷水平的高低。因此，在今后的负荷预测工作中，应该考虑全面实施需求侧管理所带来的影响。

8. 电价弹性带来的影响

电力市场引入了实时电价制度，不同关口或节点的电价均不相同，而且每个时段都要调整一次。对大型用户、供电商或零售商而言，及时适应期货市场和现货市场电价的变化、调整用电或售电策略是非常自然的事情。当预期电价上扬时，电力消费受到抑制；当预期电价下降时，电力消费将会增加。由此可见，在电力市场环境下建立各类负荷的电价弹性响应模型，进而修正和完善现有的负荷预测模型将是十分必要的。

（五）负荷预测小结

负荷预测在电力系统规划和运行方面具有重要地位，它对国家的能源建设、人民生活和整个社会效益都发挥着重要的作用。在电力市场机制下，要研究新的预测方法和模型，减少各种主要因素的影响，提高预测精度，使负荷预测工作科学化、规范化和制度化。

从经济角度看，负荷预测实质上是电力市场需求的预测。负荷预测的准确度对电力公司具有较大的影响。预测值太低，可能导致切负荷或减少向相邻供电区域售电的收益；预测值太高，会导致新增发电容量甚至现有发电容量不能充分利用，即有些电厂的容量系数太小，造成投资浪费和资金效益低下。

## 二、电力市场的电价预测

（一）电价预测的重要性

在放松管制的电力市场中，电价预测和功率需求预测是优化决策的两个基本条件。电价预测的精度直接影响交易的收益和风险。因此，市场参与者需要一种有效的电价预测和电价灾变预测工具。借助这种工具，发电商可以进行策略报价，获得更多的利润；电厂投资者可以正确选择厂址并评估盈利的前景；用户可以确定合理的购电量和购电时段，降低自己的生产成本。

在设计电价预测模型时，人们首先会想到负荷预测的方法。但遗憾的是，负荷预测的方法不能直接用来预测现货电价，预测现货电价比预测功率需求更为困难。

（二）电价预测的主要方法及其进展

近年来，各国研究人员提出了多种预测电价的方法，大致可归为五类：神经网络法、时间序列法、模糊建模法、运行仿真法和市场均衡分析法。此外，在上述模型基础上，结合其他数学工具如混沌理论、灰色理论等，可以演绎出新的电价预测方法。

1. 神经网络法

神经网络法是目前研究最多的一种电价预测方法。1997年，拉姆塞等人用神经网络法对英国电力库的系统边际电价（SMP）进行了预测，这可能是最早的电价预测文献。这种方法的优点是，可同时处理多个因子，对电价平均值序列具有较好的预测效果。其缺点是：输入和输出数据量大，运算时间长；受变量不确定性的影响很大；当电价大幅波动时，预测效果不稳定，尤其在那些电价突变点处，预测精度普遍较差，单点最大预测误差很大。目前，虽有不少神经网络的变种处理方法，但仍未根本上解决上述问题。

2. 时间序列法

时间序列法是数据处理和预测的一种基本方法。1998 年，戈兰·科雷内夫等论述了电价预测在能量管理系统中的重要性，并用时间序列法对芬兰和挪威电力市场的最高电价和平均电价进行了预测。同时，在模型中引入了时间序列法的温度关联修正模型；提出了按日期分类和建模的思想，建立了工作日，周末和假日三种典型的预测模型。该方法存在的问题是：

（1）对日期所属季节有严格限制，若日期归类不当，则会出现较大误差。

（2）对某种日类型的预测模型而言，还要进行白天（12：00～14：00 模型）和夜间（02：00～04：00 模型）回归分析，数据处理量大、计算过程繁杂。

（3）确定温度关联修正模型中各参数的权重并非易事。

（4）在电价突变点附近，预测误差较大。

1999 年，华盛顿州立大学的佐兰·奥布兰多维奇评价了时间序列法在美国电力市场电价预测方面的应用前景。2000 年，中国的黄日星等用点对点平滑法和基于累积式自回归滑动模型（ARIMA）的时间序列分析法，对美国加利福尼亚州电力市场的市场清算价进行了预测。得到的结论是，时间序列法预测短期现货电价，在多数情况下是不成功的。

3. 模糊建模法

模糊建模法是软计算技术的重要内容之一。从理论上说，模糊建模法对扰动因素不敏感，其规则有利于处理系统的定性信息，具有与神经网络法相同的功能。2000 年，中国的张平安等用模糊建模法对美国加利福尼亚州电力市场的平均市场清算价进行了预测，得到的结论是最佳的规则数目仍未找到；复杂结构的辨识能力有待提高。到目前为止，这种方法的预测效果尚无法令人满意。

4. 运行仿真法

1999 年，美国 PJM 互联系统有限公司市场服务部的杰佛瑞·巴斯蒂安介绍了 PJM 电力市场采用的运行仿真预测程序（MAPS）。MAPS 程序的优点是：可以根据运行条件和系统约束模拟实际调度情况，从而预测各节点的详细电价曲线，评估市场结构和发电投资的经济性，了解市场行为甚至计算输电的成本。

运行仿真法不仅需要大量数据，而且还有很多细致的要求，譬如：详细的输电模型；机组最优组合程序；经济和安全调度模型；实时仿真工具；丰富的信息资源。其难点是，要将发电和输电系统间复杂的交互过程用显式表达出来。因此，对一般市场成员而言，使用如此复杂的程序是难以想象的。

5. 市场均衡分析法

市场均衡分析法的理论依据是经济学的市场均衡理论，它试图根据预测的发电报价曲线和系统负荷的预测值求解市场均衡点，进而导出电价的预测值。所使用的工具通常是市场平衡分析和基于代理的模拟法。2000 年，伦敦商学院的德瑞克·邦恩对此进行的研究表明，应用该方法有两个难点：一是如何准确预测各个电厂的报价曲线；二是如何模拟市场中潜在市场力的影响。这些因素常常影响预测的精度和稳定性，进而影响这种方法在实际电力市场中的推广和应用。

对上述几类电价预测方法对比分析后发现，它们具有以下一些特点：

（1）运行仿真法功能强大，但所需条件既多又苛刻，难以被一般市场成员掌握。

（2）市场均衡法所需的两个主要条件难以准确把握，直接影响预测效果和稳定性。

（3）基于历史数据的统计类预测方法仍是研究的主流。

（4）从数据结构看，已有统计类电价预测方法均以整个交易日作为实体进行预测。

（5）多数方法的平均电价预测效果较好，但都存在单点预测误差过大问题。

# 第5章 电力市场输电运营

## 5.1 输电服务的基本概念

### 一、输电服务的定义

输电服务是指将电能从发电厂安全、优质地输送到用户的全过程。具体而言，输电服务需要完成三种服务：输送服务、辅助服务和管理服务。输送服务和管理服务是电力市场最基本的服务，而辅助服务则是竞争型电力市场中出现的新问题。

输电服务的基本属性可用以下特征描述：输电量的大小，合约的严格程度，输电时间特性，交易的收点和发点，网损分摊的公平与合理性。

### 二、输电服务研究的历程

输电服务研究大致经历了三个发展阶段。最初是定性研究阶段，探讨输电服务的内容、费用构成及定价原则。后来发展到定量研究阶段，运用先进的电网分析和费用优化方法，结合经济学原理和电力市场的特点，研究能量流、资金流和信息流问题，对输电服务进行计费和定价。目前已进入概率研究阶段，考虑发电、负荷、输电设备可靠性及交易的不确定性，结合模糊数学、博弈论、混沌学、遗传算法等先进理论，发展概率负荷预测、概率潮流、交易风险分析、输电可靠性及安全性价格等算法，使输电费用计算具有更强的科学性和预测功能，更加符合输电服务的客观实际。

### 三、输电服务分类

基本的输电服务可以归纳为六种类型：①点对点严格长期交易；②点对点严格短期交易；③点对点非严格适时执行交易；④点对点非严格适时终止交易；⑤网络严格交易；⑥网络非严格交易。

严格交易是指只有事故时才允许终止的输电交易。非严格交易是指条件许可时执行的交易（适时执行），或在特殊条件下需要终止的交易（适时终止）。

### 四、输电服务分析的研究内容

输电服务分析用于解决电网投资与运行问题。输电服务价格反映的是电网在电力交易中的地位与价值。输电服务的费用应能覆盖电网的所有运行成本（正常的运行调度、网络损耗、检修和维护等），并满足电网长期发展的需要。

输电服务分析的内容有两个方面：输电费用计算和输电定价。输电费用计算就是要考虑采用什么方法来定量表示输电服务的成本（包括各种附加费）。输电成本包括固有成本和扩展成本两部分。固有成本主要包括：电网资产（线路、变电站等）净现值（成本），运行维护费，辅助服务成本，阻塞成本和电网损失。扩展成本是指根据电力系统规划进行扩建的成本。

计算输电成本和进行输电定价是两个不同的问题。这是因为，计算成本是为了量化单一服务或一组服务所需的费用，而输电定价则是为了将输电成本在所有的电网使用者之间合理地进行分配。发电商和用户都是输电服务的客户，理应共同承担输电服务的费用。在垂直一体化的电力系统中，所有费用都转嫁给终端用户。在电力市场模式下，输电定价必须从公平、公正的角度出发，解决由谁承担以及各自承担多少输电费用的问题。

输电定价应遵循以下原则：长期输电定价需要考虑电网的投资回收问题；短期输电定价应当使输电价格成为电力市场中最优的经济指导信号。

**五、输电服务分析的步骤**

输电服务分析应分三个层次进行：数据准备、输电费用分析与计算、输出电价。数据准备阶段考虑的问题有：接受客户的输电服务请求（投标），获取电网参数信息和研究定价模型。输电费用分析与计算阶段考虑的问题有：输电服务分类、费用计算及输电定价。输出电价阶段解决的问题是：确定每一具体费用项及确定最终输电价格。输电服务分析过程如图 5-1 所示。

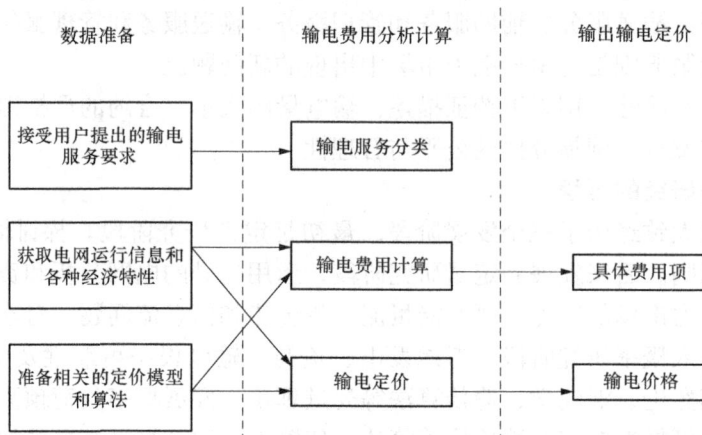

图 5-1　输电服务分析过程

## 5.2　输电服务费用的构成

输电费用与输电服务类型密切相关，通常可将其划分为三个部分：输电主服务费用、辅助服务费用和管理服务费用。其中，管理服务费用所占比例很低，不起主要作用。

**一、输电主服务费用**

输电主服务又称电力输送服务，是输电服务中最重要和最基本的一项服务，其费用构成如下：

（1）电网设备使用费或占用费。电网设备使用费的分摊原则是，谁使用电网设备，谁分担设备费。该问题的难点在于，按什么物理量核算，如何考虑合同约束和系统运行约束，怎样合理、透明地进行分配。

（2）电网扩建费用。电网扩建费用由所有用户分担，而接网费一般由新用户负担。

（3）网损分摊和维护费。

（4）阻塞费用。阻塞是指发电竞争提出的输电服务要求超过了电网的实际输送能力。美国能源管制委员会 FERC 为此提出了两个原则，并倾向于采用输电权交易的市场机制缓解系统阻塞。这两个原则是：发电费用或报价较低者拥有电网使用优先权；最能实现自身价值的受电者具有优先权。

阻塞费用可理解为一种机会费用。正如维持系统平衡的费用应由导致不平衡的市场成员支付一样，如在新西兰实行的强制损失金和强制补偿金，输电阻塞调度的费用应由引起阻塞的市场成员支付。因此，将阻塞调度费从保持系统平衡的费用中区分出来是必要的。在处理阻塞费用的时候，一方面应避免新的乱收费问题，另一方面在缺电的卖方市场或在结构不合理的系统中，由于经常会出现拥堵现象，电力市场的经营者不能无限期地只靠提价、罚款来改善自己的效益和限制负荷增长，而应加大投资，改善网络结构，提高输电能力。因此，阻塞费用的核算和对定价过程进行监管就显得尤为重要。

**二、辅助服务费用**

（1）辅助服务定义。在输电服务中，为保证电能质量和系统安全而采取的任何辅助措施，统称为辅助服务。在传统电力系统中，不区分主服务和辅助服务，所有的费用都包括在电费中。在电力市场中，应该明确辅助服务的项目类别，研究成本核算的理论依据及定价的方法。

各国对辅助服务的定义及内容没有统一定论，经营模式也有很大差别。例如，英国和阿根廷采用全网统一型的辅助服务模式，而美国加利福尼亚州、新西兰等则采用投标和双边合同相结合的模式。

（2）辅助服务费用。辅助服务采取分类计价的方法，不同的辅助服务操作可以采取不同的定价原理。辅助服务一般包括以下内容：负荷跟踪与频率控制、有功备用服务、无功备用和电压控制服务（能向节点注入或从节点汲出无功容量）、发电再计划（校正计划）、平衡交易（补偿实际交易与计划交易的差额）、黑启动（事故恢复服务）等。

辅助服务费用与电能价格一起构成了电力市场价格体系的基础。无论主服务，还是辅助服务，均可按照费用的变动性质分成固定成本和可变成本两个部分。固定成本反映服务的投资、折旧、运行和维护费、还本付息等，并以容量费的形式表示。可变成本则反映网损、阻塞等费用，并以电量费的形式表示。

## 5.3　输电服务研究的意义及技术思想

电力市场有效竞争最重要的标志是电网开放。在互联电力系统中，有两种典型的方式建立和理解开放的电网环境。第一种，将使用第三方输电网视为另外两方的一种交易，进而确定交易的影响和费用。这与美国的跨区输电，又称转运（wheeling）模式相对应，适应于初级电力市场模式。第二种，将输电看成是保证竞争必需的服务。在提供输电服务的过程中，不考虑电网所有权，分离电网投资和输电业务。这一模式适合于比较成熟的电力市场，广泛应用于英国、澳大利亚、新西兰、阿根廷、智利、秘鲁、哥伦比亚等国。

输电服务始终是电力市场中最关键和最热门的话题。在开放的电力市场环境中，由于输电开放的要求，输电服务定价必须独立进行，这是实行独立上网电价和销售电价的前提。从经济学意义来说，输电服务的关键任务是输电成本分摊、网损分摊、阻塞管理和输电费用结算。输电成本分摊要解决两个问题，一是网络接入接出设备及扩建成本的分摊，二是输电网络自身成本的分摊。网损分摊要解决的问题，是在所有市场成员之间合理分摊每条支路和整个网络的功率损失。

20 世纪 90 年代以来，国内外对输电定价和成本分摊进行了大量的研究，由于输电是电力市场中最复杂的环节，而且各国具有不同的法律体系和市场形态，因而导致分摊方法的多样性。此外，由于电力系统运行必须与市场运营有机地结合，既要在技术上满足安全、可靠和连续发输电的要求，又要在经济上满足竞价、竞争和市场均衡的规则，这也造成了算法的复杂性和多变性。目前提出的具有代表性的算法各有优缺点，理论尚未成熟，争议的焦点集中在以下几方面：①交叉补贴问题；②程序简洁与透明与否；③管制效率；④投资的完全回收；⑤经济信号指示器和收费连续性。其核心可概括为三个原则：效率优先原则、客观性原则和可操作性原则。

目前的电力市场大都采用一些比较简单实用的算法，这主要是由于对竞争环境下新的分摊算法的研究远未达到成熟的地步。换句话说，目前还没有一种算法能够同时满足效率优先、客观性及可操作性的原则。与此同时，输电成本和网损的公平分摊将对电力市场的运营效率和市场成员的交易积极性产生重要影响。因此，研究输电成本和网损的公平分摊方法具有非常重要的意义。

本章将对基于成本的输电成本分摊方法和网损分摊方法进行介绍。在输电成本分摊方面，将分析边际成本法、嵌入成本法、综合嵌入/边际成本法以及潮流跟踪成本分摊方法的特点及其应用情况。在网损分摊方面，将介绍基于网损微增率的分摊方法和基于潮流跟踪的分摊方法等。需要说明的是，尽管输电成本分摊和网损分摊方法各具特色，但某些分摊思想和方法对两者都是适用的。

为解决电网改革中的急迫问题，当前应重点解决网损分摊的算法及具体分摊方案。根据电路理论，交流电路中的功率不能用叠加原理进行计算，目前的网损分摊不存在基于严格理论的方法，任何分摊方案都只是基于某种原则并使参与者能够接受的近似方法。由于我国的现货电力市场采用电力库交易模式，采用潮流跟踪方法可以满足其市场要求，而且能够将网损分摊到每个双边合同或多边合同的交易对象。

潮流跟踪方法的基本思想，是在求解网络最优潮流解的基础上，依据顺向跟踪和逆向跟踪原理，按照解耦潮流，分别在 P 网和 Q 网中计算每个发电商或用户的有功和无功潮流，然后按其对每条线路的利用程度分摊相应的输电成本或网损。该方法概念清晰，分配结果比较合理，容易被市场成员理解和接受。

## 5.4 输电定价的理论方法

基于成本进行输电定价和网络成本分摊是最基本的方法。除了基于报价过程的输电定价方法外，现有的输电定价模式几乎都是基于成本的。输电定价和网络成本分摊应遵循的原则是：谁使用，谁付费；所有费用应分摊到每个交易合同的参与者。输电定价和网络成本分摊方法可以归纳为边际成本法，嵌入成本法和综合定价法三类。

**一、边际成本定价方法**

如前所述，边际成本定价法可分为长期边际成本法和短期边际成本法两种。

1. 长期边际成本法

长期边际成本法，是以输电公司执行输电合同时引起的总成本的边际变化作为定价的依据。在实施过程中，它又有标准长期边际成本法和长期全边际成本法两种。

标准长期边际成本法，使用常规的规划程序确定网络的扩展部分以及有无转运业务时的投资计划，针对每项业务，需精确分配长期的边际成本。长期全边际成本法，认为转运业务不能使用电网中现存的剩余容量，强迫沿着转运路径扩展网络，并对每项转运业务分别进行网络扩展。因此，长期全边际成本法不存在成本分摊的问题。

长期边际成本法，需要依赖对长期网络成本和系统负荷的准确把握。由于这些数据的高度不确定性，导致该方法的定价结果高度易变。因此，在实际电力市场的输电定价方法中，很少考虑这样的方法。

**2. 短期边际成本法**

短期边际成本法不考虑电网固定资产的折旧与回收，只考虑输电贸易引起的电网运行成本的微增变化，根据电网短期边际成本计算输电价格。输电运行成本包括网损、系统约束成本及维护费用，边际运行成本是指因输电贸易而引起的运行成本的微增变化。

由实时电价理论知，由于存在网损和系统约束，不同节点的电价存在空间差异。系统的边际网络收入或盈余来源于实时电价的这种差别，可表示为 $\sum\limits_{k} \lambda_k (d_k - g_k)$，其中 $\lambda_k$、$d_k$、$g_k$ 分别为节点 $k$ 的实时电价、负荷功率和发电功率。

在计算出线路 $l$ 的边际年收入 $NR_l$ 后，其附加费模型可以表述为

$$CC_l = \max\{\text{Annualcost}_l - NR_l, 0\} \qquad (5-1)$$

式中：$\text{Annualcost}_l$ 为线路 $l$ 的年度总成本；$CC_l$ 为线路 $l$ 的附加费额度。一般情况下，$NR_l < \text{Annualcost}_l$，进而 $\text{Annualcost}_l - NR_l > 0$。

解决附加费分摊问题有三种常见的方法：

（1）直接调整边际电价。按照某些标准，采用追加项、乘数项或拉姆奇价格等，在边际网络收入和网络总成本之间进行匹配。这种方法理论上虽然可行，但因人为干涉因素太重而从未真正付诸实施。

（2）按照所谓利用程度进行分摊。它是根据用户对网络的使用程度进行分摊。常规嵌入成本法虽可分摊这种费用，但因存在问题较多而很少采用。另外两种方法则相对比较成熟，分别是边际参与因子法（marginal participation factors，MAPF）和平均参与因子法（mean participation factors，MEPF）。

（3）效益分摊法。按照市场成员从每个输电设备获得经济效益的大小进行分摊，具体方法有效益因子法（benefit factors，BF）等。

边际成本定价是竞争性电力市场的一种基本定价方法，在阿根廷、智利、中美洲、英格兰、威尔士和西班牙等国家和地区得到了广泛应用。短期边际成本法的优点是在运行过程中考虑了系统的各种约束，具有较好的经济导向作用，能够回收网络的可变运行成本，而且符合经济学意义上的市场效益最大化原则。其最大的缺点是，用于输电定价和成本分摊时，存在营运收入与支出的巨大间隙。典型情况下，如果单纯按短期边际成本法收费，其边际网络收入大约只占总成本的 25%。以智利电力市场为例，其线路的年输电费用收入与支出相比，仅占 10%～40%，最低只有 1% 左右。为此，需要人为设定一笔数量不菲的附加费，并通过前述多种方法分摊后才能保证输电成本的全部回收。

这种用附加费实现收支平衡的做法，形成了新的交叉补贴现象，反过来又在很大程度上淹没了短期边际成本法自身所具有的经济导向作用，给其应用带来很大限制。短期边际成本法和长期边际成本法的特点见表 5-1。由此可见，在输电定价理论方面，纯粹用边际成本法

定价是不能满足要求的。

**表 5 - 1** 边际成本定价的特点

| 定价方法 | 优点 | 缺点 |
|---|---|---|
| 短期边际成本法 | (1) 能提供经济运行信号；<br>(2) 能计算增加的网损和边际成本；<br>(3) 符合物理定律 | (1) 不考虑系统扩展成本；<br>(2) 无法回收网络固定成本 |
| 长期边际成本法 | (1) 能提供经济运行信号；<br>(2) 能计算增加的网损和边际成本；<br>(3) 符合物理定律；<br>(4) 能考虑系统扩展成本 | (1) 难于执行；<br>(2) 与线路成本不一致 |

### 二、嵌入成本定价法

嵌入成本定价法的基本思想是，根据输电网提供输电服务时的总成本，按照某种分摊原则求解输电的平均成本，然后分摊到合同或每个成员。最流行的嵌入成本法主要有合同路径法、邮票法、基于距离的兆瓦-英里法和基于潮流的兆瓦-英里法。近年来出现的其他一些形式的嵌入成本分摊方案，基本上是以此为依据进行设计和改进的。

嵌入成本定价法的优点是：可以共同分摊和回收输电总成本，价格稳定，易于理解和实现；不足之处是缺乏经济背景和提供经济导向信号的能力，无法反映未来投资和费用的变化，体现不出各种交易分别对网络造成的影响。

1. 合同路径法

交易双方在功率注入点与流出点之间确定一条输电容量充足的连续路径，称为合同路径。合同路径法假定本交易的潮流只在合同规定的路径中流动，而与网络的其他部分无关，因此网络收费仅限于指定合同路径中使用的设备。合同路径法的最大问题是合同路径与物理路径不符带来的并行流和逆向流问题。

（1）逆向流问题。逆向流问题可用图 5 - 2 加以说明。假定有两份双边合同，其合同路径及交易功率（MW）分别为：$P_{G1} \rightarrow P_{L4}$，50MW；$P_{G3} \rightarrow P_{L2}$，50MW。其物理路径为：$P_{G1} \rightarrow P_{L2}$，50MW；$P_{G3} \rightarrow P_{L4}$，50MW。

可以看出，在线路 2-3 上存在大小相等的两个反向交易流。由于物理路径与合同路径明显不符，导致支路 2-3 中的实际潮流等于零。此时带来的问题是，按照合同路径收取线路 2-3 的成本和按照物理路径收取相应的费用，结果相差很大。在这种情况下，由于线路 2-3 并未承担电力传输的任务，显然不应该全部按其成本收费，最多只能收取相应的容量费或提供安全备用的可靠性费用。

（2）并行流问题。并行流问题可用图 5 - 3 加以说明。系统 1 向系统 5 出售电力，其合同路径为 1 - 2 - 5，按约定该合同只需分摊系统 2 的输电费用。然而由图 5 - 3 可知，系统 1 向系统 5 提供电力的物理路径为：1 - 2 仅提供 20%，1 - 3 提供 30%，而 1 - 4 提供的比例高达 50%。其带来的问题是，并行流 1 - 3 - 5 和 1 - 4 - 5 的作用被忽视了。换句话说，系统 2 仅承担 20% 的潮流，却能得到所有的输电费用；系统 3 和系统 4 平行承担更高的潮流，却得不到任何补偿。

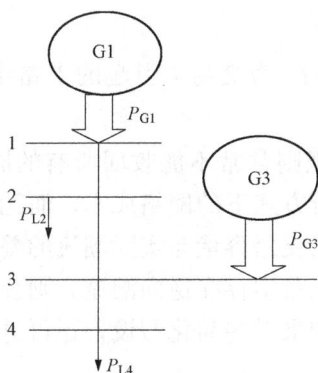

图 5-2 逆向流问题

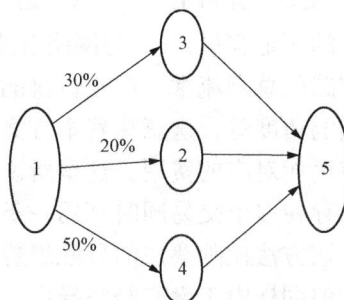

图 5-3 并行流问题

此外,并行流给非合同路径带来的阻塞问题及其解决办法也有待深入进行研究。

2. 邮票法

邮票法是根据每笔交易在高峰时段有功功率的大小分摊网络的总成本。在总成本中,包含了整个电网的输电容量成本和运行成本。传输单位功率的邮票价格为

$$\lambda_t = \frac{C_T}{P_{s,peak}} \tag{5-2}$$

式中:$C_T$ 为网络总成本;$P_{s,peak}$ 为高峰时段整个系统的有功负荷。由此可以计算出任何一个交易 $t$ 的应分摊的费用,即

$$R_t = C_T \frac{P_t}{P_{s,peak}} \tag{5-3}$$

式中:$P_t$ 为交易 $t$ 高峰时段的功率。

分析可知,邮票法只按照功率大小分摊总成本,不考虑系统的实际运行情况、交易地点和运输距离的差别。这种方法无法考虑用电的不同需求,也无法向用户传递用电的经济信号。

3. 基于距离的兆瓦—英里法

这类方法按照交易功率与传输距离的乘积的大小分摊网络的成本。其思路与邮票法没有根本区别。假设某个交易 $t$,其合同交易功率为 $P_t$,该合同功率的注入点与流出点之间的距离为 $X_t$,则交易 $t$ 应分摊的输电服务的费用为

$$R_t = C_T \frac{P_t X_t}{\sum_t P_t X_t} \tag{5-4}$$

式中:$C_T$ 为网络总成本。

4. 基于潮流的兆瓦—英里法

这类方法是按照每个交易对输电设备的利用份额的多少,分摊输电服务或网络的成本。利用份额的合理与否直接关系到用户的切身利益。针对如何确定利用份额的大小,出现了多种不同的定价方法。

(1)标准容量兆瓦—英里法。首先用最优潮流程序计算发电出力或负荷在每一支路中引起的潮流分布,然后按各自潮流占支路容量的比例分摊成本

$$R_t = \sum_k C_k \frac{|f_k(t)|}{\bar{f}_k} \tag{5-5}$$

$$C_{\mathrm{T}} = \sum_{\mathrm{all} k} C_k \qquad (5-6)$$

式中：$R_t$ 为交易 $t$ 分摊的成本；$C_k$ 为支路 $k$ 的成本；$f_k(t)$ 为交易 $t$ 引起的支路走的潮流；$\overline{f_k}$ 为支路 $k$ 的额定容量；$C_{\mathrm{T}}$ 为网络总成本。

由于支路的总潮流常常小于自身的容量，上述分摊规则常常不能收回所有的嵌入成本。从输电规划的角度看，这意味着本方案仅能收回基本运行方式下的网络成本，而无法回收与输电备用容量相对应的费用。这里所说的备用容量，是指支路容量与实际潮流的差额。根据观察，如果存在多个交易同时利用一条线路，而且在该线路中存在逆向潮流，则会存在多收费的问题。该方法比邮票法的分配思想有所进步，而且如果做些简化假设，还可进行输电的最优规划，但同样由于没有经济导向而受到批评。

（2）绝对值法（modulus method，MM）。为能使兆瓦—英里法回收全部的网络成本，将式（5-5）分母中的支路容量用所有经过该支路的交易潮流的绝对值之和取代，有

$$R_t = \sum_k C_k \frac{|f_k(t)|}{\sum_s |f_s(t)|} \qquad (5-7)$$

式中：$f_k(t)$ 为交易 $t$ 引起的支路走的潮流；$f_s(t)$ 为第 $s$ 个交易在第 $k$ 条支路中的潮流；$C_k$ 和 $R_t$ 的含义同式（5-5）、式（5-6）。

从输电规划的意义上讲，所有的市场成员都须为当前运行方式下的线路实际容量和富余容量付费。这部分富余容量起着备用的作用，它的产生可能有两个原因：①为满足系统可靠性和安全性专门预留的容量；②因设计或规划错误造成的容量冗余，它可能因规划中固有的不确定因素所引起。经分析发现，采用绝对值法能够全部回收成本，但没有任何激励作用能够促进用户自觉地为缓解拥堵，改善系统性能或推迟输电投资做出努力，而且还会为错误规划和投资形成的多余容量而付费，也就是说不具备经济导向的功能。

（3）零收费反向流法（zero counterflow method，ZCM）。该方法的思路是，交易自身潮流与网络潮流相反的用户将不收取任何费用，只有与网络潮流一致的交易客户才按照各自潮流所占的比例付费。计算公式为

$$R_t = \begin{cases} \sum_k C_k \dfrac{|f_k(t)|}{\sum_{s \in \Omega_{k+}} |f_k(s)|} & f_k(t) > 0 \\ 0 & f_k(t) \leqslant 0 \end{cases} \qquad (5-8)$$

式中：$\Omega_{k+}$ 为支路 $k$ 中具有正向潮流的交易集合，$f_k(t) > 0$ 表示交易 $t$ 为正向潮流，$f_k(t) < 0$ 表示交易 $t$ 为反向潮流。

这种方法的核心思想是假定网络潮流的减少具有正效益，即使收费用的实际潮流超过线路的安装容量也是允许的。此外，对于轻负荷回路，当网络潮流改变方向时收费将因出现跃变而导致不连续。实际上，在负荷高峰期实行反向流的零收费政策有利于减少网络阻塞，提高运营的效率，是值得鼓励的。但是，是否在任何情况下都要鼓励反向潮流交易仍是一个有争议的话题，最主要的问题是要解决收费的连续性。

（4）主导潮流法（dominant flow method，DFM）。该方法是绝对值法和零收费反向流法的综合，它试图克服这两者的缺点。该方法把支路成本的分摊额 $R(t)$ 分成 $R_1(t)$ 和 $R_2(t)$ 两个分量，即

$$R(t) = R_1(t) + R_2(t) \qquad (5-9)$$

1）$R_1(t)$ 的作用。$R_1(t)$ 对应于实际使用的支路容量，称为基本容量。该容量与回路净潮流相对应，相关成本仅由正向潮流的参与者分摊，即正向潮流与网络净潮流 $f_k$ 的方向相同。这部分成本的分配标准与式（5-8）描述的零收费反向流法相同，只需将回路 $k$ 的总成本 $C_k$ 更换为 $C_{B,k}$，即

$$C_{B,k} = C_k \frac{f_k}{\overline{f_k}} \tag{5-10}$$

式中：$C_{B,k}$ 为支路 $k$ 的基本容量成本；$\overline{f_k}$ 为支路 $k$ 的额定容量。

2）$R_2(t)$ 的作用。$R_2(t)$ 对应于潮流差值 $\overline{f_k} - f_k$，即额外容量或回路备用容量。由于所有参与者都有可靠性的要求，这部分成本理应由所有参与者共同承担。其分摊公式与式（5-7）相似，只需将其中的 $C_k$ 替换为 $C_{A,k}$，即

$$C_{A,k} = C_k \frac{\overline{f_k} - f_k}{\overline{f_k}} \tag{5-11}$$

**三、综合嵌入/增量成本定价法**

综合嵌入/增量成本定价法由短期边际成本法和嵌入成本法组合而成，其定价方法如图 5-4 所示。该方法的特点是：用短期边际成本法对输电可变成本进行定价和收费，具有较好的市场经济信号；用嵌入成本法对输电固定成本进行分摊和完全回收。

与发电侧定价不同的是，输电定价不能完全采用边际成本法。因为在输电服务的总成本中，固定成本远大于可变成本，如果采用边际成本定价，将无力回收所有的投资和运营成本。由此可见，综合类定价方法具有良好的应用前景。

图 5-4　综合嵌入/增量成本定价方法

尽管如此，这种方法仍有一些不足之处。例如，作为回收固定成本的四类常规嵌入成本方法，会在一定程度上歪曲边际成本定价所提供的经济信号，而且常会出现收费不连续的现象。因此，研究新的输电固定成本和网损分摊方法是非常必要的。

**四、输电固定成本的潮流跟踪分摊方法**

近年来出现的以潮流分布为基础，依据潮流跟踪原理分摊输电固定成本的方法受到人们的普遍重视，对其进行的改进和完善始终没有停止过。研究的主要问题和争议的焦点集中在以下几方面，其中的有些问题在网损分摊中同样存在：

（1）输电固定成本的动态化处理；

（2）是否采用 P、Q 解耦网络分别解决有功传输设备和无功平衡设备相关的费用；

（3）基于视在功率模值的潮流跟踪方法的数学和物理意义。

## 5.5　输电服务中的网损分摊

输电网络是有损网络，电能在运输和电力交易过程中不可避免地产生损耗，即网损。输电系统的网损一般只占总电力交易的 3%～5%，比例虽小但累计效应不容忽视。同一电网中不同位置的发电机，在电网中的网损并不相同。例如位于负荷中心的发电厂发电成本要高

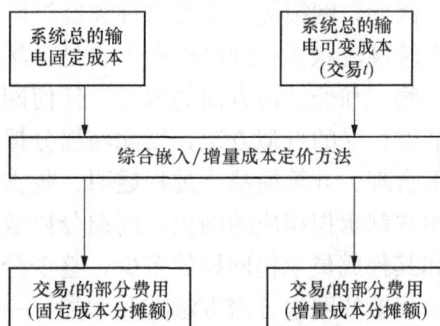

于位于离负荷中心较远的坑口发电厂，若直接根据发电厂的报价进行竞价，忽略了网损的影响可能使低价者即坑口发电厂中标发电，但是增加的输电损耗费用可能大于节省的购电费用，从而降低了系统整体运行的经济性。

影响输电网损的因素有很多，这增加了网损分摊的难度。网损与潮流状态密切相关，而影响系统的潮流状态的因素有很多，如发电厂的接入位置、输出功率的大小、负荷的接出位置和取用功率的大小等。网损是在所有用户共同决定的潮流状态下产生的，这意味着每个用户对系统整个网损的影响不仅取决于该用户的电气位置和功率量（总量影响），还取决于当前的系统潮流状态。在电力市场环境下系统的潮流状态（物理状态）也受用户的经济行为影响，例如，双边交易中选择不同的交易对象，将改变发电厂的接入位置、出力大小或负荷的接出位置和取用功率的大小；转运交易的取舍导致联络线出入口功率的变化，从而影响系统运行的潮流状态。除此之外，市场运营模式和交易用户（联营、双/多边和转运交易用户）的多样性也是影响网损的重要因素。

因此，网损的大小受物理和经济两方面因素影响。物理因素包括输送容量和接网位置以及系统潮流状态；经济因素主要是市场的交易模式。故而在进行输电损耗分摊时必须要综合考虑物理和经济两方面的因素。任何网损分摊方法都是基于某种原则，使所有的市场参与者都能够接受的近似方法，因此网损分摊结果不是唯一的，但所有的网损分摊方法一般应遵循公平合理、计算简单、过程透明、收支平衡的基本原则。网损分摊时保证所有使用输电网络的用户都承担相应的网损，网损分摊数量总和与实际网损量相等，各成员能够清晰地了解自身和其他成员承担网损的多少，整个分摊过程易于被市场成员接受。

目前的网损分摊方法有两大类：一类是以节点电价的形式同时解决网损与阻塞等成本的分摊问题，另一类是直接对输电网损进行分摊。目前典型的网损分摊方法有节点电价法、平均网损分摊法、边际网损系数法、以最优潮流为基础的潮流增量法、基于合作博弈理论的分摊方法以及潮流追踪法。

1. 节点电价法

节点电价法通过求解最优潮流计算完整的节点电价，同时包括了电能价格、网损和阻塞费用。但是最优潮流是一个非常复杂的非线性问题，透明度低，会产生交易盈余，许多用户不愿意选择该方法；而且用户多支付的费用被看作是电力公司的利润，给电力公司提供相反的经济信号，不利于电力公司的扩建和维护。同时，系统的运行状态不断发生变化，导致节点电价也极为易变，这对电力市场的稳定性是一种考验。

2. 平均网损分摊法

平均网损分摊法类似于邮票法。这种方法的基本思想，是在全网实行同一网损率进行网损分摊，不考虑电网的拓扑结构、功率接入点和接出点位置以及输电线路距离。换言之，这种方法下，网损分摊量完全由功率量决定，与输电路径无关。平均网损分摊法虽然原理简单易行，但忽略了用户对各条线路的实际利用程度，不能提供合理的市场信号，也就是说在市场环境下这种方法无法保证公平性。

3. 边际网损系数法

边际网损系数法根据系统总损耗对输电用户功率微增的变化量（即边际网损系数）分摊网损。边际网损系数直接反映系统损耗对节点注入功率的微增或边际变化关系，实质上是一种灵敏度分析方法。通常边际网损系数可通过雅克比矩阵求逆解析获得，或通过潮流计算得到。两种计算方法相比，第一种方法计算精确，一次即可解得所有节点的边际网损系数；第二种方法物理意义明确，易于理解，但需多次计算潮流。边际网损系数法考虑系统的实际潮流，能够给出很好的位置信号以降低网损。但计算某节点边际网损系数，当节点功率微增变化时，平衡节点将负责实现功率的实时平衡，也就是将这一微增功率将从该节点传输到平衡节点，平衡节点的位置不同，引起的网损变化量也不同，因此边际网损系数计算与平衡节点的选取相关。

4. 潮流增量法

潮流增量法根据输电线路上各个用户的功率总量对系统网损的影响来确定各个用户所应该承担的网损大小。潮流增量法不用考虑平衡母线的选取对网损分摊的影响，是一种比较合理的网损分摊方法。然而，在本地电力不足时，当地用户需要从距离比较远的发电商那里购电，必将增加系统网损，将这些增加的网损全部分摊给这些转运用户是不可取的。

5. 基于合作博弈理论的网损分摊方法

近年，有研究者将经济学合作博弈理论（核仁理论、Aumann-Shapley 值、Shapley 值）引入网损费用分摊方法。该类方法的思想是基于各种合作博弈论理论建立输电网损分摊模型，直接对输电网损进行合理分摊，克服了网损系数法的收支不平衡问题。但是采用该类方法需要考虑所有可能的交易加入顺序，而且计算量随交易数增加呈指数增长，对于交易较多的电力系统而言计算工作量较大。此外，合作博弈理论本身有多种解的形式且结果存在差异，应用于网损分摊时各种方法的分摊结果也不相同，无法证明哪种方法更适合。

6. 潮流追踪法

潮流追踪法实质上是根据实际潮流分布，按照节点比例分配的原则，追溯其走向，明确每个输电设备功率上各输电用户功率所占份额，从而进行网损分摊。以潮流计算或状态估计所得到的系统潮流分布为基础，根据节点功率比例分配的原则来追溯潮流走向。潮流追踪法最早是为了评估用户使用输电网情况而提出，后来由于其能快速而准确地确定各发电机与负荷对各输电线路的实际使用程度，被应用于网损分摊。潮流追踪法假设功率在全系统混合流动到达交易方的功率并不全是由另一方输送的，实质上是一种基于物理流的方法。该方法最大的优点是直观描述了实际潮流的物理流向，由于其基于交流潮流，可准确反映系统的非线性，确定每个发电机和负荷对线路潮流的影响。随着市场化的深入以及输电系统的更加开放，输电成本分摊问题成为电力市场改革的一个热点问题。对于依据"谁用谁付，多用多付"的公平原则，基于潮流追踪结果进行输电成本的分摊是一类合理有效的方法。

按照追踪的方向或对象不同，潮流追踪法可分为顺流追踪（downstream tracing）和逆流追踪（upstream tracing）。顺流追踪用于计算输电线路（或者负荷）上各发电机的潮流份额，通过顺流追踪可以在发电方进行输电网损的分摊；而逆流追踪用于计算各发电机实际供应哪些负荷及各线路实际为哪些负荷服务，因此逆流追踪可以将输电网损分摊至各用电方。

根据所追踪的物理量不同，潮流追踪方法又分为有功功率追踪法、复功率追踪法和电流追踪法。有功功率追踪法忽略了有功潮流和无功潮流的耦合，不考虑节点无功功率对有功网损的影响，直接对有功和无功进行解耦，按照有功功率比例共享的原则进行有功功率追踪和网损分摊。复功率追踪法作为对有功功率追踪法的一种改进，考虑了有功功率和无功功率的耦合。功率追踪方法直接对功率追踪需要构造一个无损网络，需要增设虚拟的节点或对支路进行处理，而实际系统中功率流动时存在网损，这种追踪结果与实际系统相差多少并没有确定性的结论，所以准确进行功率追踪比较困难。与功率不同的是电流在系统中流动时没有网损，利用电流进行准确的潮流追踪确实是一个可行的方案。电流量追踪方法是通过追踪网络中电流的流向及其对网络损耗的影响来进行全网网损的分摊。

综上所述，潮流追踪方法是一种有效的网损分摊方法。由于功率在电网中传输存在网损，所以在功率追踪之前需将网损进行等值以形成无损网络，而电流在电网中是无损的，基于电流追踪的潮流追踪方法无须进行等值。但潮流追踪的关键问题是采用什么样的节点比例分配原则，该原则只是一个假设，无法证明其正确性，以一个假设为原则进行功率的分配无法保证追踪的结果与实际系统完全一致。

## 5.6　输电阻塞管理

电力市场中电能交易是根据买卖双方的电量、报价及其他附属于交易的条件，并满足发电与负荷的实时平衡达成的。当线路容量不能满足所有交易需要时，会造成某些线路过负荷，使系统的安全稳定运行受到影响，即发生所谓输电阻塞。因此，输电阻塞可以定义为由于传输容量限制而无法满足所有用户输电需求的状态。在正常情况下，系统可通过动用辅助服务资源维持电网的安全稳定运行，但如果用这种方式不能维持系统安全运行，就必须考虑制定对电能交易进行限制或裁减的策略。

阻塞管理是指由于发电竞争提出的输电服务要求超过了电网的实际输送能力而采取的市场缓解机制。阻塞管理的目标是制定一系列规则，控制发电机和负荷，让电网安全可靠地运行。从短期而言，阻塞管理必须制定一个公平的交易削减方案和最优调度方案，让系统安全有效地运行；从长期而言，阻塞管理必须能够为发电厂、电网公司和用户的投资提供激励信号。

为消除网络阻塞所产生的阻塞费用，应由市场参与者按照引起阻塞的责任进行公平、合理地分摊。不同的市场模式市场参与者有所不同，联营交易模式主要有用户和发电厂，双边交易模式主要指参与市场的各个交易者，联营与双边交易混合模式的参与者有用户、发电厂和各个交易者。不论哪种市场模式对市场成员进行阻塞费用的分摊，应遵循以下原则：①按市场成员对阻塞的责任，公平地进行分摊，确保"谁用谁付，多用多付"；②完全回收阻塞费用，即总的阻塞费用应该等于所有市场成员分得的阻塞费用的和。以上准则是各种阻塞费用分摊方法的依据，同时也是评价阻塞分摊方法的标准。

常用的阻塞费用分摊方法主要有两大类：节点电价法和直接分摊法。节点电价法中阻塞价格并不明显地体现出来，而是隐含在节点电价中，通过节点电价的分解可以获得阻塞价格分量。发电厂和用户按照所在节点的电价付费，所支付的电费中包含了阻塞费用，这部分成本不是单独结算的，而是隐含在总费用当中，又称为隐性分摊法。直接分摊法先不考虑阻塞算出基本电价（无约束市场清算价格），阻塞发生时，再将阻塞费用分摊到系统中各成员，又称为显性分摊法。

### 一、节点电价法

节点电价法将阻塞费用折算到系统各节点的电价中，由于网络约束条件的存在，各个节点（或区域）的电价将出现差异，电力用户在购买电力商品的同时就隐性地支付了阻塞费用。由于阻塞费用是隐含在节点电价中即包含在总的费用中，并没有显性地体现出来，造成了收支不平衡，所有供电商的售电收入与所有负荷的购电支出不等，如何分配这些交易盈余存在很大的分歧。近年来，输电权的引入可以将这些交易盈余补偿给输电权的拥有者，从而规避价格风险。完善的电力市场运营机制才能保障输电权的实施，而这在电力市场建立初期很难得到保证。附加电价法将输电成本的附加费用包含在系统的总售电成本中，因而在市场交易时能完全回收阻塞费用而且能保证收支平衡，计算简单，但各电力用户根据其功率大小平均分配，没有合理地体现各电力用户的阻塞责任。

**二、直接分摊法**

直接分摊法首先计算系统的总阻塞费用，根据市场成员对阻塞的责任的大小，直接分摊阻塞费用，能够保证收支平衡，具有一定的理论基础，在当前市场阶段有较大的发展空间。目前，直接分摊方法主要包括平均分摊法、基于裁减量的分摊法、基于合作博弈理论的分摊法、基于使用程度的分摊法和基于影响程度的分摊法五类。

1. 平均分摊法

平均分摊法即邮票法，根据各市场成员电能交易量的大小分摊阻塞费用，没有考虑市场成员的实际位置以及对网络约束的影响。该方法最大的优点是计算简单，但是分摊过程不能体现市场成员对阻塞的责任，可能会提供不正确的经济信号。

2. 基于裁减量的分摊法

基于裁减量的分摊法是根据裁减量的大小进行阻塞费用的分摊。裁减量指如果不进行重新调度，则为消除阻塞需裁减市场参与者的交易量。因此按裁减量进行分摊，可反映出各市场参与者对阻塞的责任。

3. 基于合作博弈理论的分摊法

合作博弈研究的基本问题就是要找到一种收益分配方式，能够促使所有利益主体合作。基于合作博弈理论的阻塞费用分摊法能够实现收支平衡，可以提供较为合理的经济信号。但是该类方法计算复杂，尤其对于大规模的电力系统，存在计算量大的问题，难以实用化。

4. 基于使用程度的分摊法

基于使用程度的分摊法是根据市场成员对阻塞线路的使用程度分摊阻塞费用。当系统只有一条阻塞线路时，直接按使用程度将阻塞费用分摊给各市场成员即可；当系统有多条线路阻塞时，还须先将阻塞费用分摊至各阻塞线路，然后将各线路的阻塞费用根据各市场成员对阻塞线路的使用程度分摊给各市场成员。

5. 基于影响程度的分摊法

根据市场成员对线路的使用程度来分摊一般的输电成本是合理的。然而阻塞成本与其他的输电成本的性质是不同的，根据使用程度来分摊会导致分摊不公平。在发生阻塞时和阻塞消除后系统处于两种不同的运行状态，网络潮流有可能发生变化。依据使用程度的原则分摊时，不论依据阻塞时的还是阻塞消除后的各市场成员对线路的利用份额进行阻塞费用分摊，都只运用了系统的一个运行状态。这就存在一个问题：依据断面潮流（状态量）来进行阻塞成本（过程量）的分摊。系统出现阻塞时，市场中的所有成员都在使用输电网络，但是并不是所有的市场成员都会造成阻塞，因此依据使用程度定量阻塞责任分摊阻塞费用是不合理的。阻塞消除前后各市场成员在阻塞线路中引起的潮流变化量才是造成阻塞的真正原因，阻塞费用分摊也应该照影响程度来分摊才能体现各市场成员对阻塞的责任。基于使用程度的分摊方法，则更适用于状态量的分摊，如输电损耗、网络固定输电费用等。

### 三、双边交易与物理输电权

以下研究输电阻塞对电能交易的影响及解决方法；针对双边和集中两种交易方式，讨论输电网作用的物理机理和市场应对手段的经济机制。

#### （一）输电阻塞的发生

在双边交易中，每笔电力商品交易仅涉及两个参与者：买者和卖者。交易数量和价格是由交易双方协商决定的，但因为输电网对所有参与者都是开放的，要协调运行，所以交易的电量必须上报系统运行员，由系统运行员校验交易申请是否满足系统运行的安全约束。当线路容量不能满足所有交易需要，或者是线路传输容量裕度不足时，便发生了输电阻塞。

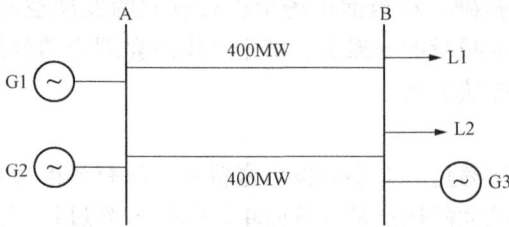

图 5-5　双边交易的两节点系统

图 5-5 所示双边交易的两节点系统中，假设供需双方的电能交易以双边交易形式进行，机组 G1 已经与负荷 L1 签订 300MW 合同，机组 G2 与负荷 L2 签订 200MW 合同。若系统以 N-1 准则作为安全运行标准，下面分析输电网络对交易的影响。

根据 N-1 准则的规定，要求节点 A、B 间在预想的任何单一设备事故发生时至少还能有 500MW 的输电能力，若此要求可以满足，则认为当前交易计划下系统是安全的，系统运行员不需要作任何处理，只是简单地负责交易电能的传输；如果节点 A、B 间可安全输电的能力小于 500MW（如本系统在任一条线路停运后的传输容量只有 400MW），则此时系统运行员必须介入，削减节点 A、B 间达成的某些双边交易。

实际电网中，造成电力系统运行不安全的交易是很难发现的，而且相关计算很复杂。在一定安全准则下，决定哪些交易需要进行调整、如何调整就更为复杂。一种可行的方法是由行政管理部门制定一套交易调整规则，当然确定这些规则同样需要考虑诸多因素，而且行政规定一般灵活度较差，其优势在于对系统安全的保证，不足是不利于促进系统提高运行效率。另一种方法是以市场手段解决，物理输电权就是一种以市场机制解决输电阻塞的方法。

#### （二）物理输电权

物理输电权是指通过支付一定的费用，而拥有在电网中某一传输元件或某一传输断面上输送一定功率的权利。当输电网络存在输电阻塞时，购买物理输电权可有效地保证双边交易的顺利进行。对于双边交易引发的网络阻塞问题，由交易双方自由决定是否使用的物理输电权，是可以充分体现自发性的市场处理机制。

图 5-5 所示系统中，当节点 A 的发电商与节点 B 的用户签订了售电合同且不希望交易因阻塞而中断时，就应购买输电线路的物理输电权。物理输电权是公开拍卖的，因此所有参与者均有机会决定额外支付费用购买物理输电权是否合算。若机组 G1 与负荷 L1 达成的交易价格为 330 元/（MW·h），机组 G2 与负荷 L2 达成的交易价格为 400 元/（MW·h），同时机组 G3 报价 460 元/（MW·h）出售其电能，则负荷 L2 不会付出超过 60 元/（MW·h）的价格来购买物理输电权，因为若超过 60 元/（MW·h），就不如直接购买 G3 的电；同样，负荷 L1 不会付出超过 130 元/（MW·h）的价格来购买物理输电权。

物理输电权定义和分配了使用输电端口间输电容量的权利，虽然它是基于合同路径确定的，但由于输电系统是一个网络，电流在线路中流动服从基尔霍夫定律，并不会按指定的物理合同路径流动，因此物理输电权在实施上存在难题。同时，物理输电权可能提供给某些市场参与者实施市场力的机会，使市场交易的公平性准则难以制定和处理。

（三）物理输电权的实施问题

1. 潮流计算

当电能交易达成时，输电网相应节点上的功率注入量就确定了。在由变压器、输电线路等构成的电网中，功率的流动可通过潮流计算确定。采用节点功率作为注入量，会导致节点潮流方程组呈非线性，因此必须采用数值计算方法，通过迭代来求解。对非线性潮流方程组采用不同的处理方法进行求解，就形成不同的潮流算法，如牛顿—拉夫逊法、快速解耦法等。采用精确的非线性交流潮流模型，所得结果也是精确的，但计算量和计算耗时较多。有些场合下，如校核电能交易时进行的电网实时安全分析中，要进行大量的预想事故筛选，此时为平衡计算精度与速度，常采用近似的直流潮流模型。

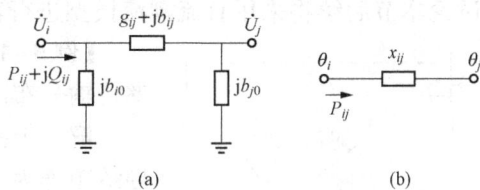

图 5-6　输电线路的等效电路
(a) 交流模型；(b) 直流模型

交流输电网中的某条支路 $i-j$，如图 5-6 (a) 所示，其中所通过潮流的表达式为

$$P_{ij} = U_i^2 g_{ij} - U_i U_j (g_{ij} \cos\theta_{ij} + b_{ij} \sin\theta_{ij}) \tag{5-12}$$

$$Q_{ij} = -U_i^2 (b_{ij} + b_{i0}) + U_i U_j (b_{ij} \cos\theta_{ij} - g_{ij} \sin\theta_{ij}) \tag{5-13}$$

由于交流高压电网一般具有如下特点：

（1）输电线路等元件的电抗远大于电阻，即 $|g_{ij}| \ll |b_{ij}|$，$\theta_{ij}$ 数值很小（小于 $20°$），于是有 $\cos\theta_{ij} \approx 1$，$\sin\theta_{ij} = \theta_i - \theta_j$。

（2）电网各节点的电压为额定值，标幺值接近 1.0，因此有 $U_i \approx U_j$。因此若进一步略去所有对地支路，则式（5-12）、式（5-13）就可简化为

$$P_{ij} = -b_{ij}(\theta_i - \theta_j) = \frac{\theta_i - \theta_j}{x_{ij}} \tag{5-14}$$

$$Q_{ij} = 0 \tag{5-15}$$

可见，支路的无功潮流可以不计，交流支路可等效成直流支路，如图 5-6 (b) 所示。相应的支路两端的直流电压值为 $\theta_i$ 和 $\theta_j$，直流阻抗等于支路电抗 $x_{ij}$，直流电流值为相应的有功功率 $P_{ij}$。

因为忽略了接地支路和支路电阻，所以直流潮流中没有有功功率损耗，平衡节点 $s$ 的有功功率可由其他节点注入功率唯一确定，而其余 $n-1$ 个节点都可以表示为

$$P_i = \sum_{j \in i} [-b_{ij}(\theta_i - \theta_j)] = B'_{ii}\theta_i + \sum_{\substack{j \in i \\ j \neq s}} B'_{ij}\theta_j \tag{5-16}$$

式中：$B'_{ii}$ 和 $B'_{ij}$ 分别是以 $\dfrac{1}{x_{ij}}$ 为支路导纳建立起来的节点导纳矩阵的自导纳和互导纳。

具体计算公式为

$$\left. \begin{aligned} B'_{ij} &= -\frac{1}{X_{ij}} \\ B'_{ii} &= -\sum_{j \in i} B'_{ij} = \sum_{j \in i} \frac{1}{X_{ij}} \end{aligned} \right\} \tag{5-17}$$

式（5-16）的矩阵形式为

$$P = B'\theta \tag{5-18}$$

由此可得到式（5-14）的矩阵形式为

$$P_l = SP = B_lAB^{-1}P$$

式中：$S$ 矩阵的各元素是表示注入功率与支路潮流间关系的因子，也称为功率传输分布因子（PTDF）；$B_l$ 是由支路导纳组成的对角矩阵；$A$ 为网络的支路—节点关联矩阵；$B^{-1}$ 由节点导纳矩阵 $B'$ 求得。

直流潮流的解算没有收敛性问题，而且对于高压电网，其计算误差通常在 10% 以内，可以满足精度要求不甚高的场合。但这种方法不能计算电压幅值，限制了其应用范围。为方便讨论本节后续将采用直流潮流模型进行输电网分析。

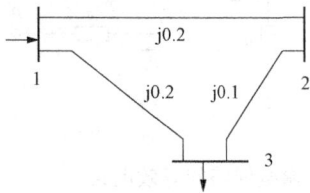

**【例 5-1】** 某简单电力系统如图 5-7 所示，试求系统的功率传输分布因子。

**解** 由图 5-7 所示各线路的电抗标幺值可得，系统的节点导纳矩阵为

图 5-7 某简单电力系统

$$B = \begin{bmatrix} 10 & -5 & -5 \\ -5 & 15 & -10 \\ -5 & -10 & 15 \end{bmatrix}$$

取节点 1 为平衡节点，则得

$$B' = \begin{bmatrix} 15 & -10 \\ -10 & 15 \end{bmatrix}$$

其逆矩阵为

$$B'^{-1} = \begin{bmatrix} 0.12 & 0.08 \\ 0.08 & 0.12 \end{bmatrix}$$

于是

$$B^{-1} = \begin{bmatrix} 0 & 0 & 0 \\ 0 & 0.12 & 0.08 \\ 0 & 0.08 & 0.12 \end{bmatrix}$$

此系统的支路导纳矩阵 $B_l$ 和支路—节点关联矩阵 $A$ 分别为

$$B_l = \begin{bmatrix} 5 & 0 & 0 \\ 0 & 5 & 0 \\ 0 & 0 & 10 \end{bmatrix} \begin{matrix} 支路 1-2 \\ 支路 1-3 \\ 支路 2-3 \end{matrix}$$

$$A = \begin{bmatrix} 1 & -1 & 0 \\ 1 & 0 & -1 \\ 0 & 1 & -1 \end{bmatrix} \begin{matrix} 支路 1-2 \\ 支路 1-3 \\ 支路 2-3 \end{matrix}$$

因此

$$S = B_lAB^{-1} = \begin{bmatrix} 0 & -0.6 & -0.4 \\ 0 & -0.4 & -0.6 \\ 0 & 0.4 & -0.4 \end{bmatrix}$$

可见，如果在该系统的节点 1 注入 100MW 的功率供给节点 3 的负荷，则在线路 1-3 中将形成的潮流为

$$P_{13} = 0 \times 100 + (-0.4) \times 0 + (-0.6) \times (-100) = 60 \text{(MW)}$$

2. 并行与逆向潮流问题

在电网中潮流遵循的两个基本定律为基尔霍夫电流定律（KCL）和基尔霍夫电压定律（KVL）。例如图 5 - 8 所示的简单网络，在直流潮流模型下，注入功率与支路潮流间的功率传输分布因子分别为

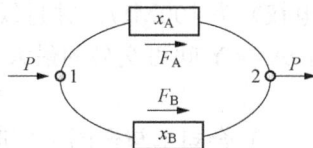

图 5 - 8  有功功率并行流

$$\left.\begin{aligned} F_A &= \frac{X_B}{X_A + X_B} P \\ F_B &= \frac{X_A}{X_A + X_B} P \end{aligned}\right\} \tag{5 - 19}$$

已知该因子后，可根据元件的输电能力极限确定各节点最大允许的功率注入量。

可见，在并行路径中传输功率是按照阻抗的反比分配的。如果物理输电权中约定的合同路径与此不一致，则仍不能起到保证交易顺利进行的作用。在两节点系统中没有回路，往往不能全面有效地反映基尔霍夫电压定律的影响机理，而在三节点系统中将呈现更复杂的情况。

**【例 5 - 2】**  三节点简单系统如图 5 - 9 所示，图中各支路的相关参数见表 5 - 2。

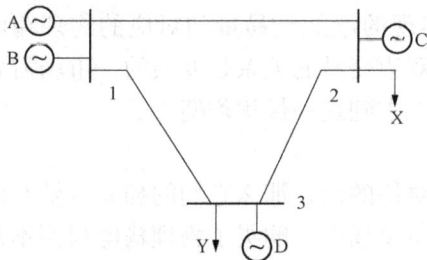

图 5 - 9  三节点简单系统

表 5 - 2  三节点系统的各支路参数

| 支路 | 电抗（p.u.） | 输电容量（MW） |
|------|------|------|
| 1 - 2 | 0.1 | 250 |
| 1 - 3 | 0.2 | 280 |
| 2 - 3 | 0.2 | 100 |

假设该系统中有如下两个双边交易，试校验电能交易在该系统中的可行性。

（1）合同 1：机组 A 与负荷 Y 签订的 300MW 的双边交易合同。

（2）合同 2：负荷 X 从机组 D 购买 200MW 的双边交易合同。

**解**  （1）合同 1 与合同 2 单独执行的情况。在直流潮流下电网为线性系统，满足叠加定理。两笔交易可分别进行潮流计算，由式（5 - 19）可得各路径中输送的功率流，如图 5 - 10 所示，分别为

$$F_I = [0.2/(0.2 + 0.3)] \times 300 = 120 \text{(MW)}$$
$$F_{II} = [0.3/(0.2 + 0.3)] \times 300 = 180 \text{(MW)}$$
$$F_{III} = [0.3/(0.2 + 0.3)] \times 200 = 120 \text{(MW)}$$
$$F_{IV} = [0.2/(0.2 + 0.3)] \times 200 = 80 \text{(MW)}$$

为保证交易能顺利进行，合同 1 的交易双方必须拥有线路 1 - 3 的 180MW 物理输电权和线路 1 - 2 及 2 - 3 的 120MW 物理输电权，而合同 2 的交易双方必须拥有线路 1 - 3 及 1 - 2

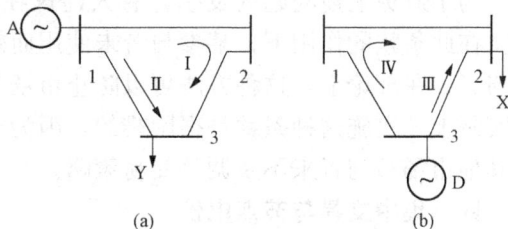

图 5 - 10  双边交易的功率流路径
(a) 机组 A 与负荷 Y 之间的交易；
(b) 机组 D 与负荷 X 之间的交易

的 80MW 物理输电权和线路 2 - 3 的 120MW 物理输电权。很明显，按给定参数，此时网络

中这两个交易如果分别单独执行，都是不能实现的，因为线路 2-3 的输电容量（最大物理输电权）为 100MW。并且线路 2-3 作为交易瓶颈，将限定可交易的最大功率。以合同 1 为例，A 与 Y 间可交易的最大功率限定为

$$P_{\max} = (0.5/0.2) \times 100 = 250 (\text{MW})$$

（2）合同 1 与合同 2 同时执行的情况。由叠加定理可得此时各支路的总体潮流分布因子为

$$F_{12} = F_{\text{I}} + F_{\text{IV}} = 120 + 80 = 200 (\text{MW})$$

$$F_{13} = F_{\text{II}} - F_{\text{IV}} = 180 - 80 = 100 (\text{MW})$$

$$F_{23} = F_{\text{I}} - F_{\text{III}} = 120 - 120 = 0 (\text{MW})$$

可见，由于合同 2 的交易形成与合同 1 的交易逆向的潮流，线路 2-3 不再发生输电阻塞，从而增加了机组 A 与负荷 Y 之间的交易量，使两个交易能够同时实施。

［例 5-2］的分析表明，与一般商品不同，在考虑网络约束的电力双边交易中，确定系统可用物理输电权的大小时，必须计及交易可能产生的逆向潮流的影响。在双边交易方式下，系统运行员校验系统是否安全时应该针对所有交易计划进行。若系统是不安全的，则必须通过一定的机制使市场参与者修正他们已签订的合同，即进行合同的削减，以保证系统运行的安全状态。从理论上来说，如果市场是完全竞争的，那么在双边交易过程中，一定存在一个经济上最优的均衡点，由此裁定市场参与者所能实现的电能交易量和对应的物理输电权。而实际上，电力市场是不完全竞争的，网络约束与双边交易的关系是复杂的，市场需要相互间交换的信息量是十分庞大的，以至于几乎不可能寻求到这一最优均衡点。

（四）物理输电权与市场力

作为一种权利，如果物理输电权同其他财产权一样对待的话，那么它们的拥有者就有使用或出售的自由，当然也可以持有而不使用。在完全竞争市场中，购买了物理输电权而不使用显然是不可能的，而在不完全竞争市场中，物理输电权能增加某些市场参与者实施市场力的机会和能力。

以［例 5-1］中系统为例，如果机组 G3 是节点 B 处唯一的机组，它买断从 A 到 B 的所有物理输电权，同时既不使用也不出售，显然它就成为节点 B 处电力供给的垄断者。这种做法人为减少了输电容量而加强了市场力，使 G3 在节点 B 处可任意实施自己的市场力，从而获取额外利润，对电能市场的良性发展和效率的提高是极其不利的。

为了避免上述问题的发生，有人建议在物理输电权交易中附加一个"或用或弃"的条款。在此条款的作用下，某参与者未使用而想保留的输电容量将会释放给希望马上使用它的参与者。在理论上，这种方法可以防止市场参与者出于加强市场力的目的而囤积输电容量。但实际上，实施这种条款是很困难的，因为未被使用的输电容量可能释放得不及时，可能导致其他市场参与者来不及调整交易策略。

**四、集中交易与节点电价**

在集中交易或基于电力库的交易模式中，生产者和消费者向系统运行员提交买卖电能的报价，此时的系统运行员除了维护系统的安全稳定运行也起着交易员的作用。当然，为保证交易的公平公正，系统运行员必须独立于所有其他的市场参与者。在考虑由输电网引起的安全约束时，系统运行员应本着使市场实现最佳效率的原则选择合适的卖家和买家，并决策市场出清价格。因此，集中交易模式中的系统运行员比在双边交易模式下起着更为积极的作

用，可以做到输电网的有效利用，有利于真正实现最好的经济效率。

现实中，电力系统的电源与负荷的分布往往是不平衡的，一些地区因为电源充足、负荷较少而电价偏低，另一些地区就会因负荷需求量过重而电价偏高。在两地区的电力市场各自独立运行的情况下，每个市场中的电价由本地的电能生产边际成本决定，两地间会有较大的电价差。当两地间由输电线路连成统一市场时，在市场经济规律作用下，电能就会由电价低的地区流向电价高的地区，直至两地间的价差消失为止。但是，如果线路的输电容量不足，这种经济功率交换就会受阻，并最终停止于由线路输电容量决定的某一价差水平上。

**【例 5 - 3】**　如图 5 - 11 所示，假设系统有西源（以 S 代表）和东荷（以 D 代表）两个地区，两地都有已经成熟的集中交易电力市场，市场总的反供给函数 [元/(MW·h)] 分别为

西源地区的反供给函数

$$\rho_S = MC_S = 80 + 0.04P_S \qquad (5 - 20)$$

东荷地区的反供给函数

$$\rho_D = MC_D = 100 + 0.08P_D \qquad (5 - 21)$$

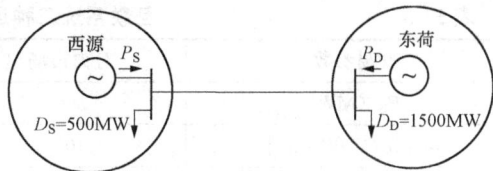

图 5 - 11　两地区互联模型

假设 S、D 两地的电力需求为常数，分别为 500MW 和 1500MW，并且电力需求的价格弹性为零。试分析如下几种输电容量下两地的电能交易情况：

（1）S、D 两地间没有互联的输电线路；

（2）S、D 两地间有互联线路，输电容量为 1600MW；

（3）S、D 两地间有互联线路，输电容量为 500MW。

**解**　（1）两地间没有互联输电线路时。在没有互联线路的情况下，两地电力市场各自独立运行，电价分别由当地的供需平衡确定，即

$$\rho_S = MC_S = 80 + 0.04 \times 500 = 100[元/(MW·h)]$$
$$\rho_D = MC_D = 100 + 0.08 \times 1500 = 220[元/(MW·h)]$$

（2）两地间输电容量为 1600MW 时。即使东荷的所有机组都停止发电，其所有负荷也可由西源经互联线路提供，所以系统无输电制约。此情况下，两节点系统简化为单母线系统，两个地区的电能交易应形成同一个市场出清价格，即

$$\rho = \rho_S = \rho_D \qquad (5 - 22)$$

同时，两地供电总量应为两地负荷需求之和，即

$$P_D + P_S = D_D + D_S = 1500 + 500 = 2000(MW) \qquad (5 - 23)$$

联立式（5 - 20）～式（5 - 23），可得

$$\rho = \rho_S = \rho_D = 140 \ 元/(MW·h)$$
$$P_S = 1500MW$$
$$P_D = 500MW$$

因此，互联线路上的潮流为

$$P_{SD} = P_S - D_S = D_D - P_D = 1000MW$$

显然，因为没有互联线时西源地区的电价低于东荷地区，所以潮流将由西源流向东荷地区。

（3）两地间输电容量为 500MW 时。由于输电容量的限制，西源的发电量必须减少至 1000MW（其中，500MW 供给当地负荷，500MW 卖给东荷地区的用户）。根据式（5 - 20）

和式（5-21），得

$$\rho_S = MC_S = 80 + 0.04 \times 1000 = 120[元/(MW \cdot h)]$$
$$\rho_D = MC_D = 100 + 0.08 \times 1000 = 180[元/(MW \cdot h)]$$

表 5-3 总结了［例 5-3］的计算结果。表 5-3 表明电力系统互联之后的最大受益者是西源的发电商和东荷的用户。西源的电价将会上升，东荷的发电商将会损失相当一部分的市场份额。总体来看，系统互联降低了用户用电电费的总金额，其影响是积极的。很明显，电费的节省是由于高效的机组代替了低效机组。然而，互联线路上阻塞的出现又降低了整体的效益，而这种阻塞某种程度上在竞争中保护了东荷地区的发电商。

表 5-3　　　　　　　　　　　　　　互联系统三种运行状态下的交易情况

| 交易参数 | 分离市场 | 统一市场 | 有阻塞的统一市场 |
|---|---|---|---|
| $P_S$ (MW) | 500 | 1500 | 1000 |
| $\rho_S$ [元/(MW·h)] | 100 | 140 | 120 |
| $R_S$ (元/h) | 50 000 | 210 000 | 120 000 |
| $E_S$ (元/h) | 50 000 | 70 000 | 60 000 |
| $P_D$ (MW) | 1500 | 500 | 1000 |
| $\rho_D$ [元/(MW·h)] | 220 | 140 | 180 |
| $R_D$ (元/h) | 330 000 | 70 000 | 180 000 |
| $E_D$ (元/h) | 330 000 | 210 000 | 270 000 |
| $F_{SD}$ (MW) | 0 | 1000 | 500 |
| $R_{total} = R_D + R_S$ (元/h) | 380 000 | 280 000 | 300 000 |
| $E_{total} = E_D + E_S$ (元/h) | 380 000 | 280 000 | 330 000 |

注　$R$ 表示发电商出售电能获得的收益；$R_{total}$ 表示发电商总收益；$E$ 表示用户用电需支付的金额；$E_{total}$ 表示用户总支付；$F_{SD}$ 表示互联支路上流动的功率，正值表示功率由西源流向东荷。

另外需要指出，上述讨论是在市场为完全竞争的假设下进行的。如果市场为不完全竞争，互联线路阻塞将使东荷地区的发电商获得抬高电价至高于其边际成本的机会。

总之，在市场经济下，商品在两地间的价格不同就会令交易者获得一个利用该差价的商机。如果电能是一种普通商品，在能找到从电价低的地区向电价高的地区输送更多电能的途径时，交易者就可以利用买卖中的差价获取更多利润。但是，由于两地之间的互联线路是输送电功率的唯一通路，当满负荷后获取更大利润的机会就不可能实现了。

可见，只要互联线路的输电容量低于自由交易所需的容量，两地区间的差价就一定存在。由于维持系统安全而产生的约束使得输电网产生阻塞，这种阻塞将统一的市场又分割为各自独立的市场，每个地区负荷的增加将必须由当地机组单独来承担，因此各地的发电边际成本是不同的，由边际成本确定的实时电价也就因发电、用电地点的不同而不同。由于系统中每个节点的电价都可能不同，因此考虑输电网后的实时价格又称为节点价格。另外，输电损耗也会造成不同节点的电价不一样。节点电价表明，电能的价格取决于功率注入或流出的节点，对于接于同一节点的所有参与者，不论是生产者还是消费者，他们的出清价格是一致的。［例 5-3］说明，通常情况下买进功率的地区的节点电价较高。

**五、节点电价法简例**

在集中交易中考虑输电约束，系统运行员就要在确保系统安全的前提下组织电能交易，因此这是一个有安全约束的经济调度问题。在不考虑机组启停的情况下（认为系统中所有机组都已开机），这也是最优潮流问题。系统运行员应根据生产者和消费者的报价，在满足安全性要求的前提下使得系统产生的经济效益最大化，并优化决策可以接受的卖价和买价，以设定市场出清价格。该模型是一个有约束的最优化潮流问题，具体可参考 4.1 节的节点电价内容。

【例 5-4】 设 ［例 5-2］ 给出的图 5-9 所示系统为完全竞争市场，简单起见，设各发电机组成本函数为线性函数，即边际成本为常数，具体参数见表 5-4。需求用恒功率负荷来描述，节点 2、3 的负荷分别为 $X=200\text{MW}$、$Y=300\text{MW}$。试分析该系统的电能交易情况与节点电价。

表 5-4 三节点系统的机组数据

| 发电机组 | 发电容量（MW） | 边际成本［元/(MW·h)］ |
|---|---|---|
| A | 400 | 150 |
| B | 150 | 180 |
| C | 150 | 900 |
| D | 90 | 300 |

**解** 在集中交易中，生产者向系统运行员提交报价，然后系统运行员进行优化调度，求解相应的最优潮流问题。当目标函数采用线性表达式时，即为线性规划问题，可应用各种成熟的线性规划算法（如单纯形法、对偶单纯形法等），或利用相关优化软件（如 MATLAB 优化工具箱）进行求解。因本例题数据简单，从详细讨论的角度出发，故采用人工方法求解。

（1）忽略网络约束的经济调度。忽略网络约束，则 500MW 的总负荷将仅基于机组边际成本或其出价在各机组间分配，以使总发电成本最小。将各机组按边际成本递增顺序排列，依次满负荷运行直到满足用户需求，得

$$P_A = 400\text{MW}, \quad P_B = 100\text{MW}, \quad P_C = 0\text{MW}, \quad P_D = 0$$

机组 B 为系统的边际发电机组，其边际成本 180 元/(MW·h) 即为系统的实时电价。此时，系统经济调度总成本为

$$C_{ED} = MC_A P_A + MC_B P_B = 78\,000\,\text{元/h}$$

这个交易结果在电网中是否可行需要检验。为此，可以先求得直流潮流结果，从而判断是否有线路潮流越限。人工计算中仍采用叠加定理，可将原问题分解为两个简单问题，如图 5-12 所示。通过确定两个简单问题的潮流分布，就可写出原问题的解。

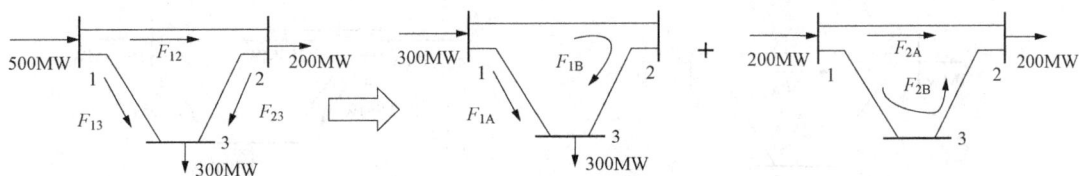

图 5-12 应用叠加定理的系统支路潮流计算

各支路潮流分量分别为

$$F_{1A} = \frac{0.2}{0.3 + 0.2} \times 300 = 120(MW)$$

$$F_{1B} = \frac{0.3}{0.3 + 0.2} \times 300 = 180(MW)$$

$$F_{2A} = \frac{0.4}{0.1 + 0.4} \times 200 = 160(MW)$$

$$F_{2B} = \frac{0.1}{0.1 + 0.4} \times 200 = 40(MW)$$

所以，原系统的支路潮流为

$$F_{12} = F_{1A} + F_{1B} = 120 + 160 = 280(MW)$$

$$F_{13} = F_{1B} + F_{2B} = 180 + 40 = 220(MW)$$

$$F_{23} = F_{1A} - F_{2B} = 120 - 40 = 80(MW)$$

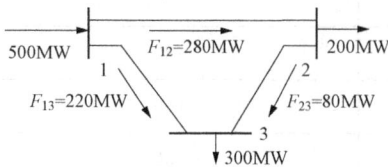

图 5-13　三节点系统中的支路
潮流分布

支路潮流分布如图 5-13 所示。从图中可以看出，支路 1-2 超过其容量 30MW，该交易结果显然是不可行的。

（2）考虑电网约束的安全经济调度。因为上述经济调度所得结果不能满足安全约束，所以交易方案需进行调整，应找到使支路潮流不越限的最小成本改变量。注意到经济调度的发电量均集中在节点 1，为了减少支路 1-2 上的功率，可以增加节点 2 或节点 3 处的发电量。以节点 2 处增加发电量为例，由于忽略损耗，意味着在节点 2 增加多少发电量必须在节点 1 减少同样的发电量，如图 5-14 所示。因为增量潮流 $\Delta F_A$ 与 $F_{12}$ 方向相反，所以增加节点 2 处的发电量并减少节点 1 处发电量，可以减少支路 1-2 的过负荷。鉴于通路 A 和 B 的电抗标幺值分别为

$$X_A = X_{12} = 0.1, \quad X_B = X_{13} + X_{23} = 0.4$$

于是，增减 1MW 发电量时，通路潮流的变化量为

$$\Delta F_A = 0.8MW, \quad \Delta F_B = 0.2MW$$

每调整 1MW 发电量，支路 1-2 上就可以减少 0.8MW 功率。该支路共越限 30MW，故必须从节点 1 向节点 2 转移 37.5MW（30/0.8）发电量才能满足该支路的容量约束。再调度后的支路潮流分布如图 5-15 所示。虽然再调度使支路 1-3 的功率减小，但却使支路 2-3 的功率增大，然而这种增大是可以接受的，因为它不会造成线路输电能力越限。于是，满足网络约束的一种调度结果为

$$P_A = 400MW, \quad P_B = 62.5MW, \quad P_C = 37.5MW, \quad P_D = 0$$

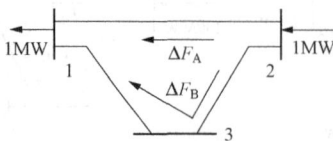

图 5-14　节点 2 微增发电变化的影响

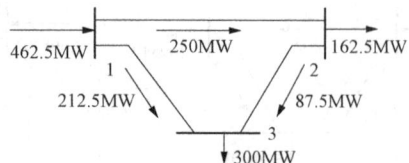

图 5-15　在节点 1 和节点 2 处增减发
电量的支路潮流分布

可见，机组 B 的出力减小了而机组 A 的未变，这是由于机组 B 的边际成本高的缘故，该调度的总成本为

$$C_2 = MC_A P_A + MC_B P_B + MC_C P_C = 105\,000 \text{ 元 /h}$$

这个成本要比（1）中算得的经济调度的成本高，两者的差值表示了为达到安全状态而进行再调度付出的代价。

应用上述同样的步骤，可计算通过增加节点 3 处机组 D 的出力来减轻支路 1-2 过负荷的再调度结果及成本。这种情况下各机组的出力为

$$P_A = 400\text{MW}, \quad P_B = 25\text{MW}, \quad P_C = 0, \quad P_D = 75\text{MW}$$

此时的调度总成本为

$$C_3 = MC_A P_A + MC_B P_B + MC_D P_D = 87\,000 \text{ 元 /h}$$

如果利用节点 3 处的机组，则再调度发电量为 75MW，而节点 2 处机组的再调度发电量为 37.5MW，可见，支路 1-2 的潮流对于节点 3 处机组出力的敏感度低于节点 2 处的出力。然而，由于机组 D 的边际成本低于机组 C，所以增加节点 3 处的发电量是经济性更优的解。由此，该系统的安全经济调度结果应确定为

$$P_A = 400\text{MW}, \quad P_B = 25\text{MW}, \quad P_C = 0, \quad P_D = 75\text{MW}$$

而维持系统安全的代价等于安全经济调度成本 $C_3$ 与经济调度成本 $C_{ED}$ 之间的差值，即

$$C_S = C_3 - C_{ED} = 87\,000 - 78\,000 = 9000 \text{(元 /h)}$$

（3）节点电价计算。如前所述，节点电价等于在该节点增加单位功率负荷时供电成本的增加量。以考虑线路约束的安全经济调度结果作为基本状态，若节点 1 处增加单位（MW）负荷，显然应该由机组 B 向其供电，因为机组 B 的边际成本比机组 C 和机组 D 的都低，而机组 A 虽然边际成本低，但已经不能承担额外功率了。故节点 1 处的节点电价为

$$\rho_1 = MC_B = 180 \text{ 元 /(MW · h)}$$

考虑在节点 3 处增加单位负荷，可以看到虽然机组 B 边际成本最低且没有满负荷，但增加节点 1 处的发电量必然会使支路 1-2 过负荷，那么下一个最经济的选择就是增大机组 D 的出力。由于该机组接在节点 3 处，因此增加的功率不会流经网络，由此得

$$\rho_3 = MC_D = 300 \text{ 元 /(MW · h)}$$

另外，向节点 2 处的增加功率供电比较复杂。虽然机组 C 就在节点 2，但它的边际成本明显高于其他机组，而选择其他节点处机组供电，就必须考虑网络的影响，而且由于单独从节点 1 或节点 3 向节点 2 处增加单位功率供电都会使支路 1-2 功率增大，因此可以采取在节点 3 处增加出力而在节点 1 处减少出力的方法。设各节点的功率调整量为 $\Delta P_i (i = 1, 2, 3)$，由功率平衡可知

$$\Delta P_1 + \Delta P_3 = \Delta P_2 = 1\text{MW}$$

根据功率传输分布因子，可得

$$0.8\Delta P_1 + 0.4\Delta P_3 = \Delta F_{12} = 0$$

解上述两方程得

$$\Delta P_1 = -1\text{MW}, \quad \Delta P_3 = 2\text{MW}$$

以最小成本向节点 2 处单位负荷增量供电的方式，是使机组 D 增发 2MW 功率，同时将机组 B 的出力减少 1MW，因此，节点 2 处的节点电价为

$$\rho_2 = MC_B \Delta P_1 + MC_D \Delta P_3 = 420 \text{ 元 /(MW · h)}$$

（4）最优潮流求解。实际上，上述安全经济调度与节点电价的计算可表示成最优潮流问题：$\min\{150P_A + 180P_B + 900P_C + 300P_D\}$，其约束条件为

$$P_A + P_B - F_{12} - F_{13} = 0 \qquad\qquad (5\text{-}24)$$

$$F_{12} - F_{13} + P_C = 200\text{MW} \qquad\qquad (5\text{-}25)$$

$$P_D + F_{13} + F_{23} = 300\text{MW} \qquad\qquad (5\text{-}26)$$

$$0.2F_{12} + 0.1F_{23} - 0.2F_{13} = 0 \qquad\qquad (5\text{-}27)$$

$$0 \leqslant P_A \leqslant 400\text{MW}, \quad 0 \leqslant P_B \leqslant 150\text{MW}, \quad 0 \leqslant P_C \leqslant 150\text{MW}, \quad 0 \leqslant P_D \leqslant 90\text{MW}$$

$$-250\text{MW} \leqslant F_{12} \leqslant 250\text{MW}, \quad -280\text{MW} \leqslant F_{13} \leqslant 280\text{MW}, \quad -100\text{MW} \leqslant F_{23} \leqslant 100\text{MW}$$

运用相关软件求解，可得

$$P_A = 400\text{MW}, \quad P_B = 25\text{MW}, \quad P_C = 0, \quad P_D = 75\text{MW}$$

$$F_{12} = 250\text{MW}, \quad F_{13} = 175\text{MW}, \quad F_{13} = 50\text{MW}$$

同时，由式（5-24）～式（5-26）的拉格朗日乘子，可得各节点电价为

$$\rho_1 = 180\,元/(\text{MW}\cdot\text{h}), \quad \rho_2 = 420\,元/(\text{MW}\cdot\text{h}), \quad \rho_3 = 300\,元/(\text{MW}\cdot\text{h})$$

这也印证了前述手工计算的结果。

［例 5-4］的结论可以推广到更复杂的网络中去。因此，关于节点电价可总结如下：

（1）在一个没有输电约束的系统中，如果将所有机组视为恒边际成本模型，那么除一台机组之外的所有机组要么满负荷发电，要么不发电。这台部分带负荷的特例机组就是边际机组，它的出力刚好使总发电与总负荷相等。假设负荷增加，必将由它供电，所以它的边际成本决定了整个系统的电价。

（2）当输电限值约束了经济调度时，会有多台机组的出力将介于上、下限之间而成为边际机组。通常，系统中如果存在 $m$ 个输电约束，那么就有 $m+1$ 个边际机组。每一台边际机组都决定着它所在节点的边际价格（如［例 5-4］中节点 1 的机组 B 与节点 3 的机组 D），其余节点的边际价格是由所有边际机组的价格组合所决定的（如［例 5-4］中节点 2 的电价），这种组合又取决于约束网络中基尔霍夫电压定律的应用。

在一个实际的电力系统中，网络的规模和复杂性使节点电价不能像［例 5-4］样用简单方法来计算，由于网络中回路很多，基尔霍夫电压定律的应用也会使潮流和价格的确定不再那么直观明显。

**六、阻塞剩余**

实行节点电价的系统，无论是发电还是用电，都是按所在节点的电价计算应收或应付的费用。当输电网没有约束，各处的电价一样时，系统总的用户付费与发电商收入一定是平衡的。而当发生输电阻塞时，节点电价不再相同，由于机组的发电并不是只供给所在节点的负荷，负荷也不是只从本节点的发电机组获取电能，因此系统总的用户付费与总的发电商收入就可能会出现不平衡。显然，这种不平衡与输电网的功率传输有关。为此，以［例 5-3］的两节点系统为例，深入地分析此问题。

首先，将两地电价表示成互联线路传输功率的函数

$$\rho_S = MC_S = 80 + 0.04(D_S + F_{SD}) \qquad\qquad (5\text{-}28)$$

$$\rho_D = MC_D = 100 + 0.08(D_D - F_{SD}) \qquad\qquad (5\text{-}29)$$

然后，根据节点电价计算系统总的用户付费 $E_{\text{total}}$ 与发电商收入 $R_{\text{total}}$，即

$$E_{\text{total}} = \rho_D D_D + \rho_S D_S \qquad\qquad (5\text{-}30)$$

$$R_{\text{total}} = \rho_D P_D + \rho_S P_S = \rho_D(D_D - F_{SD}) + \rho_S(D_S + F_{SD}) \tag{5-31}$$

联立式（5-28）～式（5-30），可得到用户付费与 $F_{SD}$ 的关系函数，同理，联立式（5-29）～式（5-31），可得到发电商收入与 $F_{SD}$ 的关系函数，如图 5-16 中的实线与虚线所示。由图可见，用户付费随两地交换功率的增加而单调减少，输送功率不会超过 $F_{SD} = 1000\text{MW}$，否则将失去经济意义；除了在互联线没有阻塞（$F_{SD} = 1000\text{MW}$）或没有互联线（$F_{SD} = 0$）时，发电商收入与用户付费相同，其他各点处的发电商收入均小于用户付费。

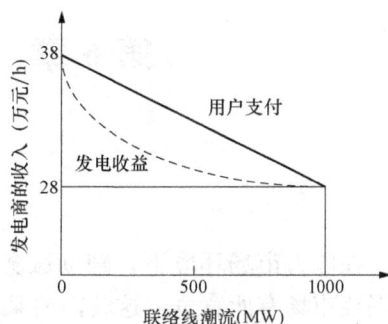

图 5-16　联络线潮流变化与用户支付和发电商收入间的关系

用户付费同发电商收入之间的差额是由于输电阻塞造成各节点电价不同而形成的，称为阻塞剩余，可表示为

$$E_{\text{total}} - R_{\text{total}} = (\rho_D D_D + \rho_S D_S) - (\rho_D P_D + \rho_S P_S)$$
$$= \rho_D(D_D - P_D) + \rho_S(D_S - P_S) = (\rho_D - \rho_S)F_{SD} \tag{5-32}$$

可见，阻塞剩余等于两个节点间的电价差与输送功率的乘积。在存在节点电价差及功率传输的情况下，组织集中交易的系统运行员手中将会余下这部分剩余。但这部分剩余不应属于独立于市场交易的系统运行员，应如何处理，还有待进一步研究。

对［例 5-4］中的三节点系统，同样可以计算其阻塞剩余。表 5-5 列出了每个节点处的发电功率、负荷、节点价格以及以节点电价结算的用户付费和发电商收入，所有数据是在恒负荷条件下运行 1h 的计算值。

表 5-5　　　　　　　　　　　　　三节点系统经济运行总结

| 运行参数 | 节点 1 | 节点 2 | 节点 3 | 总计 |
|---|---|---|---|---|
| 负荷（MW） | 0 | 200 | 300 | 500 |
| 发电功率（MW） | 425 | 0 | 75 | 500 |
| 节点电价［元/(MW·h)］ | 180 | 420 | 300 | — |
| 用户付费（元/h） | 0 | 84 000 | 90 000 | 174 000 |
| 发电商收入（元/h） | 76 500 | 0 | 22 500 | 99 000 |
| 阻塞剩余（元/h） | — | — | — | 75 000 |

# 第6章 电力市场辅助服务

## 6.1 概　　述

在电力市场环境下，辅助服务（ancillary services，AS）是电力市场的重要组成部分，应围绕市场有所竞争。这就需要某种机制来刺激市场参与者提供辅助服务，并确保有足够的收益。因而，辅助服务指标的量化、成本分析及定价是一个亟待解决的问题。

辅助服务的定价问题在以往的电力系统运行中一直未引起足够的重视，辅助服务的费用与电能费用没有区分开来。在传统的运行机制，调度员可以命令电厂无偿提供诸如自动发电控制（AGC）、备用容量等辅助服务。但在电力市场环境下，电厂是独立的经济实体，不愿无偿提供辅助服务，同时希望每种服务都应有明确的定价。

### 一、辅助服务的定义

辅助服务是相对电能生产、输送和交易的主市场而言的。从发电侧来考虑，可认为辅助服务是发电厂为保证电力系统安全可靠运行而采取的必要措施。从输电的角度出发，可认为辅助服务是为完成输电的主要功能——电能从发电厂输送到用户，并保证安全和质量所需要采取的所有辅助措施。从运行管理的角度出发，可把在当日的实时运行中，为在一些不可预测和不可控制的因素下（如交易的临时变动、负荷的随机波动以及机组的强迫停运等）保证供电质量和可靠性要求，而要有一个有功、无功的实时平衡服务以及其他的运行服务，称为辅助服务。从系统控制的角度出发，可认为辅助服务是由控制设备和操作员执行的有关功能，这些功能是发、控、输、配电用以支持基本的发电容量、电能供应和电力传输服务。

不同的系统有着不同的辅助服务需求和定义，主要是因为辅助服务取决于主市场。换句话说，主市场的结构和模式的不同影响到各自对辅助服务的定义和分类，不同的国家甚至电力公司对辅助服务的定义都不尽相同，目前尚无统一标准。

辅助服务的提供方式取决于以下因素：

（1）系统协调方式：有无统一的电力调度中心决定了辅助服务供应的模式。

（2）电力生产结构：决定了辅助服务的重要程度，如是火电占优势还是水电占优势。

（3）电网结构：决定各种辅助服务的具体需要。

（4）管理模式：电力市场发育的不同阶段，为避免过于剧烈的振荡，可以采用不同的辅助服务定价方法。

（5）标准：电力系统的运行水平不同，不能定义一个通用的质量和安全标准。

（6）量测和监视系统：辅助服务定价采用的算法要以系统的量测和监视水平为基础，水平较低的电力系统不能采用那些信息需求较大的算法。

### 二、辅助服务的分类

电力市场中的辅助服务主要包括：

（1）负荷跟踪与频率控制。实时处理较小的负荷与发电功率偏差，维持系统频率，使控制区内负荷与发电功率偏差及控制区之间的交换功率实际值与计划值的偏差最小。

（2）旋转备用。由于发电或输电系统故障，使负荷与发电功率发生较大不平衡时，能够保证 10min 内增加的同步容量（增加或降低），恢复负荷跟踪服务的水平。对水电厂来讲，旋转备用一般为总容量的 10%；对火电厂，其值为最大发电功率与当前发电功率的差值。在传统运行方式下，旋转备用容量是确定的，一般定义为系统中最大机组的容量，或是其 1.5 倍，或者定义为系统负荷的一定比例。

（3）运行备用。其指能在 20~30min 内启动并达到正常发电功率，也包括可断电负荷，用于恢复旋转备用的水平。一般由水电机组、燃气轮机组等峰荷机组提供。

（4）无功备用和电压控制。通过发电机或输电系统中的其他无功电源向系统注入或从系统吸收无功功率（即增减无功出力，使系统无功平衡），以维持系统各节点的电压在允许范围内。

（5）发电再计划。正常运行时对于较大的发电与负荷功率偏差，调度中心要重新安排各机组的发电功率（即在线经济调度）。

（6）能量不平衡处理。在电力市场交易中，如何补偿实际交易电量与计划交易电量的不平衡而造成市场成员收益的减少额。

（7）黑启动。整个系统因故障停运后，不依赖其他网络，通过系统中有自启动能力的机组，逐步扩大电力系统的恢复范围，最终实现整个电力系统的恢复。

（8）稳定性控制服务。其包括柔性交流输电、静态稳定控制。

（9）其他服务。

### 三、辅助服务的市场模式

辅助服务的市场模式有统一型、投标型、双边合同型三种，或是其中两种的结合。统一型是指辅助服务由市场操作员统一安排，各市场参与者必须提供的服务，结算时市场操作员根据各参与者对辅助服务命令的执行情况给予奖惩。投标型是指各市场参与者对某种辅助服务进行投标，市场操作员根据投标情况来排定优先次序和制订供应计划使辅助服务的总费用最小，并根据系统边际成本对参与者进行结算。双边合同型是指需要辅助服务的用户直接与提供者签订双边合同，结算时用户按合同价格付给提供者报酬，另外还要付给电网公司相应的网损和管理费用。现行主要电力市场辅助服务的模式分析如下。

在美国加利福尼亚州电力市场，辅助服务包括旋转备用、非旋转备用、瞬时响应备用、替代备用、电压支持和黑启动。其中前四种由独立系统操作员（ISO）通过日前竞争拍卖获取，这些拍卖是在电力交易中心（PX）的电能拍卖完成之后进行的。这些拍卖的顺序是：瞬时响应备用、旋转备用、非旋转备用、替代备用。电压支持和黑启动则以长期合同方式进行交易。市场参与者分别提交备用容量报价和备用电量报价。成功的报价者不论其是否被调度，都将得到一笔备用容量费用，在备用容量被调度加载时，报价者还将得到一笔电量电费。该辅助服务市场的模式为投标型。

在美国新英格兰电力联营体模式下，联邦能源管制委员会（FERC）要求建立分类计价的电力市场，这使得辅助服务竞争出价和电能竞价一样重要。辅助服务调度相应地和电能一样由新英格兰 ISO 安排，各种辅助服务必须事先定价，和电能一起采用竞价方式。该辅助服务模式为投标型。

在阿根廷，辅助服务交易包括频率调节、旋转备用、冷备用、电压控制和无功管理。电网调度员和电力市场操作员合二为一，辅助服务交易和电能均采用投标型模式。

波兰电力市场主要由 ISO、PX 和计划协调员构成。辅助服务市场分为日前市场、小时前市场。辅助服务交易由市场操作，包含旋转备用、非旋转备用、替代备用、频率调节、无功电压控制及黑启动。该辅助服务模式采用投标型和双边合同型相结合的模式。

在澳大利亚电力市场，电网调度员和电力市场操作员是合二为一的，以电力联营体为中心，国家电力市场管理公司作为电力市场操作员，负责辅助服务的管理和操作。该辅助服务含有无功和黑启动能力等。辅助服务费从发电商和配电商那里按确定的比例缴，然后又全部分配给有关辅助服务的提供者。该辅助服务模式为统一型。

在挪威电力市场中，电网公司担任系统操作员，负责对电网的运行管理、规划及电力市场的运营。辅助服务包含有功备用与频率控制、无功备用与电压控制以及系统保护配置。这些服务是以两种形式提供的：一种是基本辅助服务，这种服务是系统操作员要求市场参与者必须提供的，而且没有额外报酬；另一种是超额辅助服务，只有系统操作员要求提供超额辅助服务时，提供者才能得到额外的补偿。挪威水电装机容量几乎占系统总容量的 100％，而且装机容量远大于尖峰负荷和备用容量的要求。系统操作员要求各机组运行在最佳运行上（为各机组最大出力的 85％），此时系统已达到较好的安全水平和稳定性要求，一般情况不需要提供超额的辅助服务。辅助服务模式为统一型。然而，随着挪威、瑞典等北欧国家电网的互联，各电网间的运行和协作关系更加密切，有待制订新的辅助服务模式及补偿办法。

英格兰—威尔士电力市场，电能交易是通过电力库来完成的，同时辅助服务是通过辅助服务商行（ASB）来操作的。辅助服务商行的作用是以商业的方式向各辅助服务提供者购买各种辅助服务，以便使系统频率和电压维持在规定的限值内。辅助服务商行根据每月的情况向辅助服务提供者支付报酬。辅助服务的主要内容有频率响应、备用支持、无功和黑启动。这些服务以两种形式提供，一种是系统辅助服务，即发电商有义务向国家电网公司（NGC）提供诸如频率响应、无功等辅助服务；另一种是商业辅助服务，即发电商没有义务向 NGC 提供该服务，但若双方经协商可达成合同交易方式提供服务（含非发电商）。根据英格兰—威尔士发电主市场运行规则，提供辅助服务必须服从中央调度，本质上是以电力库为中心，在竞价上网的基础上实行统一调度。显然，其辅助服务模式为统一型。

各国电力市场的模式不同，辅助服务的市场模式也不同，并且在同一市场环境下，同种类的辅助服务也存在不同的交易方式。但以投标型模式辅助服务情况居多，并且在辅助服务市场中引入竞争机制是必然的趋势。

**四、辅助服务的定价**

传统电力工业中发电、输电和配电都属于同一个电力公司，发电厂提供电能和辅助服务是由系统调度员统一安排的，不存在对各种辅助服务进行单独核算和计费问题。在电力市场环境下，为体现发电厂间的公平竞争，应量化辅助服务的指标，核算成本，并合理付费。常用的发电、输电定价方法有综合成本法、长期边际成本法、短期边际成本法等，然而辅助服务定价与电能定价有着本质的差别，不同的系统有不同的辅助服务需求，同一系统不同的辅助服务应分类定价，定价原理和方法必须考虑与主市场运行模式相适应。

# 6.2 负荷频率控制

## 一、市场条件下的频率调整

频率是电力系统运行的一个重要质量指标，反映了电力系统中有功功率供需平衡的基本状态。在电网正常运行情况下，电网各点基本处于同一运行频率下。当电力系统中有功功率的总供给，即各发电厂的总有功出力满足了全网电力负荷的总需求，并能随着负荷的变化而及时调整时，电网的运行频率保持为额定值。如果电力系统的有功功率供大于求，电网的运行频率将高于额定值；反之，将低于额定值。频率的稳定依赖于发电功率与负荷功率间复杂的平衡关系。导致频率不平衡的原因可能是负荷预测的误差、缺少跟踪负荷变化的发电容量等，也可能是故障造成的突然失去发电功率或失去负荷功率等。

频率偏差调整的方法主要是调整发电功率和进行负荷管理。频率的一次调整是动力系统的自然属性，依靠调速器完成。所有发电机组承担调频任务，只能做到有差控制。频率的二次调整，即传统的自动发电控制（automatic generation control，AGC），由系统中的 AGC 机组承担，可以做到无差调节，为避免系统间联络线的过负荷，可同时对联络线功率进行监视和调整。频率的三次调整实质是完成在线经济调度，是系统中所有按给定负荷曲线发电的发电机组分担的调整任务，该任务的分配以系统总耗费最小为目标，受约束于系统中有功、无功功率的平衡，以及各种状态变量都不能越限。

通过频率调整，可以实现以下功能：①使发电功率自动跟踪负荷功率的变化；②响应负荷功率或发电功率的随机变化，维持系统频率为规定值；③在区域内分配系统发电功率，维持区域间净交换功率为计划值；④对周期性负荷变化按发电计划调整发电功率，对偏离计划的负荷功率实现在线经济负荷分配；⑤监视、调整备用容量，满足安全需要。

随着电力市场的逐渐形成，发电与输电分离，对传统的频率控制方式和算法提出了新的要求。

## 二、电力系统的静态频率特性

电力系统的静态频率特性取决于负荷和发电机组的静态频率特性，通常认为频率与负荷的关系为线性关系，即

$$\frac{\Delta f}{f_0} = \frac{1}{\beta K_G + K_L} \frac{\Delta P}{P_0} \tag{6-1}$$

式中：$f_0$ 为系统在某一运行负荷水平下所对应的起始频率；$\Delta f$ 为频率偏移值（变化量）；$\beta$ 为系统的备用容量系数（机组总出力与总负荷之比）；$K_G$ 为发电机组的静态频率调节系数，MW/Hz；$K_L$ 为系统负荷的静态频率调节系数，MW/Hz；$P_0$ 为系统的运行负荷功率；$\Delta P$ 为系统有功功率变化量。

### （一）$K_L$ 的影响

$K_L$ 为系统负荷的频率调节系数，数值上等于单位负荷的变化量与单位频率变化量之比值，为标量，可表示为

$$K_L = \Delta P_L / \Delta f \tag{6-2}$$

式（6-2）表示了系统负荷与频率的关系。因为系统负荷千差万别，其频率效应也各不相同。从数学上看，系统负荷与频率的关系是很复杂的；但从宏观上看，可认为系统负荷变

化与频率变化为线性关系，因而在一定频率范围内，这个关系可用常数为 $K_L$ 的线性函数来模拟。当然，不同的负荷，不同的分块系统，其 $K_L$ 仍是有差别的，但对整个系统来说，系统所呈现的 $K_L$ 只有一个，因而系统的 $K_L$ 是各种负荷、各分区负荷综合的、等值的结果。

显然，$K_L$ 随负荷的变化而变化。电力系统综合负荷的频率调节系数标幺值 $K_L$ 大致为 1.5～2。

（二）$K_G$ 的影响

$K_G$ 为发电机组的频率调节系数，数值上也等于单位发电功率的变化量与单位频率变化量的比值，可表示为

$$K_G = \Delta P_G / \Delta f \tag{6-3}$$

具有调整能力的机组出力会根据频率的降低反而增大，从数学上说 $K_G$ 是发电机出力曲线的斜率。在图 6-1 中，曲线 $f_G(P)$ 所示，当发电机工作点位于 $Q0$ 直线段时，发电机具有随频率变化的调整能力，这时系统称为有旋转备用；当运行点位于 $QC$ 段时，发电机已无调整能力，则系统称为无旋转备用，此时，系统只有负荷随频率升降而增减。因此，$K_G$ 的定义域只在 $Q0$ 的直线段范围内。

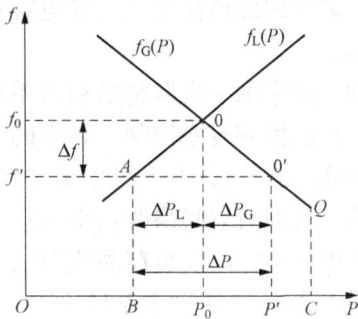

图 6-1　电力系统频率的静态特性

同系统负荷一样，各发电机组的调节性能也是千差万别的，在频率变化中的行为也各不相同，还有有无备用的区别等。因此，对系统频率的简单分析，只能从宏观上、整体上考虑机组有旋转备用对系统频率变化的影响，从而得出系统综合的、等值的调节参数。

从整个系统来看，当有负荷变化时，设变化量为 $\Delta P$，则系统频率总会有偏移，它是负荷与机组的频率调节效应共同作用的结果，从图 6-1 可得

$$\Delta P = \Delta P_L - \Delta P_G \tag{6-4}$$

$$-\frac{\Delta P_G}{P_G} = K_G \frac{\Delta f}{f_0} \tag{6-5}$$

所以

$$\frac{\Delta P}{P_0} = \frac{\Delta P_L - \Delta P_G}{P_0} = \frac{\Delta P_L}{P_0} - \frac{\Delta P_G}{P_0} = K_L \frac{\Delta f}{f_0} + \beta K_G \frac{\Delta f}{f_0}$$

$$= (K_L + \beta K_G) \frac{\Delta f}{f_0} = K_\Sigma \frac{\Delta f}{f_0} \tag{6-6}$$

式中：$K_\Sigma$ 为系统的单位调节功率（或系统单位负荷调节系数）。

当系统有旋转备用时，系统负荷变化与频率变化量仍遵从线性关系，只是此时比例系数 $K_\Sigma$ 比 $K_L$ 大。发电机组的调差系数和单位调节功率互为倒数关系。

三、频率的一次调整

（一）一次调频原理

原动机配置自动调速系统后，它的调速器随机组转速的变动不断改变进汽或进水量，也就是随着频率的升降而自动调整输出功率的多少。

如图 6-2 所示，发电机组原动机的频率特性和负荷频率特性的交点就是系统的原始运行点 $O$，此时运行频率为 $f_0$。设在点 0 运行的负荷突然增加 $\Delta P_{L0}$，则由于负荷突增时发电

机组功率不能及时随之变动，机组将减速，系统频率将下降。在系统频率下降的同时，发电机组的功率将因其调速器的一次调整而增大，即沿原动机的频率特性向上增加；负荷的功率因它本身的调节效应而减少，即沿负荷的频率特性向下减少。经过一个衰减的振荡过程，抵达一个新的平衡点 $O'$，此时的运行频率为 $f'_0$，则有

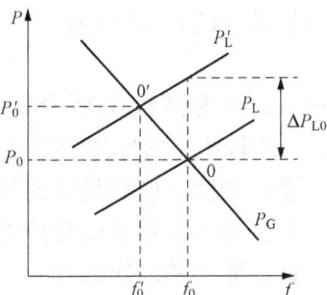

图 6-2 频率的一次调整

$$K'_{\Sigma} = K_G + K_L = -\Delta P_{L0}/\Delta f \qquad (6-7)$$

式中：$K'_{\Sigma}$ 表示系统负荷增加或减少时，在原动机高速器和负荷本身的调节效应共同作用下系统频率下降或上升的多少。由于负荷的频率调节系数不可调，要控制和调节系统的单位调节功率只有从控制和调节发电机的调节系数入手。

**（二）一次调频备用容量的分配**

由于一次调频是机组的自然属性，所以发电厂间并不通过投标提供一次调频备用容量。在市场条件下，电力公司要承担辅助服务市场的一次调频必须满足一系列技术要求，主要包括调速器的控制死区、调差系数、可调的频率范围、在不同的热力条件下的同步时间等，并且要求发电公司向调度中心提供详细的发电机及其控制系统的模型。电力系统调度员按季度制订一次调频备用容量计划，一般以一次调频备用容量占第 $t$ 时段发电容量的百分比（$r_t\%$）的形式给出。在安排短期计划时（如周计划），按季节计划中设定的一次调频备用水平进行调度。在日调度或实时调度时，如果某些发电厂在提供服务时遇到困难，不能完成其分配的备用份额，则应该立即通知系统调度员，尽快重新设定一次调频备用容量的 $r_{e,t}\%$，其值一般小于 $r_t\%$。第 $t$ 时段的一次调频备用容量 $P_{rl,t}$ 表示，即

$$P_{rl,t} = P_{g,t} r_{e,t}\% \qquad (6-8)$$

式中：$P_{g,t}$ 为时段 $t$ 系统运行发电机组总容量。

发电厂间并不通过投标提供一次调频备用容量，此服务是针对所有机组的，这与一次调频是机组的自然属性有关。电力系统调度员根据各厂调速器参数将 $P_{rl,t}$ 分配到各机组。例如，采取较简明的一次调频备用容量分配方法。

对水电机组 $i$ 规定为

$$P_{rl,t,i} = R_{H,t} P_{g,t,i} \qquad (6-9)$$

$$R_{H,t} = \max(r_{e,t}\%, 10\%) \qquad (6-10)$$

式中：$P_{g,t,i}$ 为水电机组 $i$ 在时段 $t$ 分配的发电功率；$R_{H,t}$ 为水电机组 $i$ 在时段 $t$ 的备用水平。

式（6-10）表明水电机组的备用容量不小于其相应容量的 10%。对火电机组 $k$ 规定为

$$P_{rl,t,k} = R_{T,t} P_{g,\max,k} \qquad (6-11)$$

$$R_{T,t} = \max(r_{e,t}\%, 5\%) \qquad (6-12)$$

式中：$P_{g,\max,k}$ 为火电机组 $k$ 的最大发电功率；$R_{T,t}$ 为火电机组 $k$ 在时段 $t$ 的备用水平。

式（6-12）表明火电机组的备用容量水平不小于其相应容量的 5%。

**（三）一次备用容量定价**

一般以提供一次备用容量的边际机组的发电微增费用（$\lambda_{M,t}$）作为一次备用容量的价格，记作 $\rho_{r,t}$。各发电厂必须承担其分担的一次备用容量，这部分费用已包含于能量费用中，不再单独进行补偿，仅在发电厂提供的一次备用容量超过或少于其分配份额时，才有额外的报

酬或罚款（$C_r$），其值为

$$C_{r,t,k} = \rho_{r,t} P_{g,t,k}(r_{d,t,k}\% - r_d\%) \tag{6-13}$$

式中：$r_d\%$ 为该机组所分配的备用容量份额，对于水电和火电机组分别为 $R_{H,t}$，$R_{T,t}$；$r_{d,t,k}\%$ 为该机组实际提供的备用容量百分比值。

系统调度员应有足够的量测手段监视发电厂对一次备用调度的执行情况，一旦有违约发生，则视情节轻重予以经济处罚。

### 四、频率的二次调整

#### （一）二次调频的原理

频率的二次调整就是手动或自动地操作调频器使发电机组的频率特性平行地上下移动，从而使负荷变动引起的频率偏移保持在允许范围内。

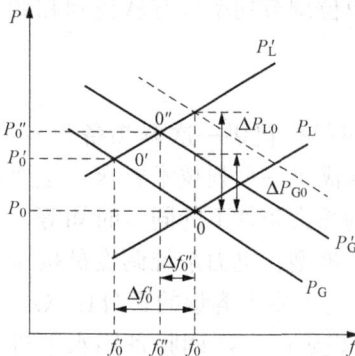

如图 6-3 所示，如不进行二次调整，则在负荷增大 $\Delta P_{L0}$ 后，运行点将移至点 $0'$，即频率将下降为 $f'_0$，功率将增至 $P'_0$。在一次调频基础上，当负荷变动引起的频率下降 $\Delta f'_0$ 仍越出允许范围时，自动发电控制（AGC）启动，增加发电机组发出的功率，使频率特性向上移动。设发电机组增发 $\Delta P_{G0}$，则运行点将从 $0'$ 转移到点 $0''$。点 $0''$ 对应的频率为 $f''_0$，功率为 $P''_0$。由于进行了二次调整使频率偏移减少，由仅有一次调整时的 $\Delta f'_0$ 减少为 $\Delta f''_0$，发电机的可供负荷则由一次调整时的 $\Delta P'_0$ 增加为 $\Delta P''_0$。其数学表达式为

图 6-3　频率的二次调整

$$\Delta P_{L0} - \Delta P_{G0} = -(K_G + K_L)\Delta f \tag{6-14}$$

即

$$-\frac{\Delta P_{L0} - \Delta P_{G0}}{\Delta f} = K_G + K_L = K_\Sigma \tag{6-15}$$

由于 $n$ 台机组的频率调节系数 $K_{Gn}$ 远大于一台机组的 $K_G$，在同样的功率变化下，系统的频率变化要比仅有一台机组时小得多。进行二次调整时，系统中负荷的增减基本上要由调频机组或调频厂承担。

#### （二）传统的自动发电控制

一次调频留下了频率偏差和净交换功率偏差，AGC 因此而动作，开始频率的二次调整。在传统体制下 AGC 的基本假设是电力公司的控制中心有权要求控制区内的各发电机组无条件地执行 AGC 信号。AGC 的基本控制目标是：①调整全电网发电出力与全电网负荷平衡；②将电网频率偏差调节到零，保持电网频率为额定值；③在各控制区域内分配全网发电出力，使区域间联络线潮流与计划值相等；④在本区域发电厂之间分配发电出力，使区域运行成本最小。

总的说来，AGC 的控制目的是使由于负荷变动而产生的区域控制误差（Area Control Error，ACE）不断减小直至为零。根据具体控制方式的不同，ACE 可以定义为系统频率偏差 $\Delta f$、联络线交换功率偏差 $\Delta P$、联络线交换电量偏差 $\Delta W$ 或系统电钟时间与天文时间偏差 $\Delta t$ 等变量的函数。ACE 的表达式为

$$ACE = (P_e - P_0) + 10\beta(f_N - f_0) \tag{6-16}$$

式中：$P_e$ 为规定净交换功率；$P_0$ 为实际净交换功率；$f_N$ 为系统规定频率；$f_0$ 为系统实际运行频率；$\beta$ 为系统单位调节功率。

计算区域控制误差时先要计算 $P_e$。在电力市场环境下，区域间交易数目和交换功率大大增加，$P_e$ 的值实时变化，必须根据流过控制区边界的交易功率来计算

$$P_e = \sum P_g - \sum P_d \tag{6-17}$$

式中：$P_g$ 为区域内发电公司卖出的电力；$P_d$ 为区域内配电公司买入的电力。

AGC 的基本功能可概括负荷频率控制（load frequency control，LFC）和系统经济调度（economic dispatch，ED）两部分，如图 6-4 所示。图 6-4 中，$X_i$、$Y_i$、$Z_i$ 分别为机组 $i$ 的 ACE 调节量、经济调节量和经济基点值。

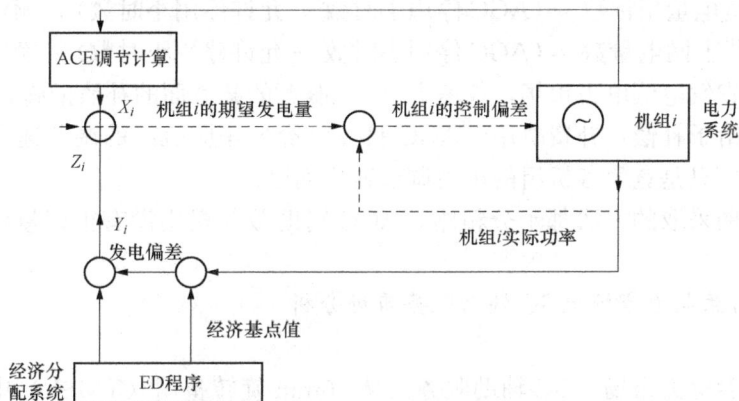

图 6-4　AGC 基本功能示意

（三）电力市场条件下的 AGC 服务与定价

AGC 作为一种辅助服务，已经成为电力市场的重要组成部分。随着独资、合资电厂的增加，电力公司拥有的发电厂比重不断下降，当受控机组的发电功率响应速度下降到接近最大的负荷变化速率时，将会引起很严重的技术问题。因此电力市场中必须提供一种能够推动和监督不同产权的发电厂共同参与自动发电控制的机制，保障系统的安全运行，其核心应该是对 AGC 服务提供合理报酬并做到优质优价。在这种机制下，输电公司执行 AGC 算法，测量频率偏差和联络线交换功率偏差，并且发送控制信号给各电厂调整其出力。区域控制误差（ACE）的计算与传统的 AGC 是一致的，因为控制边界并未改变。

在市场条件下，AGC 服务产生的最大变化是 AGC 对机组功率的如何分配问题。传统的 AGC 算法对机组的功率分配分两个部分：①按经济调度原则分配计划负荷和计划外负荷，电厂送出相应的基点功率；②将区域控制误差分配到各机组。分配的基本原则是按发电费用最小为目标进行控制。在电力市场中仍需遵守同样的原则，但费用的含义是输电公司从发电公司购买 AGC 能量的费用。

有些国家是用各发电公司在辅助服务市场中对 AGC 服务进行投标得到 AGC 机组分配结果。投标一般提前一天进行，各发电厂的投标信息中应包括每台机组可提供的 AGC 备用容量及价格。价格包括三部分：①应系统要求提供 AGC 服务的价格；②仅仅作为 AGC 备用容量的价格；③提供补偿设备投资和热效率降低价格附加项。如果各厂按固定价格投标，则按费用从低到高的顺序排定提供 AGC 服务的优先次序表；若给出的是投标费用曲线，则

按类似于经济调度（ED）的算法，得到其最小费用 AGC 机组分配结果。在更进一步的算法中，还应考虑使用各机组 AGC 备用容量的概率。

当前，我国 AGC 辅助服务的指标量化、费用分析和服务结算问题亟待解决。在传统运行机制下，调度员可以理所当然地"命令"电厂无偿地提供 AGC 辅助服务。然而在电力市场环境下，电厂是独立的经济实体，不愿无偿提供该项服务。AGC 辅助服务也应围绕市场有所竞争，并需要某种机制来刺激市场参与者积极提供 AGC 辅助服务和确保他们有足够的收益。目前，国内各试点单位对 AGC 辅助服务的市场机制考虑得不多。例如，上海市发电侧电力市场仅考虑扣罚措施，当发电机组不能按电网要求提供合格的 AGC 辅助服务时，扣减其年度期货电量指标数和期货上网电量数，计算公式分别为

扣减的年度期货电量指标数 ＝（AGC 停用小时数 － 允许停用小时数）× 额定容量 × 20％
扣减的年度期货上网电量数 ＝（AGC 停用小时数 － 允许停用小时数）× 额定容量 × 5％

又如，浙江省发电侧电力市场，仅考虑 AGC 服务的某方面的补偿措施，对能提供 AGC 辅助服务的机组给予补偿，补费费用＝AGC 服务单价 × 相应机组的调节速率 × 提供该服务的时间。各发电厂只是竞争各机组的出力调节速率而已。

上述两个电网采取的方法都十分粗略，AGC 辅助服务费用没有很好量化，也难以体现市场竞争机制。

（四）新英格兰电力市场 AGC 辅助服务市场分析

1. 概述

北美新英格兰电力市场 AGC 辅助服务是从 10min 旋转备用（TMSR）中分离出来的一种辅助服务。辅助服务市场要求 AGC 能够连续自动地响应独立系统操作员（ISO）的指令，动态地平衡控制区内的电力供应与需求，满足北美电力可靠性委员会（NERC）和东北电力协调委员会（NPCC）的技术标准。

2. AGC 辅助服务市场投标的基本要求

AGC 服务投标的基本要求如下：①投标必须在每日交易的截止期限（04：00）之前提交，以便在下一个调度周期加以实施；②市场参与者（含发电公司和用户等）提供的 AGC 服务投标，按"美元/调节小时"（即 $/Reg-hour）为量纲计算；③AGC 投标按计划调度周期（1 小时）进行；④要求每台机组必须进行单独的 AGC 服务投标，每台机组的 AGC 投标最多可以有四个调整范围，每个范围均包括自动调整的上限（AHL）、下限（ALL）及自动响应速率；⑤最小调节范围要求在 10MW 以上才能参与 AGC 服务；⑥经地区市场运营委员会认可，在其控制区域以外，有条件的机组也可提供 AGC 服务。

3. 投标的确认与成本分析

AGC 投标的确认与计算是在调度过程中进行的，共分三步完成：①确定没有参与 AGC 市场但却要被调度的机组的位置；②确认为维持调节边界而被逆序开机或调停的机组，并在仿真约束条件下计算该机组的运行成本和应得补偿；③按 AGC 服务提供者的总成本由小到大进行排队。

首先，ISO 的能量管理系统每 5min 执行一次模拟调度，用以确定各机组的模拟调度期望运行点（desired dispatch points，DDP）和实时边际电价（RTMP）。模拟调度没有考虑 AGC 的约束限制（如备用和 AGC 的要求均为松弛条件），它为参与电能市场的各机组计算出一个期望的出力水平。其次是模拟附加成本，这项费用是由于机组在模拟调度运行点上被

逆序开机或调停引起的。对具有多段投标范围的机组（每段容量至少 10MW），每一调整范围内的调节容量和模拟调度成本可按以下步骤计算：

（1）AGC 的调节能力。其用"Reg"表示，它对合格机组的各个调节范围都有效。

$$\text{Reg} = K \times 10\text{min 响应} + (1-k) \times 60\text{min 响应} \tag{6-18}$$

$$10\text{min 响应} = \min[10 \text{ 倍的自动响应速率}, (\text{调整上限 AHL} - \\ \text{调整下限 ALL})] \tag{6-19}$$

$$60\text{min 响应} = \min[60 \text{ 倍的自动响应速率}, (\text{调整上限 AHL} - \\ \text{调整下限 ALL})] \tag{6-20}$$

式中：$K$、$k$ 为可调系数，可以衡量 10min 和 60min 的综合响应情况，目前取值为 0.8。

（2）AGC 机会成本的补偿（LOP）。AGC 的机会成本是指发电机在期望调度运行点以下被迫停机而给予的补偿，补偿费计算如下：

如果模拟调度机组的期望运行点在调节范围之内或以下，则机会成本为零；如果模拟调度机组的期望运行点在调节范围之上，则需补偿的机会成本（LOP）为

$$\text{LOP} = (\text{DDP} - \text{AHL}) \times (\text{RTMP} - \text{DDP 与 AHL 之间的兆瓦投标价}) \tag{6-21}$$

（3）模拟调度附加费用（Uplift）。该费用是对为提供 AGC 而逆序开机的补偿，仅在模拟调度运行点低于实际调节范围时有效，计算式为

$$\text{Uplift} = (\text{ALL} - \text{模拟调度 DDP}) \times (\text{ALL 和 DDP 之间的电能投标价} - \\ \text{模拟调度的 RTMP})$$

（4）预期罚款。预期罚款适用于所有在调节范围内电能投标价格发生过变动的机组。如果改变了运行点，无论是向上还是向下，只要超过 5 倍的自动调节速率都会使机组进入不同的投标运行区间。预期的罚款值为

$$\text{罚款} = \text{差价} \times 5 \text{ 倍自动响应速率} \tag{6-22}$$

当模拟调度运行点在 ±5 倍自动调节速率范围以内时，差价设定为 0。同时，将上调和下调运行点的预期罚款的较大值作为 AGC 投标时成本排队的依据。

（5）AGC 投标的排序成本。AGC 投标的排序成本是以 \$/Reg-hour 为量纲，其计算式如下

$$（\text{模拟调度的 AGC 费用} + \text{模拟调度的 AGC 的机会成本} + \\ \text{模拟调度的附加费} + \text{预期罚款}) / \text{有效的 Reg 模拟调度的 AGC 费用} \tag{6-23} \\ = \text{AGC 投标价} \times \text{有效的 Reg} + \text{评估的 AGC 服务费用}$$

（6）按成本递增顺序排列调节范围。

（7）在计算 AGC 排序成本时，某台机组如果因出力限制而没被指定执行实时调度，则其排序成本中除只有模拟调度 AGC 费用外，其他各项费用均为零。

（8）对于出力限制而没被指定做实时调度的机组，如果其运行点在调节范围之外，将被视为不能提供 AGC 服务。

**4. AGC 辅助服务市场清算价格的确定**

AGC 清算价格（\$/Reg-hour）用来确定每个交易周期中提供 AGC 服务的机组的补偿费用。AGC 清算价格的计算步骤如下：①每 5min 按各机组提供 AGC 服务的投标（\$/Reg-hour），由低到高排列一次，得到边际价格；②本交易时段（1h）过后，取上述每 5min 边际价格的时间加权平均值作为 AGC 的市场清算价格。

5. AGC 服务的结算

AGC 服务每个交易周期（1h）结算一次。结算步骤如下：

（1）参与者的结算量。参与者的 AGC 服务的结算量包括两部分内容：

1）参与者每小时所分配的结算量：若未特别指定，可按区域内 AGC 需量乘以参与者所承担的电力负荷的百分数加以确定；如果机组被指定为进相运行，则不计算其造成的电能消耗。

2）根据合同约定承担另一参与者的全部或部分调整量时，其结算量的分配应做相应的修改。

（2）付给 AGC 出售者的费用。按提供 AGC 服务的机组分别付费。指定机组将得到 AGC 计时费、服务费和机会费用三方面的收益，分别计算如下：

$$AGC \ 计时费 = \frac{本时段执行 \ AGC \ 的时间(min)}{60} \times Reg \times AGC \ 清算价 \qquad (6-24)$$

$$AGC \ 服务费 = 本时段提供 \ AGC \ 服务的兆瓦数 \times AGC \ 清算价 \times Q$$

式中：$Q$ 为 AGC 服务每调节小时价（\$/Reg-hour）换算成每兆瓦电价的转换系数，目前为 0.4。

结算用的 AGC 机会费用是每 5min AGC 机会费用的时间加权平均值，具体含义如下：

1）在实时边际电价确定后，安排一次额外的模拟调度，此时忽略参加 AGC 的机组的上、下调节限制，并为每台机组提供一个模拟调度的 DDP。

2）若模拟调度的 DDP 比实际调度点高时，则按以下式计算

$$AGC \ 的损失风险(MW) = 模拟的 \ DDP - 基于实时边际电价的 \ DDP \qquad (6-25)$$

$$AGC \ 的机会费用 = (实时边际电价 - AGC \ 损失风险的电能投标价格) \times$$
$$AGC \ 的损失风险$$

3）如果机组的模拟调度运行点 DDP 等于或低于在实际电能市场中的运行点，则 AGC 的机会费用为零。

4）如果机组已达运行极限，不具备实时调度资格，则其 AGC 机会费用将为零。

（3）向 AGC 购买者收取的费用。其由两部分构成：

1）付给 AGC 出售者的总费用分摊。

$$付给 \ AGC \ 出售者的总费用 = \frac{购买者本时段的 \ AGC \ 结算量}{所有参与者总的 \ AGC \ 结算量}$$

2）所有附加费分摊。由地区市场运营委员会确定额外附加费以及与 AGC 有关的费用。

（4）确定所有参与者的总收入与总支出（不包括与市场有关的费用）。从 AGC 购买者收取的总费用必须等于支付给 AGC 出售者的总费用。

随着我国电力体制改革的深化，参与电力市场竞争的各独立发电公司在其市场行为上必定更多地考虑自身的利益。同时，由于电网不按市场竞争方式对发电公司提供的 AGC 服务进行补偿，难免会造成发电公司不愿在 AGC 设备上进行投资和技术改进。所以，必然会造成提供辅助服务方面的供需矛盾，进而影响电网的供电质量。从目前情况看，有的调度中心是根据发电公司机组的 AGC 的性能来安排其提供 AGC 服务的数量，长此以往将会影响电厂提供 AGC 辅助服务的积极性。新英格兰电力市场的 AGC 辅助服务定价和市场模式，可为我国电力市场辅助服务市场建设提供有益的借鉴。

### 五、频率的三次调整

频率的三次调整服务，实际上就是完成在线经济调度。经济调度的目的是在满足电力系统频率质量和安全的前提下合理利用能源和设备，以最低的发电成本或费用获得最多的、有用的电能。

在线经济调度的主要研究内容有：①各类发电厂的运行特点及合理组合；②发电设备的经济特性；③经济调度控制的主要算法；④火电厂之间的经济负荷分配；⑤水、火电厂之间的经济负荷分配；⑥电力系统网损及网损微增率。

## 6.3　发电备用容量服务与定价

### 一、备用分类及备用服务概述

在实际运行中，发电机随机停运、负荷波动、线路故障等，都会破坏电力系统的平衡状态，出现功率不足，严重时甚至造成大范围停电，因此必须保持一定的有功和无功备用水平。在发电或输电系统故障时，发电厂要及时提供备用容量服务。在传统运行模式下，备用是由调度统一安排提供，并且提供该服务的费用没有与电能费用分开结算。在电力市场条件下，应给予提供者合理的经济补偿，这就要考虑提供备用的成本、效益、定价方法以及从整个系统的角度出发来优化和安排备用。

备用容量服务与调频服务是紧密相连的，在时间周期上有所重叠，并且由于作用或讨论的侧重点不同，同一种备用容量可能会有不同的名称。电力市场中备用问题的核心是确定容量及其分配的算法，并提出相应的价格机制，使各发电厂积极响应调度的备用容量安排。目前，对备用的研究正在发展之中，对备用的分类也不一致，基于投入时间和是否同步的情况，各个电力市场都提出了相应的分类方法。例如，美国加利福尼亚州电力市场的备用服务，包括旋转备用、非旋转备用、瞬时响应备用、替代备用；新英格兰电力市场的备用服务，包括 10min 旋转备用（TMSR）、10min 非旋转备用（TMNSR）、30min 运行备用（TMOR）以及可断电负荷。

国外有的学者提出了快速备用和中间备用的概念，将快速备用定义为在 $10 \sim 15$min 内启动的冷快速启动机组，作为旋转备用的补充；将冷慢速启动机组定义为中间备用，并将旋转备用、快速备用、中间备用三者通称为运行备用。

在国内电力市场运行实践中，习惯将发电容量备用分为热备用和冷备用。热备用是指能够保证10min 内增加的同步容量，是可以通过调速器使用的发电备用，它不仅取决于空余容量，也取决于升发电功率速度；冷备用则是指未运转的发电设备可能发出的最大功率，因而也称为后备备用。

备用分类有多种方法，这些方法有重叠的地方，甚至有矛盾的地方，给相关学习和研究带来不便。通过对各种分类方式的总结可以看出，各种备用的根本特征是响应速度，为此，在实际电力市场中越来越多地倾向于将备用分为瞬时响应备用（AGC）、10min 旋转备用、10min 非旋转备用、30min 备用、60min 备用和冷备用，见表 6 - 1。这种分类方法严密，简单明了，包容性强，能够突出备用的最重要特征，为电力系统的实际操作给予了明确的时间信号，为备用理论的研究提供了明确的量化指标，在实践和理论上都有重要的意义。

表 6-1 备用的分类与特征

| 种类 | 备用名称 | 启动时间 | 是否同步 |
|---|---|---|---|
| 1 | 瞬时响应备用 | 瞬时 | 是 |
| 2 | 10min 旋转备用 | <10min | 是 |
| 3 | 10min 非旋转备用 | <10min | 否 |
| 4 | 30min 备用 | (10、30min) | 否 |
| 5 | 60min 备用 | (30、60min) | 否 |
| 6 | 冷备用 | >30min | 否 |

## 二、备用市场运营

### (一) 备用市场竞争与优化调度

在新英格兰、美国加利福尼亚州、新西兰、澳大利亚等地，备用已作为一种辅助服务参与市场的公开竞争。备用市场运营过程中，一般备用服务提供者提交备用容量大小和备用容量价格，备用市场操作员根据某个目标选购备用。需要备用的多少，一般根据确定性原则，备用必须为系统中最大一台机组的容量，且满足系统规定的备用与发电系统总容量之比；备用的分配一般是根据最优性原则，取决于使某个选定的目标最优。

由于实时电价决定了备用的机会成本，备用市场的实际操作与当时的电能主市场密切相关，往往作为一个有机的整体。人们构造了多种目标函数，并对系统约束作了不同的处理，以期解决备用分配和定价问题，见表 6-2。

表 6-2 备用优化调度问题

| 方法 | 目标函数 | 约束条件 | 备用容量 | 备用分配 | 备用价格 |
|---|---|---|---|---|---|
| 1 | 购买电能费用最小 | 能量平衡 | 给定备用系数 | 满足约束的成功报价机组 | 容量效益+报价 |
| 2 | 购买电能和备用总费用最小 | 能量平衡<br>装机容量平衡<br>备用约束 | 爬坡时间×爬坡率 | 线性规划算法 | 备用的清算价 |
| 3 | 电能市场和备用市场盈利最大 | 能量平衡<br>输电约束<br>备用约束<br>供需约束 | 给定备用系数 | 线性规划算法 | 备用的清算价 |
| 4 | 停电损失下降值与旋转备用成本增加值相差最大 | 能量平衡<br>机组输出限制<br>旋转备用约束 | 旋转备用=额定容量—最大负荷 | 动态排队法 | 备用的边际机会成本 |

表 6-2 中，方法 1 优点是规则简单、操作性强，但对不同类型的备用不能很好地区分对待。方法 2、3 采用的线性规划 (LP) 算法可以同时清算电能和备用，达到电能备用总体目标最优，但备用容量分配按报价由低到高选择，备用的价格定为备用的清算价，在当前备用的成本研究不够充分的情况下，容易造成备用报价严重偏移，备用提供者获得高额利润等不合理情况。方法 4 提出了机会成本理论，开拓了计算备用电价的新思路，可以很好地扩展

到各种类型的备用，缺点是仍未能解决备用提供者采用策略报价获取高额利润的问题。

备用市场运作后，为保证交易的公平，避免市场力的影响，需要做到系统和用户需要对备用价格进行评估。备用价格从整体上应该大于成本而小于效益，即落在成本与效益之间，且有一个较大的置信区间。备用价格会随着需求的变化而剧烈波动，所以还需要对这种波动是否产生价格偏移进行评估。

**（二）美国加利福尼亚州电力市场的备用拍卖**

在美国加利福尼亚州电力市场，由独立系统操作员（ISO）通过日前竞争拍卖获取，这些拍卖是在电力交易中心（PX）的电能拍卖完成之后进行的。这些拍卖的顺序是：瞬时响应备用、旋转备用、非旋转备用、替代备用。市场参与者分别提交备用容量报价和备用电量报价。成功的报价者无论其是否被调度，都将得到一笔备用容量费用，在备用容量被调度加载时，报价者还将得到一笔电量电费。

（1）发电厂投标。发电厂 $i$ 应提前一天向调度中心进行备用投标，要求提供的投标信息包括投标容量和投标价格以及响应时间（与机组的爬坡速率有关）。投标价格应由两部分组成：①$\rho_{rw,i}$ 代表备用容量的能量价格，即使用备用容量发电的价格；②$\rho_{rp,i}$ 代表备用容量的容量价格。

（2）投标选择。调度中心根据 $\rho_{rw,i} + \rho_{rp,i}$ 计算值排定提供旋转备用的优先次序表。市场清算价格为优先次序表中边际机组的 $\rho_{rw,m} + \rho_{rp,m}$ 值。

在进一步分析中可依据备用的使用概率进行投标选择，并按式（6-26）的计算值排出提供备用容量的优先次序表，按式（6-27）计算备用容量价格

$$\rho_{r,i}^{(0)} = \rho_{rp,i} + \rho_{rw,i} \sum P_{ru,i} P_{rb} \% \tag{6-26}$$

$$\rho_{r,i} = \rho_{rp,m} + \rho_{rw,m} \sum P_{ru,i} P_{rb} \% - \rho_{rw,i} \sum P_{ru,i} P_{rb} \% \tag{6-27}$$

式中：$P_{ru,i}$ 为节点 $i$ 的某一备用使用容量；$P_{rb}\%$ 为该情况发生的概率。

（3）服务结算。每个中标的备用容量供应者，应该得到的报酬为

$$C_{r,i} = P_{r,i}(\rho_{rw,m} + \rho_{rp,m} - \rho_{rw,i}) + (P_{g,i} - P_{g0,i})(\rho_{rw,m} + \rho_{rp,m}) \tag{6-28}$$

式中：$P_{r,i}$ 为第 $i$ 供应者提供的备用容量；$P_{g,i}$ 为第 $i$ 供应者实际发电功率；$P_{g0,i}$ 为第 $i$ 供应者的计划发电功率（不包括备用容量）；$P_{g,i} - P_{g0,i}$ 为被调度中心用于发电的备用容量。

这种结算方法，可使发电厂提供备用容量的收入与参加发电市场运营的收入相仿。当计及备用的使用概率进行投标选择时，备用容量的最终提供者得到的报酬为

$$C_{r,i} = P_{r,i}\rho_{r,i} + (P_{g,i} - P_{g0,i})\rho_{rw,i} \tag{6-29}$$

对用户来说，其最终的购买备用容量的付款应与其最大负荷成比例。

**（三）新英格兰电力市场的运行备用辅助服务市场**

1. 运行备用辅助服务的内涵

在新英格兰电力市场中，运行备用是指 ISO 根据市场规则确定并经地区市场运作委员会核准的，当发生偶然事故时能够提供有效的电能支援以满足紧急情况的要求，它包括 10min 旋转备用（TMSR）、10min 非旋转备用（TMNSR）和 30min 运行备用（TMOR）。

TMSR 是指在线运行机组，在 10min 内能够即刻增加的容量（kW）或在 10min 内可以被卸载的部分电力负荷（含抽水蓄能电站运行在抽水模式时所消耗的功率）。TMNSR 是指非在线运行的机组，在 10min 内能被启动而增加的容量（kW）或在 10min 内可以被卸载的部分电力负荷，以及其他有能力提供但在该时段内没有被 ISO 采用的 TMSR 资源。TMOR

是指在 30min 内能被调度加载的备用容量（kW）或在 30min 内可以被卸载的部分电力负荷（含抽水蓄能电站运行在抽水模式时所消耗的功率），以及其他有能力提供但在该时段内没有被 ISO 采用的 TMSR 或 TMNSR 资源。

2. 对市场参与者的投标要求

市场参与者是指备用容量的提供方和需求方，如发电厂和电力用户。用户兼有提供方和需求方的双重角色：当其提供备用服务时，它就成为供方；虽然备用是为全系统服务的，但费用往往是从用户方收取，因此用户又是备用容量的购买者，即需方。

市场参与者提供的投标内容和基本要求如下：

（1）投标信息包括投标容量（MW）和相应的价格（美元/MW）；

（2）投标必须在每日交易的最终期限（14：00）之前完成；

（3）有能力提供 TMSR 服务，但没有被 ISO 采纳的资源，可以参加 TMNSR 投标；

（4）有能力提供 TMSR 和 TMNSR 服务，但没被 ISO 采纳的资源，可以参加 TMOR 投标。

3. 投标评价和费用分析

TMSR、TMNSR 和 TMOR 的投标都是在调度过程中进行评价的，具体评价过程和费用分析如下：

（1）TMSR 的投标评价和费用分析。TMSR 的投标是从两方面来评价的，即 TMSR 的投标价和仿真的 TMSR 机会损失费用。为决定仿真的期望调度点（DDP）和仿真的实时边际电价（RTMP），在不考虑备用要求的情况下，系统的决策程序执行一次带响应速率的经济调度。这种经济调度的结果可用来仿真能提供 TMSR 服务的、潜在资源的机会损失成本。ISO 的能量管理系统（EMS）将周期性地指定提供 TMSR 的资源。被指定提供 TMSR 服务的过程如下：

1）TMSR 容量的确定。决策程序每执行一次，各可用机组潜在的 TMSR 就可以计算出来，其值为 10 倍的标准响应速率，约束范围为运行上限（HOL）与运行下限（LOL）之间。对于在线调度的负荷来说，其潜在的 TMSR 是实际负荷与计划负荷之差。

2）TMSR 的机会损失费用的计算。如果机组仿真的 DDP 位于或低于规定的值（该值为 HOL 与潜在的 TMSR 容量之差），那么仿真的 TMSR 机会损失费用为零；否则该时段仿真的 TMSR 机会损失费用（美元/h）将不为零，其计算式为

$$\text{仿真的 TMSR 机会损失费用} = \text{仿真的 TMSR 机会损失容量(MW)} \times$$
$$(\text{仿真的 RTMP} - \text{电能投标价}) \qquad (6-30)$$

其中

$$\text{仿真的 TMSR 机会损失容量} = \text{仿真的 DDP} - (\text{HOL} - \text{潜在的 TMSR 容量})$$

此外，对于在线调度的负荷，其 TMSR 机会损失费用设定为"0"。

3）仿真的 TMSR 成本和容量价格的计算。该时段仿真的 TMSR 成本为

$$\text{仿真的 TMSR 成本} = \text{仿真的 TMSR 机会损失费用} +$$
$$(\text{TMSR 投标价} \times \text{潜在的 TMSR 容量})$$

那么，仿真的 TMSR 容量价格（美元/MW）为

$$\text{仿真的 TMSR 容量价格} = \text{仿真的 TMSR 成本} / \text{潜在的有效 TMSR 容量}$$

仿真的 TMSR 成本可用于线性规划以获得 TMSR 需求量以及对 TMSR 的优化分配。

ISO 根据仿真的 TMSR 容量价格由低到高确定提供 10min 旋转备用服务的优先次序。

（2）TMNSR 的投标评价过程：①每个预调度周期内，ISO 的能量管理系统（EMS）定时计算 NEPOOL 区域内的 TMNSR 需量；②每 5min 计算一次各个备用资源的有效 TMNSR 容量；③ISO 按投标价（美元/MW）由低到高排列每份投标，并选择出价位较低的 TMNSR 来满足市场需求；④决策程序将确定出 TMSR 市场中多余的 TMSR，ISO 将及时发布该信息，以便它能参与 TMNSR 市场的竞争。

（3）TMOR 的投标评价过程：①每个预调度周期内，ISO 的 EMS 定时计算 NEPOOL 区域内的 TMOR 需量；②每 5min 计算一次各个备用资源的有效 TMOR 容量；③ISO 按投标价由低到高对各份投标进行排列，并选择出价位较低的 TMOR 来满足市场需求；④决策程序将确定出市场中多余的 TMSR 和 TMSNR，ISO 将及时发布该信息，以便它能参与 TMOR 市场的竞争。最先的 10min 内有效的容量段，取 TMSR、TMNSR 和 TMOR 三者最小者；在 10min 至 30min 内有效的容量段，取 TMOR 的投标价。

当出现多个具有同样 TMSR、TMNSR 和 TMOR 容量价格（美元/MW）的参与者，但系统不需要这么多容量时，优先权如下：具有最低电能投标价者最先考虑，具有较大的可用容量者次之。

决策程序能自动安排提供各种运行备用服务资源的组合。由于系统运行条件的变化，在一个时段内被指定的备用资源的组合可能跟着变化。但无论如何，只有被指定的备用服务才有补偿。

4. 市场清算价的确定和服务结算

（1）TMSR 市场清算价的确定。

1）TMSR 的机会损失价（美元/MW）为

$$TMSR 的机会损失价 =（TMSR 的机会损失费用 + TMSR 投标价 \times$$
$$实际指定的 TMSR）/ 实际指定的 TMSR$$

其中

$$TMSR 的机会损失费用 = TMSR 的机会损失容量 \times（RTMP - 电能投标价）$$

2）实时 TMSR 价格设定为贸易周期内（1h）指定备用资源的最高 TMSR 机会损失价。

3）每个交易周期的 TMSR 市场清算价等于该时段实时 TMSR 价格的时间加权平均值。

（2）TMNSR、TMOR 市场清算价的确定。①实时的 TMNSR 和 TMOR 价格分别设定为被调度指定提供的相应备用资源的最高投标价；②每个交易周期的 TMNSR 和 TMOR 市场清算价分别为该时段内实时的 TMNSR 和 TMOR 价格的时间加权平均值。

（3）TMSR 服务的结算。每个交易周期结算一次，按以下步骤进行。

1）确定参与者（需方）每时段的结算量，它是以下几项内容之和：

a. 若未特别指定，参与者可按其所占的在控制区内每时段所需 TMSR 的市场份额分配；

b. 参与者应承担的结算量为

$$参与者应承担的结算量 = 该区域内 TMSR 总需量 \times$$
$$参与者所占电力负荷的百分数 \qquad (6 - 31)$$

若机组被指定进相运行，则不计其造成的电能消耗量。

c. 特殊 TMSR 需量的结算由 NE POOL 的地区市场运作委员会决定。

d. 根据合同约定承担另一参与者的全部或部分服务时，结算量的分配应作相应的调整。

2）确定付给 TMSR 提供者的费用。在每个交易周期内被指定提供 TMSR 服务的参与者应得到的补偿费用为

$$提供 TMSR 的补偿费用 ＝ TMSR 市场清算价 × 其提供的 TMSR 总量 －$$
$$特殊的费用 \tag{6-32}$$

3）确定向需方的收费（TMSR 服务费）。它是以下两项的总和：

a. 每个贸易周期内向需方的收费，即

$$付给提供者的总费用 ＝ \frac{参与者本时段的 TMSR 结算量}{所有参与者总的 TMSR 结算量}$$

b. 所有附加费用的分摊额。该附加费是地区市场运作委员会认定的或与 TMSR 市场有关的管理费。

（4）TMNSR、TMOR 服务的结算。TMNSR 和 TMOR 服务结算的方法与上述 TMSR 服务结算的方法基本相同，这时只将有关的计算公式概括如下：

1）结算量。

$$参与者（需方）应承担的 TMNSR 结算量 ＝ 该区域内 TMNSR 需量 ×$$
$$参与者所占电力负荷的百分数 \tag{6-33}$$
$$参与者（需方）应承担的 TMOR 结算量 ＝ 该区域内 TMOR 需量 ×$$
$$参与者所占电力负荷的百分数 \tag{6-34}$$

2）补偿费用。

$$TMNSR 服务提供者的补偿费用 ＝ TMNSR 清算价 × 其提供的 TMNSR 总量 －$$
$$特殊的费用 \tag{6-35}$$
$$TMOR 服务提供者的补偿费用 ＝ TMOR 清算价 × 其提供的 TMOR 总量 －$$
$$特殊的费用 \tag{6-36}$$

3）服务收费。

$$TMNSR 服务需方的收费 ＝ 付给 TMNSR 提供者的总费用 ×$$
$$\frac{参与者本时段的 TMNSR 结算量}{所有参与者总的 TMNSR 结算量} ＋$$
$$附加费用的分摊额 \tag{6-37}$$
$$TMOR 服务需方的收费 ＝ 付给 TMOR 提供者的总费用 ×$$
$$\frac{参与者本时段的 TMOR 结算量}{所有参与者总的 TMOR 结算量} ＋$$
$$附加费用的分摊额 \tag{6-38}$$

上述三种备用辅助服务从需方收取的总费用应分别等于支付给提供者的总费用。此外，由于被临时改变运行状态的机组，由 ISO 决定是否给予额外的补偿。

**三、无功备用**

与有功不同，电力系统中的无功源除发电机和负荷外，还包括电容器和静止无功补偿器（SVC）等，而且电网本身也是无功电源。由于输送无功是不经济的，因此无功具有就地平衡的特点，这就导致无功供应有很强的分散性。调整无功的手段也多种多样，如自动电压调节器、电容器投切及变压器有载调压等。因此，无功的最优定价问题在理论上比较复杂。

在电力市场的实际操作中，系统电压控制需要各参与者共同承担责任。发电厂和用户都

要满足他们的电压和功率因数限值。发电厂必须提供其 $P$-$Q$ 曲线，并要保证在较长时间内，无功发电功率达到其极限的 90％；或保证在 20min 内提供 100％的无功发电功率。输电公司应负责保持系统电压，对 500kV 线路其节点电压波动在 3％以内，220kV 和 110kV 线路应在 5％以内。中心调度员应能控制电网中所有的电压调节设备。配电公司和大用户与输电公司签订合同，确定在峰、谷和其他时段应保证的功率因数及相应的奖惩手段。

无功实时运行也可采用投标方式，投标包括无功、电源的详细技术参数和无功报价。如果某机组仅因无功需要而启动，而有功发电保持在最小值，报价应包括此时的无功价格和有功价格。当机组因增加无功功率而不得不降低有功发电时，无功报价可以以有功发电损失的形式给出。投标选择的主要依据是每宗投标对解决电压问题的重要程度。当存在足够的无功供应者时，按他们的费用高低次序排队；当供应者不足时，应提供相应的价格刺激。

### 四、可中断负荷

可中断负荷指在电网高峰负荷时段，用户负荷中可以中断的部分。可中断负荷通常通过经济合同实现，是需求侧管理（DSM）的一部分。可中断负荷在系统峰荷或故障时，可以减少负荷需求量，这等效于增加备用容量，故可中断负荷通常被看作一种特殊的备用。

可中断负荷的研究需要解决三个问题：①负荷中断的容量（备用容量）；②可中断负荷的赔偿价格（备用电价）；③何时可以中断（备用的调度）。对于负荷，先要确定哪些负荷是固定供应的，哪些负荷是可中断的。为此可以构造一个优化模型，目标函数是使供电的电能收入与赔偿金额的差最大，用线性规划法来解决。

可中断负荷赔偿价格主要通过合同来进行。对于可中断负荷，如果系统供给能量，则用户需要以合同中的电能价格支付给供电方；如果备用容量不足，系统可以中断供给，这时供电方需要按合同赔偿用户。低赔偿价格和低可靠性密切相关，在合同中电能用户可以通过自身对可靠性的需要来选择赔偿价格。通过推导，可以得出用户对赔偿价格的最优选择，即赔偿价格与单位电能价值相等。

负荷随时间不断变化，需确定什么时候对负荷进行中断，一般规则是：确定一个门槛值 $H$，当次日预测值超过 $H$，则要求中断负荷。门槛值 $H$ 取决于中断的时间和中断的次数，通过概率工具和对历史数据的曲线拟合求得。

### 五、有功、无功备用的一体化定价模型

该模型主要思想是：基于最优潮流的有功与无功定价方法，使之同时计算出有功与无功备用的最优容量及其价格。该模型算法如下：

#### 1. 目标函数

目标函数为某一周期内系统有功和无功的停电损失费用、发电费用、备用费用总和为最小，即

$$\min C = \sum_t \sum_i \left[ C_{u,i,t}(P_{u,i,t}, Q_{u,i,t}) + C_{g,i,t}(P_{g,i,t}, Q_{g,i,t}) + \right.$$
$$\left. C_{rs,i,t}(P_{rs,i,t}, Q_{rs,i,t}) \right] \tag{6-39}$$

式中：$P_{u,i,t}$，$Q_{u,i,t}$ 分别为节点 $i$ 时段 $t$ 的有功、无功负荷停电功率；$P_{g,i,t}$，$Q_{g,i,t}$ 分别为节点 $i$ 时段 $t$ 的有功、无功发电功率；$P_{rs,i,t}$，$Q_{rs,i,t}$ 分别为节点 $i$ 时段 $t$ 的有功、无功旋转备用功率；$C_{u,i,t}(P_{u,i,t}, Q_{u,i,t})$ 为节点 $i$ 时段 $t$ 的停电损失费用函数；$C_{g,i,t}(P_{g,i,t}, Q_{g,i,t})$ 为节点 $i$ 时段 $t$ 的发电费用函数；$C_{rs,i,t}(P_{rs,i,t}, Q_{rs,i,t})$ 为节点 $i$ 时段 $t$ 的旋转备用费用函数。

2. 约束条件

(1) 各时段各节点的潮流方程约束为

$$
\left.
\begin{aligned}
P_{g,i} + P_{u,i} + P_{rs,i} - P_{d,i} - \sum_j U_i U_j Y_{ij} \cos\theta_{ij} = 0 \\
Q_{g,i} + Q_{u,i} + Q_{rs,i} - Q_{d,i} - \sum_j U_i U_j Y_{ij} \sin\theta_{ij} = 0
\end{aligned}
\right\}
\tag{6-40}
$$

其中包含停电功率和投入备用功率。

(2) 各时段各节点发电功率限制条件为

$$
\left.
\begin{aligned}
P_{g,i} &\leqslant P_{g,max,i} a_i \\
|Q_{g,i}| &\leqslant Q_{g,max,i} a_i
\end{aligned}
\right\}
\tag{6-41}
$$

式中：$P_{g,max,i}$、$Q_{g,max,i}$ 分别为节点 $i$ 的最大有功、无功发电功率；$P_{g,i}$、$Q_{g,i}$ 为节点 $i$ 的有功、无功发电功率；$a_i$ 为二进制变量，机组 $i$ 投入为 1，停用为 0。

(3) 各时段各线路输电能力限制条件为

$$
\left.
\begin{aligned}
|S_{T,ij}| &\leqslant S_{T,max,ij} b_{ij} \\
|S_{T,ij}| &= \sqrt{P_{T,ij}^2 + Q_{T,ij}^2}
\end{aligned}
\right\}
\tag{6-42}
$$

式中：$S_{T,ij}$、$S_{Tmax,ij}$ 分别为线路 $ij$ 输电容量、最大输电容量；$b_{ij}$ 为二进制变量，机组 $i$ 投入为 1，停用为 0。

(4) 各时段各节点电压限制条件为

$$
U_{min,i} \leqslant U_i \leqslant U_{max,i}
\tag{6-43}
$$

(5) 各时段各节点备用限制条件为

$$
\left.
\begin{aligned}
0 &\leqslant P_{rs,i} \leqslant P_{rs,max,i} \\
0 &\leqslant Q_{rs,i} \leqslant Q_{rs,max,i}
\end{aligned}
\right\}
\tag{6-44}
$$

式中：$P_{rs,i}$、$Q_{rs,i}$ 分别为节点 $i$ 的有功、无功备用；$P_{rs,max,i}$、$Q_{rs,max,i}$ 分别为节点 $i$ 的最大有功、无功备用。

在满足式（6-40）～式（6-44）的条件下，解式（6-39）可以得到各节点各时段的备用容量，并计算出最优价格。此时的有功备用和无功备用价格分别为

$$
\left.
\begin{aligned}
\rho_{p,j,t} &= \sum_{i \neq j} \left( \frac{\partial C_{u,i,t}}{\partial P_{j,t}} + \frac{\partial C_{g,t}}{\partial P_{j,t}} + \frac{\partial C_{rs,t}}{\partial P_{j,t}} \right) \\
\rho_{q,j,t} &= \sum_{i \neq j} \left( \frac{\partial C_{u,i,t}}{\partial Q_{j,t}} + \frac{\partial C_{g,t}}{\partial Q_{j,t}} + \frac{\partial C_{rs,t}}{\partial Q_{j,t}} \right)
\end{aligned}
\right\}
\tag{6-45}
$$

最优价格由用户期望的边际成本、用户停电引起边际成本的变化两部分组成。

**六、成本效益分析**

提供备用的成本可用机会成本来衡量。机组因为提供备用而使得发电量减少，从而收益减少，减少的这部分收益就是机组提供备用的机会成本，用符号 $S$ 表示，即

$$
S = \sum_{i \in N_G} (G_i' - G_i)
\tag{6-46}
$$

式中：$G_i'$ 为机组 $i$ 没有提供备用的收益；$G_i$ 为机组 $i$ 提供备用后的收益。

电力系统提供备用的边际成本可以表示为

$$
\gamma = \frac{\partial S}{\partial R}
\tag{6-47}
$$

式中：$\gamma$ 为备用的边际成本；$S$ 为备用的机会成本；$R$ 为备用容量。

机会成本为备用成本的计算提供了新的思路，且概念清楚、理解方便，但这种计算方法受电能市场影响较大，如果电能市场的价格出现较大偏移，备用的机会成本也会出现较大偏移。因此，备用提供者可以采用策略报价（如压低电能报价），以获得备用的高额回报。

系统购买一定备用的社会效益体现在：如果不购买这部分容量作为备用，会导致可靠性下降，电量不足期望值 $E_{ENS}$ 增加，从而使用户停电的总成本增加。购买备用前后用户停电成本的变化量就是购买备用的社会效益 $B_S$，即

$$B_S = \alpha\Delta E_{ENS} = \alpha(E_{ENS,1} - E_{ENS,0}) \tag{6-48}$$

式中：$E_{ENS,1}$ 和 $E_{ENS,0}$ 分别为购买备用前、后系统的电量不足期望值，可通过随机生产模拟求得；系数 $\alpha$ 表示每千瓦时电能的停电损失，可以取停电损失评估值（interrupted energy assessment rates，IEAR）或缺电损失值（value of lost load）。

这种效益评估方法简单实用，已经成为各国研究者一致认可的常用方法。为得到指标 IEAR 或 VOLL，通常有统计法、市场行为法和调查研究法三种方法。这些方法都不能提供准确的停电损失指标，但较为实用，其中最常用的是采用问卷形式的调查研究法。问卷可以直接设计为调查用户在各种假想停电方式下的停电损失来估计缺电成本，也可以设计为调查用户在各种停电方式下的补偿量来间接衡量缺电成本的大小。

通过对问卷的分析，可以得到 IEAR 或 VOLL。这两种指标的主要计算思路都是对用户调查结果分类计算、加权平均。实质上，这两个指标反映的都是每千瓦时电能对应的用户停电损失。北美地区常常采用 IEAR 指标，而英国电力市场则采用 VOLL 指标。

备用问题直接影响到市场环境下电力系统运行的安全性与可靠性，因此需要加强这一领域的研究。合理的备用辅助服务定价原则和市场机制，可以激励提供备用服务的积极性，有利于发电投资和电力市场的健康发展。

## 6.4　无功市场运营

### 一、无功服务的特点

电力市场下无功管理与定价对电网公司的运行和经营具有重要的意义。首先，正确的无功价格信号可以推动电网开放和提高电网经济效益，帮助输电用户在决定交易电量、投资和设备利用时进行科学决策。其次，无功平衡做得好可以提高系统运行的可靠性和效率，并通过无功的最优分配降低系统的有功网损。再次，无功管理可以改善电压波形，减少由于电压引起的系统故障，增加系统稳定性。

与有功服务相比，无功服务有如下特点：

（1）供应的地域性。由于远距离输送无功需要发电和接收点之间有较大的电压差，因此无功供应原则上应就地平衡。

（2）控制的分散性。与频率控制需要有功平衡类似，电压控制也需要无功的平衡。但频率是全网统一的，依赖于全网的有功平衡，而各节点电压是不同的，必须依赖于该节点的电压控制。

（3）手段的多样性。与有功只能由发电机提供不同，除发电机外还有调相机和静止无功补偿器甚至输电线路等多种无功源，见表 6-3。

表 6-3　　　　　　　　　　　　　　　　　电 力 系 统 无 功 源

| 发出无功（容性） | 吸收无功（感性） |
| --- | --- |
| 过励磁同步发电机 | 欠励磁同步发电机 |
| 电容器 | 电抗器 |
| 静止无功补偿器的容性电流 | 静止无功补偿器的感性电流 |
| 轻负荷线路 | 重负荷线路 |
| 电缆 | 变压器和感性电机 |

（4）分析的复杂性。有功服务费用主要是发电费用；无功的运行费用很少但投资费用很大，分析起来比有功复杂。

无功服务与有功服务分析可以分开进行，买卖双方对无功可以单独结算，因此无功管理必须规范化、科学化，对无功费用要进行详细分析。由于输电和发电的分离，无功服务费用原则上应涵盖所有不属于输电公司设备的无功生产费用，所以无功价格必须协调多种相互关联甚至相互矛盾的目标函数，如维持系统可靠性，保证用户间的平等，简化管理过程和为系统扩建提供正确的经济信号等。

**二、影响无功服务的技术因素**

1. 无功需求

（1）容量需求。电网规划运行时应该提供的无功容量需求，主要应考虑使用容量和备用容量、感性容量和容性容量、无功容量的位置。一般可通过多次模拟，计算不同工况和故障情况下的最优潮流，确定无功容量需求。

（2）备用需求。正常运行情况下，动态无功源不应以最大容量运行，所有同步发电机和静止补偿器等都应留有无功备用，用于无功负荷跟踪和故障后的无功供应。根据无功应就地平衡原则，备用应分配于各个节点之上，这是保证电力系统电压稳定的基本要求，在价格结构中必须加以考虑。无功备用水平依赖于电力系统运行状况，在特殊情况下无功备用的增长要比无功输出的增长快。

（3）电量需求。电网调度应对系统所需的超前或滞后的无功负荷进行预测，并合理地分配到各无功源。

（4）响应需求。在不同的工况下，电力系统对无功响应的时间和速度有不同的要求，从时间上可以划分为暂态响应、动态响应和慢速响应，其特点见表 6-4。

表 6-4　　　　　　　　　　　　　电力系统无功响应需求特点

| 响应类型 | 响应方式 | 作用 | 响应时间 | 实现手段 |
| --- | --- | --- | --- | --- |
| 暂态响应 | 自动 | 系统稳定性之必需 | 短暂时延 | 自动电压调节器、静止无功补偿器等 |
| 动态响应 | 自动 | 无功负荷跟踪、故障后的无功供应 | 固定时间可延长 | 带负荷调压、同步调相机、静止电压补偿器、自动无功调节器等 |
| 慢速响应 | 手动/自动 | 大量无功负荷的投切 | 较长时间 | 电容电抗器 |

2. 无功生产对发电厂的影响

（1）投资增加。发电设备的容量大小和费用与无功容量成正比，因此发电厂有相当一部分投资用于满足无功容量。

（2）能量损耗。定子电流为 $\sqrt{P^2+Q^2}/(\sqrt{3}U)$，转子的励磁受电流功率因数影响很大，在滞后的负荷时增加很大。定子和转子的损耗均与 $I^2R$ 成正比，杂散损耗与 $U^2$ 成正比。因此，随着无功负荷的增加，发电机的能量损耗也将增加。

（3）维修维护。由于增发无功，转子和定子电流增加，不但会增加能量损耗，也会增加作用于导体上的电磁力，从而增大机体振动，对发电机造成一定的损害。电流也会引起温度升高，热胀冷缩加剧，产生较大的机械应力，导致绕组变形和绝缘老化。因此相当一部分维修、维护费是由无功发电引起的。两台同样的发电机，运行时功率因数接近 1 的机组，定子事故发生率要小得多。

（4）设备磨损。在引起维修费和维护费用增加的同时，上述的损害机理也会缩短发电机的主要设备的使用寿命。当更换发电机的主要设备比维修它更经济时，发电机的使用寿命就结束了。虽然，并非所有的设备更换都与负荷和功率因数有关，但其中大部分问题都与发电机的运行负荷有关，并因生产无功而加剧。

（5）风险管理。无功功率的增加也会使发电机组开断的概率增加，造成非常大的无功可靠性费用，这部分费用评估较难，需要研究无功容量和无功电量对发电机可靠性的影响。

**三、影响无功服务的市场因素**

1. 无功市场的构成和特点

这里买方是指电网公司或其下属辅助服务部门。买方对无功市场的要求是：一个真正竞争的市场机制，无功供应应有可靠的保障，没有任何一个无功供应者有垄断市场的能力。

无功市场潜在的卖方包括发电厂、电网公司（作为线路、变压器、静止无功补偿器、电容器、电抗器的所有者）、同步调相机的所有者、安装自动切负荷或功率因子校正设备的用户。

无功市场的特点：①电网公司作为单一的无功购买者，既购买无功容量又购买无功电量；无功生产的费用与无功的价值有很大不同；②无功设备投资较大，是新的无功容量加入电网的阻碍；③发电厂的无功费用必须从无功容量收费和运行收费中得到完全补偿；④有功的收入与无功的收入关系不大，可以将有功、无功市场解耦。地区性的无功供应竞争是有限的。

2. 市场模式

（1）健全的无功市场的基本原则。协调电力生产的各元素，以最低的价格为用户提供满足质量和可靠性要求的电力。为达此目的，电网公司要有无功容量和电量的可靠供应，并且在满足质量和安全水平的前提下为用户提供尽可能低的电价。无功电价须满足以下五个目标：①无功供应者的费用应得到补偿（包括适当的利润）；②为降低无功服务的总费用提供动力；③能保证和提高无功服务水平；④在任何时刻能保证严格的、充足的无功供应；⑤价格不能超过无功的价值或少于提供无功服务的费用。

（2）健全的无功市场的特征：①对无功费用的补偿应包括容量和功率两方面；②所有的无功供应者应与电网公司签订无功供应合同；③电网规约中，不应硬性规定无功容量（功率因数）的值；④电网公司的无功补偿设备与其他的无功供应者应同等对待；⑤电网公司对无功的买卖应建立单独的账目。

（3）建立这种市场的费用与电力市场的规模成正比。鉴于无功的地域性，电网公司应对无功进行分区管理，这样可以减少无功管理的困难，但必须防止因此而导致的地区性垄断，可行的措施有：①由静止补偿设备提供的无功容量应有一个中期价格上限；②在规划期间购买无功，使新的无功设备的投资对现有无功供应者形成竞争；③如果供应者有垄断行为，管理机构应有相应的处罚措施。

在无功过剩的区域，提高发电机的功率因数可以节省投资；在无功短缺的区域中，如果发电机在较低的功率因数下运行，可以减少对无功补偿设备的需求，也可减少投资。竞争市场比之非竞争市场，无功费用预期可降低 2%～10%。

**四、无功服务定价**

无功的价格应包括电量价格和容量价格。容量价格是无功设备的投资费用回收和无功备用的价值，电量价格是回收无功的运行费用。虽然无功比有功的运行费用小得多，但对无功的运行费用定价，可以为无功的短期运行提供正确的价格信号，有利于提高运行的灵活性。

1. 依据无功运行费用的实时无功定价

无功定价有两个主要目的：①确定最优无功容量需求，从技术上满足电网公司的安全指标；②分析无功费用对电网运行经济性的影响。

（1）无功费用优化定价。这种定价方法的特点是：①有功、无功解耦，最大限度地减少无功优化过程对有功优化的影响，其依据是有功的费用往往比无功费用大一个数量级；②在一个负荷周期内，对关键时段（峰、谷）做以无功费用最小为目标的安全约束调度；③两次费用优化之间，每半小时做一次以控制动作最小为目标的无功优化。

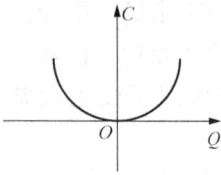

图 6-5　无功的生产费用曲线

（2）无功费用曲线。与有功生产成本函数相类似，无功生产费用曲线也是非线性的，如图 6-5 所示，可用分段线性化的形式加以处理。下面几类对象都可建立相应的无功费用曲线，包括发电机、调相机、静止无功补偿器，发电厂，输电走廊，区域或公司间的无功交换。

（3）优化模型。为了考虑事故后的无功与电压控制问题，在模型中引入基态和事故态两种运行状态，具体考虑哪些事故与系统实际运行状态有关。在有功、无功解耦的同时，可通过目标函数分段线性化和采用逐次线性规划等方法求解，缩小计算规模，提高程序运行速度。

1）目标函数为无功生产费用最小，即 $\min f(U_0, X_0)$，其中 $U_0$、$X_0$ 分别为基态控制向量和状态向量。

2）约束条件。等式约束为基态和事故后的潮流方程，即

$$g_k(U_k, X_k) = 0, \quad k = 0, \cdots, n \tag{6-49}$$

不等式约束为设备和运行极限

$$U_k^{\min} \leqslant U_k \leqslant U_k^{\max} \tag{6-50}$$

$$X_k^{\min} \leqslant X_k \leqslant X_k^{\max}, \quad k = 0, \cdots, n \tag{6-51}$$

需要包括的无功约束有电压约束和无功变化约束、支路无功电流或无功功率、无功旋转备用、无功区域交换等。基态和事故态间的控制变量间的关系为

$$U_k = [A_k] U_0 \tag{6-52}$$

式中：$[A_k]$ 是函数矩阵，但在很多情况下是常数对角阵。

考虑到电压变化约束后，有

$$h_k(U_0, U_k, X_0, X_k) \leqslant 0 \tag{6-53}$$

考虑到更一般的关系，式（6-52）也可表示为

$$(U_k, X_k) = [A_k](U_0, X_0) \tag{6-54}$$

（4）不应强制地约束。一些最优潮流（OPF）约束在边界时，如果一定将其拉回界内，可能需要很大的甚至难以接受的控制量变化，一般有下面几种折中的处理方法：

1）控制效率分析。当某一约束越限时，计算所有控制量对其的灵敏度，在确定有效约束集前，先检查这些灵敏度，如没有哪一个控制量有很大灵敏度，则可以忽略该约束违界。这是一种很重要的处理手段，没有它很多最优潮流问题将得不到合理解。例如，某一线路潮流轻微越界时，为消除它可能需要控制变量做很大的调整，这时可以忽略此越界。

2）约束软化。约束违界时，其边际费用趋于无穷大，可以为该约束设定一边际费用阈值，即对其施加一定惩罚使约束软化。阈值的设定与约束类型有关。

3）支路过负荷。当某支路的无功潮流越界，而有功潮流并未越界时，可以在电压与无功优化中，不将此约束强制拉回界内。

（5）边际费用。在无功费用优化基础上进行灵敏度分析可得约束运行的边际费用，如支路潮流、电压、旋转备用、发电机无功出力和负荷母线无功消费的边际费用等，并由这几种基本灵敏度可以推导其他灵敏度，得到区域内总负荷的边际费用和区域间交易的边际费用。节点无功消费的边际费用就是无功的价格，该值在系统内各处不同。

2. 有功费用优化的无功实时定价

无功实时定价方法是由有功实时定价理论发展而来，可分为两个层次的问题。

（1）上层问题考虑用户对无功价格的响应，其潮流约束为

$$P_{d,i} = P_{d0,i}(\eta_{p,i})^{E_{p,i}}(\eta_{q,i})^{E_{p,q,i}} \tag{6-55}$$

$$Q_{d,i} = Q_{d0,i}(\eta_{p,i})^{E_{q,p,i}}(\eta_{q,i})^{E_{q,i}} \tag{6-56}$$

式中：$P_{d,i}$、$Q_{d,i}$ 为节点 $i$ 上用户的有功、无功负荷；$P_{d0,i}$、$Q_{d0,i}$ 为不考虑用户响应时的节点 $i$ 用户的有功、无功负荷；$E_{p,i}$、$E_{q,i}$ 为节点 $i$ 有功、无功功率的价格弹性因子；$E_{p,q,i}$ 为节点 $i$ 无功功率价格对有功负荷的弹性因子；$E_{q,p,i}$ 为节点 $i$ 有功功率价格对无功负荷的弹性因子；对应于潮流约束的拉格朗日乘子 $\eta_{p,i}$、$\eta_{q,i}$，分别代表节点 $i$ 提供有功、无功的边际费用。

（2）下层问题是以有功费用最小为目标的最优潮流问题。

1）目标函数是总的有功生产费用 $C$ 最小，即

$$\min(C) = \sum_{i \in G} C_i(P_{g,i}) \tag{6-57}$$

2）潮流约束为

$$P_{g,i} - P_{d,i} = \sum_{j \in i} U_i U_j(G_{ij}\cos\theta_{ij} + B_{ij}\sin\theta_{ij}) \tag{6-58}$$

$$Q_{g,i} - Q_{d,i} = \sum_{j \in i} U_i U_j(G_{ij}\sin\theta_{ij} - B_{ij}\cos\theta_{ij}) \tag{6-59}$$

式中：$P_{g,i}$、$Q_{g,i}$ 为节点 $i$ 的有功、无功发电功率；$P_{d,i}$、$Q_{d,i}$ 为节点 $i$ 的有功、无功负荷功率；$G$ 为发电机数。

3）发电约束为

$$P_{g,i,\min} \leqslant P_{g,i} \leqslant P_{g,i,\max} \tag{6-60}$$

$$Q_{g,i,\min} \leqslant Q_{g,i} \leqslant Q_{g,i,\max} \tag{6-61}$$

4）输电约束为

$$P_{ij,\min} \leqslant P_{ij} \leqslant P_{ij,\max} \tag{6-62}$$

5）电压约束为

$$U_{i,\min} \leqslant U_i \leqslant U_{i,\max} \tag{6-63}$$

6）化为无约束模型，表示为

$$
\begin{aligned}
L(P_\mathrm{g}, Q_\mathrm{g}, U, \theta) =& \sum_{i \in G} C_i(P_{\mathrm{g},i}) - \sum_{i \in N} \eta_{\mathrm{p},i} \Big[ P_{\mathrm{g},i} - P_{\mathrm{d},i} - \sum_{j \in i} U_i U_j (G_{ij} \cos\theta_{ij} + B_{ij} \sin\theta_{ij}) \Big] - \\
& \sum_{i \in N} \eta_{\mathrm{q},i} \Big[ Q_{\mathrm{g},i} - Q_{\mathrm{d},i} - \sum_{j \in i} U_i U_j (G_{ij} \sin\theta_{ij} - B_{ij} \cos\theta_{ij}) \Big] - \\
& \sum_{i \in G} \lambda_{i,\min}(P_{\mathrm{g},i} - P_{\mathrm{g},i,\min}) + \sum_{i \in G} \lambda_{i,\max}(P_{\mathrm{g},i} - P_{\mathrm{g},i,\max}) - \\
& \sum_{i \in G} \mu_{i,\min}(Q_{\mathrm{g},i} - Q_{\mathrm{g},i,\min}) + \sum_{i \in G} \mu_{i,\max}(Q_{\mathrm{g},i} - Q_{\mathrm{g},i,\max}) + \\
& \sum_{i \in N} \sum_{\substack{j \in N}}^{i \neq j} \xi_{ij}(|P_{ij}| - P_{ij,\max}) - \\
& \sum_{i \in N}^{i \neq j} \gamma_{i,\min}(U_i - U_{i,\min}) + \sum_{i \in N}^{i \neq j} \gamma_{i,\max}(V_i - V_{i,\max})
\end{aligned} \tag{6-64}
$$

式中：$\eta_{\mathrm{p},i}$、$\eta_{\mathrm{q},i}$、$\lambda_{i,\min}$、$\lambda_{i,\max}$、$\mu_{i,\min}$、$\mu_{i,\max}$、$\xi_{ij}$、$\gamma_{i,\min}$、$\gamma_{i,\max}$ 分别为对应各约束条件的拉格朗日乘子；$N$ 为节点数。

利用库恩-塔克（Kuhn-Tucker）条件，可得有功和无功实时电价

$$\rho_{\mathrm{p},i} = \frac{\partial L}{\partial P_{\mathrm{d},i}} = \eta_{\mathrm{p},i} \tag{6-65}$$

$$\rho_{\mathrm{q},i} = \frac{\partial L}{\partial Q_{\mathrm{d},i}} = \eta_{\mathrm{q},i} \tag{6-66}$$

式中：$L$ 为用户供电的总费用。

有功费用优化的无功实时定价进一步的研究方向：①无功市场中影响无功价格因素的进一步分析；②分析负荷的不确定性和发电机组可用性，以及网络结构变化、投标策略变化等不确定性对无功价格的影响；③有功、无功安全调度的进一步协调；④为预防事故后电压崩溃，而增加特殊的约束、控制逻辑。

3. 依据容量费用的无功定价

（1）依据运行的无功定价。该方法为无功负荷和发电厂建立一种无功标准，对所有供应者与消费者明确其无功责任和限制。当无功发电和负荷在允许范围内时，无须对实际的无功生产和消费付款。系统运行人员通过明确各发电厂应满足的电压水平来指导无功的运行。当无功标准被违反时，给予发电厂相应的惩罚措施；而提供额外的无功容量时，应给予鼓励。采用这种方法，发电厂的无功费用可以通过两种方式回收。第一种是将费用责任分配给发电厂，这就意味着只要所有的输电用户（包括负荷和发电厂）都满足其相应的无功标准，电网公司与用户之间没有财务关系。第二种是将费用责任分配给负荷，电网公司依据发电厂的发电容量费用付给其报酬，并对用户收取无功服务费用，作为输电服务费用的一部分。两种方法之不同在于对用户的财务的影响，而不在于系统运行。

电网公司在制订无功的运行标准时，应考虑以下几方面：

1）无功标准应该是技术上可行的，并且适合于不同的运行条件。可以根据现有的运行

实践定义无功约束范围，也可以根据峰谷时段的最大、最小无功需求定义无功约束范围。

2）负荷的无功需求往往与其有功使用相关联。考虑到这个需要，可通过规定发电机的功率因数范围（一般为$-0.9\sim+0.95$），制订无功标准。但系统运行人员往往关注的是电压是否违界而非无功输出，因此当功率因数未达极限时，电网运行人员只需考察发电厂的电压水平。

3）无功分区管理有利于减轻管理负担。

4）应允许不同区域根据各区域的无功需求制订不同的无功标准，以给无功运行和扩建提供经济信号。

这种方法相对而言较简单，因而也较粗糙，但在电力市场发展初期不失为一种切实可行的办法。

（2）依据区域无功市场的无功定价。由于无功传输是不现实的，应该鼓励区域无功市场，即发电厂、负荷和其他第三方都可参加。根据发电厂的容量为其付费，根据用户的无功需求对其收费。如果用户的无功需求由自己满足，也必须与输电公司很好地协调。在这种方法中，费用责任归于用户。无功需求用无功调整因子算出，而且只要不危及系统的可靠性，不同区域间可交换无功容量。

无功调整因子 $R_q$ 定义为

$$R_{q,i} = \Delta Q_i + \alpha \frac{\partial Q_{loss}}{\partial Q_i}\varepsilon_i\Delta Q_i + \beta \frac{\partial Q_{loss}}{\partial P_i}\sigma_i\Delta P_i \tag{6-67}$$

式中：$Q_{loss}$ 为系统无功网损；$\Delta P_i$、$\Delta Q_i$ 代表节点 $i$ 的有功、无功变化量；$\alpha$、$\beta$ 用以修正用微增网损计算系统总无功网损造成的偏差；$\varepsilon_i$、$\sigma_i$ 用以调整 $\Delta P_i$、$\Delta Q_i$，使之满足指定的功率因数。

可以用无功调整因子 $R_q$ 来评价各区域中无功容量的价值。对整个无功市场来讲，依据 $R_q$ 算出的区域乘子可被视为无功的当地价值。支付给发电厂的费用依赖于系统对它的无功容量需求。用户的无功支出依赖于其无功消费需求和无功的当地价值。

为防止由于区域无功市场产生地区性垄断，可使用相当长期的无功容量作为无功定价的依据，而不是根据实时的无功发电量。这将导致无功价格对短期无功变化不敏感。两种定价方法相结合，应该是无功定价算法的发展趋势。

4. 基于最优潮流的无功定价

该问题需作以下假设：①各发电厂的有功功率生产成本曲线已知；②无功电价基于实时电价概念，使用最优潮流法进行计算；③实时电价在不同母线具有不同的数值；④负荷已知，且不随电价而波动。

以潮流方程为约束的最优化方法进行无功实时电价计算，最优化问题的目标函数是有功和无功功率发电总成本最小化，由于假定负荷已知，不随价格变化，这一目标函也是社会经济效益最优的反映。该优化问题同时受系统运行和设备容量等条件约束，故降低发电总成本实际上隐含了降低网损及实现无功潮流优化的目标。最优潮流的约束条件为：潮流方程和等式约束、发电机有功和无功出力约束、无功补偿器出力约束、线路潮流约束、母线电压约束等。可采用连续二次规划法求解该问题，它根据优化目标和约束建立一个拉格朗日函数，然后将问题近似转化成二次规划子问题，通过多次迭代，二次规划子问题逐步收敛于一个最优解，即原优化问题的最终解。

## 6.5 电力市场的黑启动服务

### 一、黑启动的定义

当电力系统运行时，可能发生的最严重故障是整个系统全部停运，一旦系统全部停电，电力系统安全措施的最后一条就是如何快速恢复系统的供电。近些年来，世界范围内发生的几起大停电事故提醒人们，研究电力系统事故后的恢复问题即黑启动问题具有重要的理论和实际意义。

电网黑启动指的是整个电力系统因故障停运后，不依赖其他网络的帮助，通过系统中具有自启动能力机组的启动，带动无自动启动能力的机组，逐步扩大电力系统的恢复范围，最终实现整个电力系统的恢复。黑启动作为辅助服务中的一种，是电力系统安全运行的重要措施之一。

在电力市场机制下，对于黑启动机组充裕的电网和黑启动机组不足的电网，希望黑启动服务能达到的目标是不同的。黑启动机组充裕的电网在事故情况下能获得足够的黑启动电源，通过选择合适的电源，减少黑启动完成的时间，降低电网或用户承担的黑启服务费用，尽量减少因为大面积断电引起的供电方和用户的损失。黑启动机组不足的电网，可以通过签订长期辅助服务合同等方式，使用邻网合适的机组作为黑启动机组，在本网出现大停电事故时，能有效利用这些机组自启动，实现本网供电的恢复，也可通过从邻网获得一定的黑启动紧急功率支持（即由相邻的电网提供本网黑启动电源和系统恢复的部分功率）的方式，实现本网供电的恢复，避免为了满足系统黑启动的要求而增加大量的投资去引入黑启动机组。

### 二、黑启动服务的形式

根据各个电网黑启动能力的不同，黑启动可以分为三种形式：

（1）电网内有足够的黑启动能力，在系统大停电时能根据黑启动的恢复计划，自行恢复系统供电，这是一般系统常用的形式。

（2）电网内没有能够满足黑启动要求的机组，或黑启动机组数量不能满足系统恢复的需要，而在本地区域内有满足条件（与本网联系紧密，黑启动能力强，符合地理位置和系统结构的要求）但不属于本网的黑启动机组。本网必须与黑启动机组及机组所属电网的经营者签订合同，约定黑启动服务的提供方式和费用计算方法。

（3）电网内没有能够满足黑启动要求的机组，或黑启动机组的数量不能满足系统恢复的需要，也没有其他电网的黑启动机组可以利用。这种形式的恢复过程相对较为被动，只有在其他电网区域部分恢复，且有能力向本区域提供黑启动的紧急功率支持的情况下，才能逐步地恢复系统的供电。这种形式不需要维持黑启动能力的费用，只需要支付黑启动紧急功率支持费用，所以费用较少，代价是供电恢复的时间延长且具有一定的不确定性。这种形式的系统恢复方案必须与相邻的电网区域签订黑启动的服务合同，约定提供黑启动紧急功率支持的时间（即相邻的电网在黑启动后负荷恢复到何种程度时给本区域提供紧急功率支持，一般用负荷恢复的百分比计算）及相应的费用。

### 三、黑启动所需资源与机组选择

1. 黑启动所需资源

电力系统维持黑启动能力，提供黑启动服务需要以下四方面资源：

（1）黑启动机组：能在没有外部电源的情况下自启动，并给输电线充电，带动其他没有自启动能力的机组启动，最终对全网的用户重新提供服务。

（2）非黑启动机组：在厂用电恢复时能快速恢复供电，并参与以后的系统供电恢复过程。

（3）输电系统的设备、控制和通信（包括离开电网仍能工作的部分）：大范围停电发生时监控和重建电力系统。

（4）电网调度部门的设备和通信（包括离开电网仍能工作的部分）：在大范围停电发生时能够直接指导系统重建。

2. 黑启动机组的确定

在停电后的系统恢复过程中，先应有可靠的启动电源，即黑启动机组。黑启动机组的选择标准如下：

（1）在没有外部电网支持的情况下有自启动的能力，启动速度快。

（2）离大容量机组近，启动路径短，电压等级变换少，离重要负荷中心近。

（3）有足够容量带动非黑启动机组厂用负荷，负荷调整、频率控制、电压控制能力强，供电时间长。

一般选择水电机组作为黑启动机组，因为水电机组有自启动能力且启动速度快。

### 四、提供黑启动服务所需的工作

系统崩溃后的恢复过程必须以有序、安全的方式进行，优先向电站和输电系统供电，在发电机和输电系统可以承受的情况下尽量恢复用户的供电。出现大停电的时间无法预知，而且系统恢复过程很迅速，系统操作者必须避免因不正确的行为而导致系统重新崩溃。这就需制订一个详尽并且有一定灵活性的黑启动计划，通过试验来验证方案和设备的有效性，同时还必须对人员进行操作培训。具体而言，为保证系统有足够的黑启动能力需要做如下工作。

1. 电网调度部门

电网调度部门应事先制订黑启动计划，并校验其可行性。在系统崩溃的情况下，无法预知系统设备的状态，所以制订的计划必须能够灵活地适应可能出现的意外情况，不至于因为某一设备的故障而导致黑启动过程无法进行。

电力调度部门必须每年根据黑启动机组（包括本网及其他电网提供的黑启动机组）、传输线路、非黑启动机组、负荷以及黑启动计划的信息，对系统的黑启动过程进行至少一次的仿真。通过仿真来分析各个部分在恢复过程中可能采取的行为，并确认每项操作能够达到期望效果，以保证该黑启动计划的成功率。

组织协调整个系统的黑启动试验和训练，使有关人员在大停电事故时能胜任比平时更为紧张、复杂的操作，避免因为人员的误操作造成系统恢复进程的延误或人身、设备的伤害。培训的人员应包括调度人员、输电系统运行人员、黑启动和非黑启动机组运行人员。练习过程中指挥所使用的通信工具必须是实际黑启动过程中能得到的。

2. 黑启动机组

黑启动机组有一些技术上的限制，如自启动能力、响应速度、控制能力和电压调节能力等，这些能力与黑启动的成功与否有直接的联系，因此除了对通信和计量仪表的统一要求外，黑启动电厂应根据黑启动计划，进行单独的机组黑启动试验、线路充电试验和带负荷试验。

（1）机组黑启动试验，每年至少进行一次，将机组从系统中独立出来，在规定的时间内自启动，并且至少保持 30min 的电压和频率的稳定。试验中，交流厂用电中断的情况下，黑启动机组的主辅设备性能应满足黑启动的需要，即机组仅靠本厂备用电源，能从静止状态转为发电状态；还需检验黑启动机组的进相运行能力。对于不符合要求的设备，需要投入一定的资金进行改造。

（2）线路充电试验，每 3 年至少进行一次，以证明发电机对线路的充电能力，保证至少 30min 稳定。

（3）带负荷试验，每 6 年至少进行一次，以证明机组能带起输电线远端的足够负荷至少 30min。

在系统恢复初期，黑启动机组处于"孤岛"运行状态，系统运行情况变化较大，一般靠黑启动电厂来调频、调压，所以黑启动机组的调频、调压能力应能承受被启动火电厂大型辅机投入及负荷投入时产生的冲击。对于不满足要求的调频、调压设备的参数，启动过程的工况重新整定，甚至将硬件升级或改造。

黑启动电厂应根据黑启动计划，调整本厂的操作规程和人员配置；应定期或不定期进行黑启动演习，提高有关人员的业务水平，使之能胜任黑启动过程中比平时更为紧张、复杂的操作。

3. 非黑启动机组

非黑启动机组必须向调度部门提供其恢复计划，指明非黑启动机组从厂用电供电开始到与系统同步并带起负荷所需的时间，以及每台机组恢复供电对厂用电有功和无功功率的要求。计划还需指明机组的特性参数，如最小负荷、最大负荷、负荷增加速度、在最大和最小负荷时的无功能力等。

4. 输电系统

输电系统必须保证其传输能力（包括设备和人员的要求）来支持黑启动。输电系统要向调度部门提供输电系统所有与黑启动相关设备的能力和要求，包括：没有全网手动或自动控制支持时的控制能力，没有全网支持时的通信能力，后备电源的使用时间，紧急反应的人员，同步能力及其他重建系统时使用的特殊设备等。通信、计量仪器和控制系统在没有电力系统支持的情况下，应有足够的工作能力来支持系统黑启动恢复过程。

**五、黑启动服务的费用**

黑启动服务的费用分为维持系统黑启动能力的费用和系统实际黑启动过程的费用两种。维持系统黑启动能力的费用是系统保证足够黑启动能力的固定费用，为了在大停电时能有效、快速地恢复供电，这种费用是必需的。系统实际黑启动过程中的费用由系统大停电发生后的供电成本及相关费用组成。

1. 维持系统黑启动能力的费用

维持系统黑启动能力的费用主要集中在黑启动计划的制订和验证、设备的试验和维护以及人员的培训上，细分到以下各个部门。

（1）调度部门。黑启动计划制订和仿真计算费用、系统试验组织费用、调度人员培训费用。这些主要是人工费用，根据调度部门完成黑启动相关工作所需要的工时或工作日，乘以相应的工资，折算成人工费用。

（2）黑启动电厂。

1）黑启动机组由于它的特殊性，当前所使用的设备可能不能完全满足黑启动的需要，因此需要增加一些必要的投资来购买或改造现有的设备。这部分费用由黑启动电厂和电网经营企业协商，可以由黑启动电厂自行解决，也可由两方共同投资。

2）黑启动机组一般不只是提供黑启动服务，在平时也参与系统的发电、调峰等事务，所以只能支付给电厂与黑启动相关的费用，主要费用如下：

黑启动的折旧费用 ＝黑启动设备的折旧费用＋一般设备的折旧费用×

黑启动分配系数

投资和贷款的分期偿还及收益 ＝发电厂投资和贷款的分期偿还及收益×

黑启动分配系数

黑启动的运行和维护费用 ＝由黑启动设备运行和维护产生的所有费用

黑启动相关的管理、行政及一般费用 ＝（发电机的管理及一般费用＋工资）×

黑启动分配系数

黑启动相关税费 ＝发电机所有相关税费×黑启动分配系数

黑启动分配系数根据黑启动机组与黑启动相关的维护时间来确认。例如，如果一个维护过程每年维持 1000h，黑启动相关活动（黑启动试验或实际黑启动过程）持续时间为 1h，那 0.1% 的费用由黑启动电厂支付。

3）试验费用，包括燃料、电力、材料损耗等实际费用。

4）人员的培训费用，包括试验人员的费用（试验过程同时也是人员培训的过程），根据时间折算成人工费用。

（3）非黑启动电厂部分。其主要是协同试验费用。系统在进行黑启动试验（如黑启动机组启动、供电给非黑启动机组的辅机、启动非黑启动机组试验时），需要部分机组配合试验。由于这种试验的时机一般选择在机组停机后，重新与系统并网的过程中进行，所以一般不支付与这些非黑启动机组的并网相关的费用，只支付额外的协同试验费用，主要是人工费用。

（4）输电系统部分。协同试验费用，主要是配合黑启动电厂试验时的人工费用。

2. 系统实际黑启动过程的费用

系统实际黑启动过程的费用根据实际黑启动过程的产生额计算，包括燃料费用和实际黑启动操作的劳力成本及设备损害费用等。

3. 黑启动服务的计费标准

所有黑启动费用要体现在电价中，根据用户用电量的多少，决定其支付的费用。黑启动能力维持费用的计算公式为

$$C_{\text{BSSC}} = \frac{C}{N_{\text{L}}} \tag{6-68}$$

式中：$C_{\text{BSSC}}$ 为输电用户单位电量的服务费用；$N_{\text{L}}$ 为网络负荷的总数；$C$ 为每年服务的费用。

用户费用的计算公式为

$$C_i = C_{\text{BSSC}} N_{\text{Li}} \tag{6-69}$$

式中：$C_i$ 为分摊的黑启动服务费用；$N_{\text{Li}}$ 为用户网络负荷的总数。

对于系统实际黑启动过程的费用，根据分时段的黑启动电价来计算。希望在事故情况下优先恢复负荷的用户，可事先签订黑启动服务合同，在系统运行条件允许的情况下，按所付费用享受不同的恢复优先权。

4. 黑启动服务费用的支付方法

维持系统黑启动能力的费用每年计算一次。由电力调度部门制订次年相应的黑启动试验和运行计划，在电网经营企业认可的情况下公布，黑启动相关的各部门提交次年各自相应的黑启动费用要求，电网经营企业审核后，统计维持系统黑启动能力所需的费用。负荷总量的估计，根据次年年度负荷预测来计算。如果次年的实际负荷与估计的负荷有误差，在第三年负荷估计的基础上相应加减误差的部分，或者使用专用缓冲账户来平衡黑启动服务的费用。在电费结算时，同时收取维持黑启动能力的费用；支付费用给相应部门时，可以采用按月支付或年底结算的方式。

系统实际黑启动过程的费用，在系统安全恢复后，由电网经营企业统计各部门实际产生的费用并核实。参考计量系统的记录，估计系统负荷恢复的时间（用负荷恢复的百分比来衡量），计算分时段的黑启动电价。例如从黑启动机组开始启动到负荷恢复 75％ 的时间执行黑启动电价，将实际产生的费用分摊到使用这些电能的用户上。

**六、各方的权利和义务**

1. 电网经营企业的权利和义务

电网经营企业通过电力调度部门制订本网黑启动计划，确定黑启动机组，与黑启动电厂签订长期黑启动服务合同，在合同期内不能中止机组的黑启动服务，在终止机组的黑启动能力前，必须至少提前一年时间告知黑启动发电机的所有者；编制黑启动的试验计划和相应人员的培训计划，监督黑启动试验的进行，并根据试验结果对黑启动机组进行评估，确定机组能保持黑启动的能力；如果黑启动试验失败，要监督机组的所有者尽快解决试验出现的问题，使机组通过黑启动试验；计算和审核黑启动的费用，收取、支付相关的黑启动费用。

如果黑启动机组不属于本电网，电网经营者必须同时与黑启动机组所属电网的经营者和该机组的所有者签订合同，由黑启动机组所属电网的经营者协助本电网的经营者，监督黑启动试验的进行和人员的培训，审核黑启动相关的费用。

在大停电事故发生后，电网经营者有权中止发电市场的运行，下达黑启动命令，指挥协调各厂站操作，安全、迅速地恢复系统。对于不属于本电网的黑启动机组，在大停电事故发生后，黑启动的指挥权由该机组所属电网的调度部门转交给本电网的调度部门，根据制订的黑启动方案，恢复系统供电。

2. 黑启动电厂的权利和义务

在被确定为黑启动机组后，黑启动电厂与电网经营者签订长期黑启动服务合同。合同期内，机组不能中断黑启动服务合同，除非以下两种情况发生：由于不可抗拒的力量，发电机的所有者不能提供黑启动服务；发电机的所有者指定具有黑启动能力的机组退役。在终止机组的黑启动能力前，黑启动电厂必须至少提前一年发布公告，并获得电网经营者许可。

黑启动电厂依据合同的要求，在黑启动计划指导下进行试验，验证它的黑启动能力。如果某黑启动机组无法通过相应的黑启动试验，黑启动电厂必须在一定的时间内支出必要的费用，解决存在的问题，使机组通过试验。在机组重新通过试验之前，将不会得到黑启动服务的费用。在这期间，所有与黑启动相关的费用将由机组所有者承担。

如果黑启动设备由电网经营企业投资，或黑启动电厂和电网经营企业共同投资，机组所有者在设备的服役期内、投资的所有成本还清前终止提供黑启动服务，机组所有者只能得到机组提供黑启动服务期间的那部分设备投资，其他投资由机组所有者负担。

在大停电事故发生后，在没有不可抗拒的外力的情况下，若黑启动机组不能达到合同约定的服务能力，机组的所有者将受到处罚。

3. 非黑启动电厂的权利和义务

非黑启动机组必须按时向调度部门提交发电机及辅机的数据，以利于黑启动计划的制订。在事故状态下，非黑启动机组直接影响系统的恢复过程。非黑启动机组必须无条件地服从调度部门的调度，在厂用电恢复、保证机组不受损的情况下，尽快恢复供电。如果达不到规定的要求，将受到处罚。

4. 输电系统

输电系统必须按时向调度部门提交发电机的数据，以利于黑启动计划的制订。在事故状态下，应无条件地服从调度部门的调度，根据调度命令增减负荷、投切线路，全力配合调度部门安全、快速地恢复供电。

# 第 7 章 发电竞价模型及发电厂商的竞价策略

## 7.1 电力市场交易机制

**一、电力市场交易模式**

当前世界各国的市场交易模式大致分为联营（power pool）和双边交易（bilateral trade）两种基本模式。从这两个基本模式可以派生出 P＋B（即联营模式和双边交易模式的有机结合）模式、多边交易模式。

1. 电力联营模式

电力联营模式也叫总量市场化模式或强制性电力库模式，是指在一个区域，只有一个强制市场成员参与的、集中的、竞争的市场。正如同 pool 的本意（池，潭），电力联营模式最大的特点是将电网看作电能交易的中心，所有发电商以及所有用户与电网运营中心发生经济关系，一切电力交易必须在电网内进行，允许用户签订纯金融性差价合同，以降低市场风险。电力供需各方交易的全部电量及电价都必须经由现货市场竞争确定，但只是针对实物交易即电量交易，在此之外的金融交易不一定强制性地经由电力库，如发电商与供电商、大用户之间可以签订财务合同——差价合同等。发电商竞争获取发电的权力，但并不为特定的用户发电；同理，配电商也仅能在电力库，而不是从特定的发电商那里购电。

在电力联营模式中，整个电力系统被划分为发电、输电、供电环节。竞争在发电侧和供电侧分别展开，对于市场初期也可能只开放发电侧市场。在发电侧市场的电力市场中，考虑到与传统调度模式的衔接，可采用一种单一购买者模式，它也是一种联营体模式，或称"1＋N"模式。"1"是指电力市场的单一购买者，即电网运营机构；"N"是指参与市场竞争的各独立发电商。用户不能与发电商直接签订购电合同，只能由电网运营机构采用趸售或零售的方式供电。

在这一模式下，必须成立独立的电网运营机构直接决定各发电商的交易计划并进行电网的调度、运行、负责实时平衡，以保证系统安全和对用户的可靠供电，并且要求该机构与所有市场成员无利害关系。电网运营机构根据市场报价制订交易计划，计算系统边际电价、输电电价、辅助服务电价。

在电力联营模式中，也可能存在双边交易，但是很有限，自由度也很小。英国、智利、阿根廷等国以及美国电力市场、澳大利亚的部分电力市场都属于这一类市场模式。

电力联营模式还存在两种细分模式：

（1）非竞争购电的模式：仅在发电侧进行卖方之间的竞争投标，而所有买方的购电权利是平等的，无须提交购电的投标，对购电价格的形成也没有影响。英国早期的电力联营、美国加利福尼亚州和我国早期内部模拟电力市场均属于这种模式。但与英国的电力联营模式不同的是，在美国加利福尼亚州的电力市场中，不允许供购双方签订差价合同之类的金融交易合同。而我国的浙江电力市场是在英国的电力联营模式基础上的改型，其差价合同是发电商与电网公司之间签订的。其优点是符合我国现行的电力企业组织和管理体制，缺点是电网公司的风险较大，同时由于电网公司的购电垄断地位，也可能导致发电企业之间的竞争不公平。

（2）竞争购电的模式：除了发电侧进行卖方之间的竞争投标外，买方也要提交购电的投标，报价低的买方有可能购不到电，最终的系统价格由电力需求和电力供应的报价曲线共同决定。澳大利亚的新南威尔士电力市场属于这种模式。

相比较而言，前一种模式防范市场风险的能力较弱，在供不应求而售电价格又受管制时，很容易发生市场危机，美国加利福尼亚州电力危机的发生就有这方面的原因。后一种模式更能够反映市场供求关系影响价格波动的市场规律，使价格的杠杆作用得以自然地发挥，市场更能自发地有序运作。

在电力联营模式下，电网运营机构直接制订出符合安全要求的交易计划，比较容易实现安全与经济之间的协调。但是，该模式的交易透明度不如双边交易模式。调度部门作为电网运营企业的核心，必须坚持公平、公正、公开原则，努力做到公正和透明。随着市场改革的深入，应该逐步将市场交易业务分离，建立专门的市场交易机构。

2. 双边交易模式

双边交易模式也叫非管制型电力联营体模式或净量市场化模式，属于非强制电力市场的一种形式。该模式包括联营体外双边合同市场和期货市场；联营体内小时市场、日前市场和平衡市场。

双边交易模式的最大特点是交易双方为发电商与最终电力用户或者双方各自的代理或中介机构，不再强制电力供购双方参与，绝大部分的电力实物交易都是由供购双方协商完成的，交易量和交易价格不再由集中的市场统一确定。

该模式一般不单独存在，而是与电力联营模式共存，且双边交易市场所占的份额较大。准确地讲，当前实际应用的双边交易模式都应该称为 P＋B 模式。与电力联营模式相比，双边交易模式下的竞争更加充分。在该模式下，市场交易与调度运行职能一般被分离。市场交易由 PX 或 SC 负责，确定交易量以及交易价格。其中 PX 负责联营市场的运营，SC 负责双边交易的协调。ISO 负责调度运行职能，确保全系统安全、可靠运行。一旦电网出现阻塞或其他安全隐患，ISO 负责启动输电阻塞管理程序，协调各市场的交易。ISO 还负责辅助服务市场的运行，并制定输电电价和辅助服务价格。目前，北欧、英国 NETA 模式下的电力市场，以及美国加利福尼亚州等的电力市场都采用这种模式。

与电力联营模式相比，双边交易模式的市场更接近于一般的商品市场，具有一定的优点。首先，在这一模式下，市场参与者享有更多自主权，强调电力买卖双方自愿根据协商的价格以合同形式成交交易，而不必通过中央管理过程；其次双边交易为需求侧提供充分的参与机会，需求侧的参与会使需求侧管理和它的价格的杠杆作用加强；再次，电力联营体的市场风险得到了转移和弱化。

虽然双边交易模式有上述优点，一些自由市场的推崇者也宣扬纯双边交易模式，但其弊端是不可回避的。首先，各个供购双方进行交易协商和合同签订等的交易成本很高。其次，对合同双方而言，承受的交易对象的信用风险较大。再次，在电力市场中，纯双边交易模式有一定的操作困难。在一个纯双边交易的市场中，有时很难全面和及时地掌握市场信息，这会使得市场在短期内无法有效且有序地运行。另外，当阻塞发生或出现事故等情况时，一般需要一个中央协调机构来分配网络这样的稀缺资源，并协调各方的运行状况，调整电网的运行状态，达到市场的良性运营。最后，在现有的垄断体制中，电力系统的运行控制和管理一直是集中的，从这样一个旧体制过渡到完全双边交易跨度极大，不利于平稳过渡。

3. 多边交易模式

多边交易模式中不仅存在市场或机构，而且考虑了经纪人、零售商等市场中间环节，是在双边交易模式基础上发展起来的一种更广泛的、基于分布协调的市场模式，可以看作双边交易模式的高级形式。传统的集中协调功能被设计到信息结构之中，市场交易与调度运行完全分离。该模式反映了电力市场的真实特点——部分管制下的竞争，并且能够与现有的两种基本模式共存于同一市场框架中。协调多边交易模式从理论上讲比较完美，但是只适用于充分竞争的市场环境。

**二、电力市场交易类型**

电力市场中的交易按照交易标的性质的不同，可分为两大类：电力实物交易和电力金融交易。电力实物交易的主要对象是电量、辅助服务、输电权等。电力金融交易有期货交易、期权交易、差价合约和金融输电权等。电力实物交易可分合约交易和现货交易，合约交易一般采取双边合同，现货交易主要指日前市场和实时平衡部分，采取竞价上网的形式。

日前市场是电力市场的最主要特色之一，通过它实现电力商品的竞争，实现竞价上网，提高电力工业的整体效益。目前世界上采取形式最多的是分时竞价模式的日前市场，将每天 24h 分多个时段，在执行日前一天发电企业提出报价方案，交易中心进行市场出清，经安全校核后，得出发电机组或发电企业的次日负荷计划。实时交易时进行连续的实时平衡。

我国电力交易的原则：合约交易为主，现货交易为辅。合约电量由市场运营机构按规定的原则进行年度/月度分解（东北电力市场按年度、月度进行竞价，华东电力市场采用年度合约、月度竞价模式，最终通过日前市场，以差价合约形式实现）。

电力市场是不完全的垄断市场，发电企业的报价对市场有一定的影响，即有一定的市场力，电力市场的竞价模式或电力市场运营规则对电力市场的运营的有效性影响很大。

# 7.2 竞价的模型和算法

集中交易的电力市场通过竞价交易的方式匹配参与投标的发电商与用户，或在众多参与发电商中进行取舍以确定发电任务分配。在现代经济学中，对于竞价机制的研究是由拍卖理论完成的。将一般商品的拍卖机制用于电力市场，并考虑电力商品的特殊性，便可设计出电力市场的各种竞价机制。电力市场的竞价机制按照不同的分类标准可以分为静态竞价和动态竞价，开放式竞价和密封式竞价等。静态竞价时电厂只有一次投标机会，又分为歧视性竞价和统一竞价，前者是指赢得了投标的电厂按其报价获得报酬，后者是指对所有中标电厂统一按市场边际电价给付报酬。动态竞价时电厂可以在观察市场出清价和其他对手的出清情况后修改自己的报价。目前大多数电力市场都是采用密封统一价格竞价的形式。

报价规则对于竞价来说是一个至关重要的问题。电能竞价交易中采用的报价形式主要有两种：简单标和复合标。简单标报价要求电厂以电量—价格对的形式给出每个时段的报价曲线，机组运行的技术约束必须由电厂自己考虑，电力交易中心不负责机组的启停安排。复合标报价要求电厂上报的电价曲线可包含更多参数，除含增量价格外，还有开机价格、无负荷价格，甚至还可包括机组爬坡速率等技术参数。复合标报价能够考虑发电商的真实成本特性，从而有可能更有效地使系统购电成本最小化，并有利于降低发电商的风险；而缺点是竞价算法复杂，透明度低，缺乏激励机制。简单标报价情况下的竞价算法简明易操作，透明度高；但缺点是发电商必须使很多决策内部化，面临较大的风险。有些电力市场，如澳大利亚，允许市场参与者在简单标形式下多次修改或更新报价信息，为发电商规避市场风险提供了有效的手段。

电能的交易与出清是电力市场的核心任务。电能竞价交易通常采用分时竞价方式，在交易周期开放后，参与竞价的发电商（或用户）按照报价规则向市场组织者，如调度中心或者交易中心，上报自己在每交易时段的电价和电量曲线及相关技术参数，然后市场组织者根据社会效益最大化的市场经济原则，在满足系统运行约束的前提下进行供需匹配，得到市场出清价和出清负荷，并根据各个参与者的报价情况决定其中标电量。可见，市场竞价是典型的最优化问题。

**一、竞价模型**

最优化问题是指在一定的约束条件下，决定某个或某些可控制的因素应有的合理取值，使选定的目标达到最优的问题。竞价问题的控制变量是投标机组的中标电量，目标函数与不同的评价标准相关，可表现为多种形式。对于不同时间级的市场，系统运行调度人员在进行竞价时所掌握的信息、市场的投标及结算规则等是不同的，竞价模型因而在目标函数与约束条件上有所差异，但基本原理是相似的。本节以日前市场为例给出竞价模型的描述。

1. 目标函数

根据市场经济原则，商品交易的目标是最大化社会效益，因此电能竞价的目标函数可表示为 $\max(B_D - C_G)$，其中：$B_D$ 为用户使用电能的收益；$C_G$ 为从发电商处获取电能的成本。

当用户侧不参与市场竞争时，所有用户执行的是统一的固定电价，目标函数中 $B_D$ 将是固定值，在优化问题中失去意义，目标函数可转化为 $\min C_G$，即市场的总购电费用最小。

根据结算规则的不同，购电费用可表示如下：

（1）按边际电价统一结算。购电费用为

$$F_M = \min \sum_{t=1}^{T} \sum_{i=1}^{N} \rho_{SMP}(t) P_i(t) \tag{7-1}$$

$$\rho_{SMP}(t) = \max_i \{ \rho_1[P_1(t)], \cdots, \rho_i[P_i(t)], \cdots, \rho_N[P_N(t)] \} \tag{7-2}$$

式中：$F_M$ 为按边际电价统一结算下的购电费用；$T$ 为交易周期的时段数，以 1h 或 0.5h 为一个交易时段；$P_i(t)$ 为第 $i$ 个发电机组（或发电厂、发电公司）在 $t$ 时段的中标电量，当 $t$ 以小时表示时，$P_i(t)$ 即机组出力；$i$ 为执组序号；$N$ 为机组总数；$\rho_{SMP}$ 为系统边际电价；$\rho_i[P_i(t)]$ 为机组 $i$ 出力为 $P_i$ 时的报价。

（2）按各机组实际报价结算。购电费用为

$$F_B = \min \sum_{t=1}^{T} \sum_{i=1}^{N} \rho_i[P_i(t)] P_i(t) \tag{7-3}$$

式中：$F_B$ 为按各机组实际报价结算的购电费用。

在不完全竞争市场中，发电商有机会通过博弈行为获取更大利润，因此其报价常偏离真实成本。但在完全竞争市场中，每个发电商都是价格接受者，合理的市场规则设计将促使其按真实成本报价，此时系统的最小购电费用等同于最小发电成本。采用复合标时，竞价模型就与传统垄断体制下的日前发电计划制订问题，即机组组合问题本质上是一样的，目标函数可表示为

$$\min \sum_{t=1}^{T} \sum_{i=1}^{N} \{C_i[P_i(t) + S_i(t)]\} U_i(t) \tag{7-4}$$

式中：$C_i[P_i(t)]$ 为机组的发电成本；$S_i(t)$ 为机组的启动成本；$U_i(t)$ 为开关变量，以 0、1 分别表示机组开、停机状态。

2. 约束条件

竞价模型需满足的约束条件包括以下三类：

（1）功率与容量约束。与发电机组功率、容量有关的约束条件，具体如下：

1）系统功率平衡的等式约束为

$$\sum_{i=1}^{N} P_i(t) U_i(t) = P_D(t), \quad t = 1, 2, \cdots, T \tag{7-5}$$

式中：$P_D(t)$ 为系统总负荷功率。

2）机组出力不等式约束条件为

$$P_{i,\min} \leqslant P_i(t) U_i(t) \leqslant P_{i,\max}, \quad t = 1, 2, \cdots, T; i \in N \tag{7-6}$$

3）系统备用不等式约束为

$$\sum_{i=1}^{N} R_i(t) \geqslant R(t), \quad t = 1, 2, \cdots, T \tag{7-7}$$

$$R_i(t) = \max[P_{i,\max} - P_i(t), UR_i, DR_i] \tag{7-8}$$

式中：$R_i(t)$ 为机组可提供的备用，它取决于机组当前的出力状况与爬坡能力；$UR_i$，$DR_i$ 分别为 $i$ 号发电机组的增、减负荷爬坡率。

（2）时间相关约束。

1）发电机组最小开停机时间约束为

$$[X_i^{on}(t-1) - T_i^{on}][U_i(t-1) - U_i(t)] \geqslant 0 \tag{7-9}$$

$$[X_i^{off}(t-1) - T_i^{off}][U_i(t) - U_i(t-1)] \geqslant 0 \tag{7-10}$$

式中：$X_i^{on}$、$X_i^{off}$ 分别为机组已经开、停机的持续时间；$T_i^{on}$、$T_i^{off}$ 分别为机组的最小允许开、停机时间。

2）发电机组爬坡速率约束。

机组升出力时为

$$P_i(t) - P_i(t-1) \leqslant UR_i \tag{7-11}$$

机组降出力时为

$$P_i(t-1) - P_i(t) \leqslant DR_i \tag{7-12}$$

（3）网络安全约束。网络安全约束包括线路传输约束、电压安全约束以及系统安全校验等。竞价问题的基本模型常假设所有机组位于同一电气节点，不计线路约束及其他系统安全约束，因此会出现电能交易不可行的情况，需调度人员进行重新调整。这种调整往往是经验，很难保证结果的最优性，因此有必要在竞价中直接考虑网络安全约束。这些约束可表示如下：

1）线路传输约束为

$$-P_{1,\min} \leqslant P_1(t) \leqslant P_{1,\max} \qquad (7-13)$$

2）系统无功平衡及发电机无功上、下限约束为

$$\sum_{i=1}^{N} Q_i(t)U_i(t) = Q_D(t) \quad t=1,2,\cdots,T \qquad (7-14)$$

$$Q_{i,\min} \leqslant Q_i(t)U_i(t) \leqslant Q_{i,\max} \quad t=1,2,\cdots,T; \quad i \in N \qquad (7-15)$$

3）系统电压和变压器分接头约束为

$$V_{\min} \leqslant V \leqslant V_{\max} \qquad (7-16)$$

$$TF_{\min} \leqslant TF \leqslant TF_{\max} \qquad (7-17)$$

上述为竞价问题的典型描述，此外，可消耗的一次能源、环境、网损、交换功率、市场均衡等约束也会出现在具体的竞价问题中。

**二、竞价算法**

竞价是典型的混合整数优化问题，可采用各种数学及人工智能的优化算法解决，常用的如排队法、等报价法（或等微增率法）、动态规划法、拉格朗日松弛法、混合整数规划法等。不同的算法分别适应于不同类型的报价曲线，适合解决不同类型的约束条件。以下介绍两种最常用的算法：排队法和拉格朗日松弛法。

1. 排队法

排队法也称优先级表法，既可以用于解决机组经济组合或机组开停问题，又可以用于解决经济功率分配问题。排队法可以用于各种周期，包括年、月、日的计划、校正和控制以及实时调度之中。排队法的使用条件是报价必须是分段水平线（阶梯形）。

排队法就是把所有机组按照报价高低排序，优先将报价低的发电匹配给负荷，最终达到供求平衡时，最后一台满足系统负荷的机组称为边际机组，其报价即为系统边际价格。下面以两台机组的小系统为例说明排队法。

【例 7-1】　设两台机组的报价数据见表 7-1，其报价曲线如图 7-1 所示。其中，$i$ 为机组序号，$i=1,2$；$(P_{ik},\rho_{ik})$ 为机组 $i$ 的第 $k$ 个报价，表示期望在价格为 $\rho_{ik}$ 时发出 $P_{ik}$ 的功率；$k$ 为报价曲线的分段序号。$k=0$ 时为各机组对应的最小发电功率及对应报价。当系统负荷给定后，两台机组通过竞争确定供电的机会，为此，需建立表 7-2 所列的排队表。

表 7-1　　　　　　　　　　　　　机 组 的 报 价 数 据

| $i$ | $k$ | $P_{ik}$（MW） | $\rho_{ik}$［元/（MW·h）］ |
|---|---|---|---|
| 1 | 0 | 50 | 340 |
| | 1 | 100 | 340 |
| | 2 | 150 | 380 |
| | 3 | 200 | 420 |
| | 4 | 250 | 460 |
| 2 | 0 | 100 | 380 |
| | 1 | 150 | 380 |
| | 2 | 200 | 400 |
| | 3 | 250 | 420 |
| | 4 | 300 | 440 |

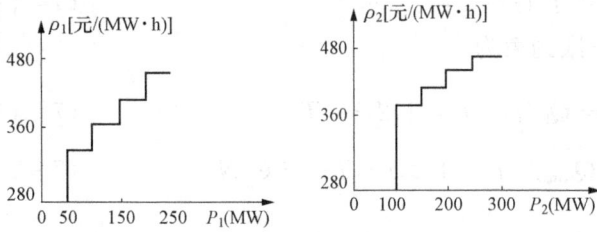

图 7-1 机组的报价曲线

表 7-2 中，按照机组每段报价 $\rho_{ik}$ 的高低依次列出了其报价 $\rho_{ik}$、机组号 $i$、报价的分段号 $k$，以及计算得出的各排队号对应的系统最大发电功率 $\sum P_{ik}$，同时给出了此时系统各机组的最小功率之和 $\sum P_{i,\min}$ 和最大功率之和 $\sum P_{i,\max}$。

**表 7-2** 机组竞价的排队表

| 排队号 | $\rho_{ik}$ [元/(MW·h)] | $i$ | $k$ | $\sum P_{ik}$ (MW) | $\sum P_{i,\min}$ (MW) | $\sum P_{i,\max}$ (MW) |
|---|---|---|---|---|---|---|
| 1 | 340 | 1 | 1 | 100 | 50 | 250 |
| 2 | 380 | 1 | 2 | 150 | 50 | 250 |
| 3 | 380 | 2 | 1 | 300 | 150 | 550 |
| 4 | 400 | 2 | 2 | 350 | 150 | 550 |
| 5 | 420 | 1 | 3 | 400 | 150 | 550 |
| 6 | 420 | 2 | 3 | 450 | 150 | 550 |
| 7 | 440 | 2 | 4 | 500 | 150 | 550 |
| 8 | 460 | 1 | 4 | 550 | 150 | 550 |

当给定系统负荷 $P_D$ 后，通过查表 7-2，即可得到竞价结果。表 7-3 列出了 $P_D$ 分别取值 250、350、500MW 时系统的竞价结果。下面以时段 2（$P_D=350$MW）为例，展示表 7-3 的计算过程。在表 7-2 中，查到 $\sum P_{ik}=350$MW 时排队号为 4，边际成本 $=400$ 元/(MW·h)，再查表 7-1，可知此时 $P_1=150$MW，$P_2=200$MW。由此，可计算系统按报价结算的费用 $F_B$ 和按边际成本结算的费用 $F_M$。即

$$F_B = \rho_{12}P_1 + \rho_{22}P_2 = 13\ 700 \text{ 元}/h$$

$$F_M = \rho_{SMP}P_D = 14\ 000 \text{ 元}/h$$

**表 7-3** 机组竞价及结算结果

| 时段 | $P_D$ (MW) | 排队号 | $\rho_{ik}$ [元/(MW·h)] | $P_1$ (MW) | $P_2$ (MW) | $F_B$ (元/h) | $F_M$ (元/h) |
|---|---|---|---|---|---|---|---|
| 1 | 250 | 3 | 380 | 150 | 100 | 95 000 | 95 000 |
| 2 | 350 | 4 | 400 | 150 | 200 | 137 000 | 140 000 |
| 3 | 500 | 7 | 440 | 200 | 300 | 216 000 | 220 000 |

排队法在实用中有两个难点：

（1）报价相同时的公平性问题。以 $P_D=420$MW 为例，由表 7-2 可见，此时机组 1 和机 2 报价相同，而两机组能提供的总电量大于 420MW，因此在保证 $P_1+P_2=420$MW 的前提下，在 $P_1=150\sim200$MW、$P_2=150\sim200$MW 之间有多种选择，如 $P_1=180$MW、$P_2=240$MW，或 $P_1=190$MW、$P_2=230$MW 等。这两种答案，机组的报价以及边际电价都等于 420 元/(MW·h)，因此 $F_M$ 是相同的，$F_B$ 也是相同的，无论以哪种目标函数，都无法区分它们之间的不同。但不同的中标电量下两个机组自身的效益是不同的，为公平起见，这种情

况需要在市场规则设计中事先加以明确，如规定以报价的时间次序先到先得，或对报价相等的部分平均分配。

（2）时间关联约束，即机组的爬坡速率及启停时间等约束难以处理。这可通过对约束进行时间解耦的动态排队来解决。所谓动态排队，即在竞价中，排队表不是一成不变的，而是在每一负荷水平下重新计算，并将时间关联约束解耦处理，将其作用加入排队表的计算中。例如，若 $t-1$ 时段机组出力记为 $P_i(t-1)$，则根据机组爬坡约束 [见式（7-11）和式（7-12）]，可将式（7-6）所示的机组出力约束 $P_{i,\min} \leqslant P_i(t)U_i(t) \leqslant P_{i,\max}$ 修正为

$$\underline{P_i} \leqslant P_i(t)U_i(t) \leqslant \overline{P_i} \tag{7-18}$$

式中

$$\underline{P_i} = \min[P_i(t-1) - DR_i, P_{i,\min}] \tag{7-19}$$

$$\overline{P_i} = \max[P_i(t-1) + UR_i, P_{i,\max}] \tag{7-20}$$

**2. 拉格朗日松弛法**

对于复合标竞价模型，其目标函数可由式（7-4）表示，决策变量增加了整数型的机组启停机状态 $U_i(t)$，求解时，需在确定 $U_i(t)$ 的基础上，再进一步进行开机机组间的经济功率分配，即确定 $P_i(t)$。在传统电力系统调度中，这称为机组组合问题。机组组合是典型的混合整数优化问题，维数高时求解困难，但鉴于该问题的约束条件明显可分为只与单一机组有关的机组约束及与系统所有机组有关的系统约束两类，因此非常适合采用基于对偶分解技术的拉格朗日松弛法。拉格朗日松弛法计算量与机组数目呈线性关系，且机组数目越多算法效果越好，可灵活处理多种约束条件，并且算法中系统功率约束相关的拉格朗日乘子即等于系统边际发电成本，有实际经济意义。拉格朗日松弛法在工程上已得到成功应用。

针对式（7-4），可引入拉格朗日乘子对系统功率平衡约束进行松弛处理（其他的系统约束可同理处理），建立对偶函数

$$L = \sum_{t=1}^{T}\sum_{i=1}^{N}\{C_i[P_i(t)] + S_i(t)\}U_i(t) + \sum_{t=1}^{T}\lambda(t)\Big[P_D(t) - \sum_{i=1}^{N}P_i(t)U_i(t)\Big] \tag{7-21}$$

在给定拉格朗日乘子 $\lambda(t)$ 的前提下，式（7-21）具有按机组可分解的特点，即

$$L = \sum_{t=1}^{T}\Big\{\sum_{i=1}^{N}\{C_i[P_i(t)] + S_i(t) - \lambda(t)P_i(t)\}U_i(t) + \lambda(t)P_D(t)\Big\} \tag{7-22}$$

考虑到式（7-22）中最后一项 $\lambda(t)P_D(t)$ 为常数，对最优解的求取无影响，因此各机组有子问题

$$L_i = \sum_{t=1}^{T}\{C_i[P_i(t)] + S_i(t) - \lambda(t)P_i(t)\}U_i(t) \tag{7-23}$$

式（7-23）可决策拉格朗日乘子 $\lambda(t)$ 给定条件下，满足机组约束的机组启停状态，一般采用动态规划法求解。对于任一台 $U_i(t) = 1$ 的机组，有

$$\left.\begin{array}{ll} P_i = P_{\min}, & \lambda(t) < \dfrac{\partial C_i[P_i(t)]}{\partial P_i} \\[2ex] P_{\min} < P_i < P_{\max}, & \lambda(t) = \dfrac{\partial C_i[P_i(t)]}{\partial P_i} \\[2ex] P_i = P_{\max}, & \lambda(t) > \dfrac{\partial C_i[P_i(t)]}{\partial P_i} \end{array}\right\} \tag{7-24}$$

为方便求解，式（7-4）中的发电成本函数 $C_i[P_i(t)]$ 在机组组合中常采用分段线性曲线的

形式。此时，由于成本曲线的每一段都是线性的，因此在边际成本曲线上的对应段就是常数。

拉格朗日松弛法的原理框图如图 7 - 2 所示。

算法中，拉格朗日乘子 $\lambda(t)$ 的修正有至关重要的作用，常采用下式的方法

$$\lambda^{i_{\text{ter}}+1}(t) = \max\left\{\lambda^{i_{\text{ter}}}(t) + \frac{1}{\sigma + \mu i_{\text{ter}}}\left[P_D(t) - \sum_i^N P_i(t)\right], 0\right\} \quad (7-25)$$

式中：$\sigma$、$\mu$ 为常数，其值影响收敛速度，选取时与系统规模有关，需根据经验确定。

拉格朗日乘子初值可取零，或采用排队法经济调度所形成的系统边际成本（收敛性更好）。由式（7 - 21）最优解存在的条件

$$\frac{\partial L}{\partial P_i} = \frac{\partial C_i[P_i(t)]}{\partial P_i} - \lambda(t) = 0$$

可得

$$\lambda(t) = \frac{\partial \sum_i^N \{C_i[P_i(t)] + S_i(t)\}U_i(t)}{\partial P_i}$$
$$= \frac{\partial C_i[P_i(t)]}{\partial P_i} \quad (7-26)$$

即拉格朗日乘子 $\lambda(t)$ 等于系统边际机组的增量成本，也称为系统边际电价的影子价格。

$\lambda(t)$ 反映了发电资源在系统内的稀缺程度，$\lambda(t)$ 越大，说明发电资源在系统内越稀缺，发电成本高的机组越容易开机。如式（7 - 24）中，第 1 式表示了机组强迫开机的情况；第 2 式表示的是系统边际机组的情况；而第 3 式表示的是发电成本低于系统边际电价机组的情况。这些机组多发电对系统的经济性是有利的，但机组的出力上限制约了它们的发电量。

由于机组组合问题的目标函数是非凸的，因此需要根据对偶问题的优化解采取一定的措施构造原问题的优化可行解，并根据相对对偶间隙判断求解是否收敛。相对对偶间隙的表达式如下

$$Relative\_duality\_gap = \frac{primal - dual}{dual} \quad (7-27)$$

式中：$primal$ 与 $dual$ 分别表示式（7 - 21）与式（7 - 4）的目标函数。

拉格朗日松弛法的求解机理与电能拍卖的交易机制恰好吻合。其求解过程可以这样来解释：式（7 - 4）模拟独立系统运行机构（ISO）对电能交易的集中调度，目的是以最小的购电成本满足负荷需求，并确定电价。当给定 $\lambda(t)$ 时，相当于 ISO 发布次日 $T$ 个时段的预测电价；然后，在单机子问题式（7 - 23）中，每个发电商将根据利益最大化原则决策 $\lambda(t)$ 下自己最优的启停方案和机组出力，并将决策结果告知 ISO；一次迭代结束后，ISO 根据发电

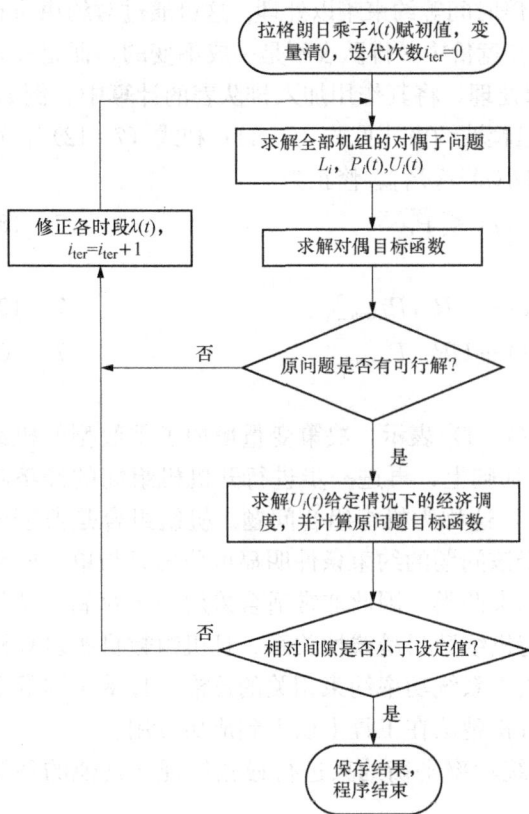

图 7 - 2 拉格朗日松弛法的原理框图

商的决策情况判断系统负荷是否得到了满足，如果电能供给过多或过少，则调整预测电价 $\lambda(t)$，引导发电商进行新的决策；对 $\lambda(t)$ 的调整直到 ISO 找到最优的发电计划为止。单机子问题的求解机理则完全反映了电力市场中发电商追求最大化利润的目的，式（7-22）的前半部分是机组的发电成本，后半部分是机组的收益，加在一起恰好是发电商利润的计算式（ $L_i$ 为利润的负值），当利润为负时，最优的机组状态是关机，表示发电商有权选择以退出运行的方式避免自己的损失。但是，由于每个发电商都是独立进行决策的，因此 ISO 需在发电商决策机组的启停状态后调整机组的出力以保证系统的供需平衡，这就使得实际的电价并不等于 $\lambda(t)$，也就完成了复合标拍卖中对部分峰荷机组的固定成本补偿。

## 7.3　发电商的竞价策略

电力市场环境下，发电商作为电力市场竞争的主体，将采用某种竞价策略，通过调整报价参数，来实现其自身利益最大化的目的。通常认为在理想的完全竞争的电力市场中，发电商的最优竞价策略是按边际成本报价。然而，实际的电力市场往往是一个不完全竞争的市场，这样发电商就可以利用市场结构的不完美性，通过策略性报价或称之为行使市场力获取超额利润。

电力市场化改革首先是在发电侧引入竞争机制，发电公司实行竞价上网。发电公司竞价归纳起来主要有以下三种方法：

1. 基于预测市场出清价的策略性报价方法

该方法在原理上相当简单，如果一个发电公司可以准确预测出市场的出清价，且该价格高于成本，那么他只要报出稍微低于市场的价格即可获利。然而，预测市场出清价格是一个相当困难的任务，需要对负荷需求、其他发电公司的投标行为以及输电拥塞状况有一个比较全面的了解。由于很多电力市场刚建立不久，历史数据尚不充分，要对市场价格做比较准确的预测相当困难。另外，这种方法采用了一个隐含的假设，假设电力市场是完全竞争的，即任何一个发电公司的竞价策略不会影响市场出清价格。由于电力市场更接近于寡头垄断市场，这个假设很难成立，所以这种方法较少使用。

2. 基于预测其他竞争对手的报价行为的方法

这种方法需要对整个市场中所有竞争对手的竞价策略以及费用函数的分布密度的各项参数进行预测，然后利用概率论或者模糊数学的方法得到报价曲线和收益函数的期望值，最终决定自己的竞价策略。

3. 基于博弈论的策略性报价方法

该方法大体可分为两类。第一类是基于矩阵博弈模型，首先将候选的投标策略表示为离散量，以迎合这种模型的特征。当投标策略为几个离散点时，可以构造各个发电公司采用不同的策略组合时的收益矩阵（payoff matrix），进而找到一个平衡的投标策略组合，该平衡点对应于最优的投标策略。第二类是基于寡头博弈模型（oligopoly），主要是古诺模型、伯特兰德模型和供给函数模型（supply function model）。这些模型的平衡点对应于发电公司的最优投标策略。

上述前两种方法主要用于研究发电公司之间的非合作竞价策略，博弈论方法既可用于研究发电公司之间的非合作竞价策略，也可以用于研究合作竞价策略。博弈论现已成为研究发电公司竞价的主要工具。

各种人工智能的方法，如人工神经网络、模糊理论、遗传算法及专家系统都被研究应用于电力市场竞价中。但这种方法只适用于运行已经相当成熟的电力市场，其历史数据具有较好的统计特性，对于刚投入运行的电力市场并不适用。

## 7.4　电力市场中发电厂商竞价的博弈论方法

电力市场不是一个完全意义上竞争的市场，而是一个典型的寡头垄断的市场。博弈论是经济学上研究寡头垄断市场常采用的工具之一，是专门研究两个或两个以上有利益冲突的个体，在有相互作用的情况下，如何进行各自优化决策的理论。因此，用博弈论来研究电力市场主体的行为应该是比较合适的。下面介绍古诺模型、伯特兰德模型、供给函数均衡。

### 一、古诺模型

古诺模型用来分析厂商通过决策产量来竞争的情形。假设只有两家公司在某商品市场中竞争，两家公司必须同时决策产量，则每家在做决策时都将估计另外一家的预期产量。假设公司 1 估计公司 2 的产量等于 $y_2^e$（上标 e 表示是估计产量），则公司 1 将其产量定为 $y_1$ 以使预期利润最大化，即

$$B_1 = \max_{y_1}[\rho(y_1 + y_2^e)y_1 - c(y_1)] \tag{7-28}$$

式中：$B_1$ 为公司 1 最大预期利润；$\rho(y_1 + y_2^e)$ 为预期总产出为 $y_1 + y_2^e$ 时的市场价格。

因此，公司 1 的最佳生产取决于它对公司 2 产量的估计。可以直接用一个反映函数来表示这个关系，即

$$y_1 = f_1(y_2^e) \tag{7-29}$$

同理可得，公司 2 的产量为

$$y_2 = f_2(y_1^e) \tag{7-30}$$

起初，每个公司对其竞争对手产量的推测可能是不正确或不准确的。然而，随着他们不断地观察市场并收集更多的信息，估计的偏差会逐步修正，产量将相应地调整。最终，他们的生产将调整到任何一方都不想再改变的位置，即达到古诺均衡

$$y_2^* = f_2(y_1^*), \quad y_1^* = f_1(y_2^*) \tag{7-31}$$

在古诺均衡点上，任何一个公司都将发现，单方面改变其产量是无益的。将上述分析推广到市场上有 $n$ 个参与者的情况，此时该产业的总产出为

$$Y = y_1 + \cdots + y_n \tag{7-32}$$

与前面的分析相同，公司 $i$ 寻求其利润最大化，即

$$B_i = \max_{y_i}[y_i\rho(Y) - c(y_i)] \tag{7-33}$$

其中，$B_i$ 为公司 $i$ 最大预期利润；市场价格 $\rho(Y)$ 是产业总产出的一个函数，这个最大值实现的条件是

$$\frac{\mathrm{d}}{\mathrm{d}y_i}[y_i\rho(Y) - c(y_i)] = 0 \tag{7-34}$$

即

$$\rho(Y) + y_i\frac{\mathrm{d}\rho(Y)}{\mathrm{d}y_i} = \frac{\mathrm{d}c(y_i)}{\mathrm{d}y_i} \tag{7-35}$$

在等式左边，将 $\rho(Y)$ 作为因子提出来，并把第二项乘以 $Y/Y$，可得

$$\rho(Y)\left[1+\frac{y_i}{Y}\frac{Y}{\mathrm{d}y_i}\frac{\mathrm{d}\rho(Y)}{\rho(Y)}\right]=\frac{\mathrm{d}c(y_i)}{\mathrm{d}y_i} \tag{7-36}$$

等式的右边即为公司 $i$ 生产的边际成本。如果定义公司 $i$ 的市场份额为 $S_i=y_i/Y$，并利用式（2-2）需求价格弹性的定义，则式（7-36）可以写成以下形式

$$\rho(Y)\left[1-\frac{S_i}{|E_\mathrm{d}(Y)|}\right]=\frac{\mathrm{d}c(y_i)}{\mathrm{d}y_i} \tag{7-37}$$

式（7-37）表明，当一个公司的市场份额不可忽略的时候，它可以将产量定在其边际成本小于市场价格的水平上来达到利润最大化。同时还揭示，低的需求价格弹性和高的市场集中度有利于市场力的实施。但值得指出的是，因为提高了产品的出售价格，一个公司实施市场力将使市场中的所有生产同类商品的公司获利，因此以减小市场力为目的的措施必须由代表消费者利益的监管机构发起，这种措施通常不会受到任何生产者的支持。

式（7-37）也适用于极端情况，即一个公司完全垄断市场（$S_i=1$）的情况和其市场份额微不足道（完全竞争市场）（$S_i=0$）的情况。价格与边际成本之间最大的差额发生在垄断的情况下，此时垄断者提高价格的能力仅受限于需求弹性。在公司只有很小市场份额的情况下，该公司将成为价格接受者。

**二、伯特兰德模型**

伯特兰德模型用来分析厂商通过制定价格来竞争的情形。假设市场上两个生产相同产品的公司有相同的边际成本曲线，每个公司能售出多少产品由市场需求决定。由于没有一家公司能够将其价格定得低于产品的边际成本（这样将导致亏损），因此，如果公司 1 决定将其价格定在边际成本以上，公司 2 可以将其价格定得略低于公司 1 的定价而获得整个市场。这是因为两家公司生产的产品是相同的，所有理智的消费者都会选择价格较低者。下一次，公司 1 又可以将其价格定得低于公司 2 的价格而夺回市场。经过多次回合后，当价格与产品的边际成本一致时，市场达到一个相对稳定的均衡。

伯特兰德模型的分析结果是违反直觉的，因为人们常认为双寡头竞争者有能力获得一个比完全竞争市场要高的价格。因此，伯特兰德模型可以看作是不能相互勾结的公司之间的竞争。在这种情况下，竞争价格就是公司能够理性地期望达到的最好价格了。

大多数情况下，公司相互勾结起来共同确定价格或瓜分市场的行为是非法的。因此，公司间的勾结就会以一种隐蔽的、心照不宣的方式发生，各公司在一定规则的基础上竞争，通过公开价格互相发送信号。当公司能够相互勾结时，他们就可能将价格提高到高于边际价格，并获得满意的利润。这种情形需要用协作博弈的理论来分析。

**【例 7-2】** 设某电力市场中有 A、B 两个发电商相互竞争供电，他们的发电成本特性 $C_\mathrm{A}$、$C_\mathrm{B}$ [元/(MW·h)] 为

$$C_\mathrm{A}=300P_\mathrm{A} \tag{7-38}$$

$$C_\mathrm{B}=350P_\mathrm{B} \tag{7-39}$$

市场的反需求函数 $\rho$[元/(MW·h)] 为 $\rho=1000-D$。试对两发电商的不完全竞争进行伯特兰德模型和古诺模型分析。

**解** （1）假设在该市场中采用伯特兰德模型。由于发电商 A 的发电边际成本较低，他会将投标电价确定在略低于发电商 B 发电边际成本 [350 元/(MW·h)] 的水平，于是他将

占领整个市场。在这个价格下市场需求是 650MW·h，发电商 A 每小时将获得利润 32 500 元。而发电商 B 不管以这个价格销售多少电能都会亏损，因此将停止发电，显然也就不能实现盈利。

（2）假设在该市场中采用古诺模型。市场状态将由每个发电商制定的发电策略决定。假设发电商 A 和 B 均决定发电 50MW·h，根据古诺模型，市场价格必定使得需求量等于发电量，总需求量就是 100MW·h，根据反需求函数，市场价格将是 900 元/(MW·h)。结合市场价格和发电量，可以很容易计算出发电商 A 和 B 获得的利润分别是 29 000 元和 30 000 元。

上述分析可用图 7-3 所示单元格说明。

| 需求(MW·h) | A利润(元) | | 100 | 30 000 |
|---|---|---|---|---|
| B利润(元) | 价格[元/(MW·h)] | | 29 000 | 900 |

图 7-3 古诺模型得益分析的单元格

同理，其他发电量组合也可以得到类似的单元格，见表 7-4。

表 7-4 古诺模型的得益分析

| 发电量 | $P_A=150MW·h$ | | $P_A=200MW·h$ | | $P_A=250MW·h$ | | $P_A=300MW·h$ | |
|---|---|---|---|---|---|---|---|---|
| $P_B=100MW·h$ | 250 | 67 500 | 300 | 80 000 | 350 | 87 500 | 400 | 90 000 |
| | 40 000 | 750 | 35 000 | 700 | 30 000 | 650 | 25 000 | 600 |
| $P_B=150MW·h$ | 300 | 60 000 | 350 | 70 000 | 400 | 75 000 | 450 | 75 000 |
| | 52 500 | 700 | 45 000 | 650 | 37 500 | 600 | 30 000 | 550 |
| $P_B=200MW·h$ | 350 | 52 500 | 400 | 60 000 | 450 | 62 500 | 500 | 60 000 |
| | 60 000 | 650 | 50 000 | 600 | 40 000 | 550 | 30 000 | 500 |
| $P_B=250MW·h$ | 400 | 45 000 | 450 | 50 000 | 500 | 50 000 | 550 | 45 000 |
| | 62 500 | 600 | 50 000 | 550 | 37 500 | 500 | 25 000 | 450 |

表 7-4 说明了古诺模型下两发电商 A 和 B 的相互影响。经过分析，其纳什均衡点如下：发电商 A 发电为 250MW·h，其利润为 62 500 元；发电商 B 发电为 200MW·h，其利润为 40 000 元；总供电量为 450MW·h，市场价格为 550 元/(MW·h)。在平衡状态，两个发电商都不会改变发电量，因为他们都不可能在对手的利润不变差的前提下改善自己的利润。发电商 A 由于发电边际成本较低，占据市场较大的份额，同时也并没有将发电商 B 完全排挤出市场。这两个发电商可以维持远高于发电边际成本的电价。可以看出本模型得出的价格高于伯特兰德模型决策的价格。

某些情况下表 7-4 应该采用更小的发电量步长进行分析，以得出更精确的结果。除了通过单元表格针对所有可能的发电量组合进行得益分析外，古诺模型也可以用解析方法构造方程组解决。由于每个发电商的决策变量是发电量，其利润可表示为

$$\Omega_A(P_A,P_B) = \rho(D)P_A - C_A P_A \tag{7-40}$$

$$\Omega_B(P_A,P_B) = \rho(D)P_B - C_B P_B \tag{7-41}$$

这里，$\rho(D)$ 代表反需求曲线。如果两发电商均试图最大化利润，就有两个相互独立的优化问题。由于这两个发电商处在同一个市场中，并且必须满足供给等于需求的条件，因此这两个优化问题不能各自独立解决，必须满足

$$D = P_A + P_B \tag{7-42}$$

对于每个优化问题可以得出一个优化条件

$$\frac{\partial \Omega_A}{\partial P_A} = \rho(D) - \frac{dC_A}{dP_A} + P_A \frac{d\rho(D)}{dD} \frac{dD}{dP_A} = 0 \tag{7-43}$$

$$\frac{\partial \Omega_B}{\partial P_B} = \rho(D) - \frac{dC_B}{dP_B} + P_B \frac{d\rho(D)}{dD} \frac{dD}{dP_B} = 0 \tag{7-44}$$

由两发电商的成本特性式（7-38）、式（7-39）以及式（7-42）～式（7-44）构成联立方程，可以解得以下相应方程

$$P_A = \frac{1}{2}(700 - P_B) \tag{7-45}$$

$$P_B = \frac{1}{2}(650 - P_A) \tag{7-46}$$

解这两个方程可得到与上述表格描述相同的结果

$P_A = 250\text{MW} \cdot \text{h}, \quad P_B = 200\text{MW} \cdot \text{h}, \quad D = 450\text{MW} \cdot \text{h}, \quad \rho = 550 \text{元}/(\text{MW} \cdot \text{h})$

当市场中的参与者数量增加，博弈的得益分析将变复杂。为对多参与者的情况进行博弈分析，简单起见，设发电商 A 的竞争者数量增加，他们与发电商 B 参数一致。对于每个发电商都可以得到一个与式（7-43）或者（7-44）类似的优化条件，这两个方程要与反需求函数以及下列功率平衡方程一起求解

$$D = P_A + P_B + \cdots + P_N \tag{7-47}$$

式中：N 为在此电力市场中参与竞争的发电商的数量。

因为发电商 B～N 的参数是一致的，因此方程的求解相对容易，求得的他们的发电量是相同的。

**三、供给函数均衡**

古诺模型可以分析不完全竞争市场的运行，但应用于电力市场中会过高地预测市场价格，不够合理。因此，发电商的行为策略需要进行更复杂的表述，以获得接近现实的市场模型。这类模型中假设发电厂商的发电量与市场价格有关

$$P_f = P_f(\rho) \quad \forall f \tag{7-48}$$

于是，每个发电商的决策变量既不是电价也不是发电量，而是自身供给函数的参变量（投标中可以变动）。

在均衡情况下，总需求量等于全部电厂的发电量，即

$$D(\rho) = \sum_f P_f(\rho) \tag{7-49}$$

每个发电商的利润为

$$\Omega_f = \rho P_f - C_f(P_f) = \rho\Big[D(\rho) - \sum_{-f} P_{-f}(\rho)\Big] - C_f\Big[D(\rho) - \sum_{-f} P_{-f}(\rho)\Big] \quad \forall f \tag{7-50}$$

求这些利润函数相对于价格的微分并令其为 0，再经过整理，可以得到优化的必要条件

$$P_f(\rho) = \Big[\rho - \frac{dC_f(P_f)}{dP_f}\Big]\Big[-\frac{dD}{d\rho} + \sum_{-f} \frac{dP_{-f}(\rho)}{d\rho}\Big] \quad \forall f \tag{7-51}$$

全部发电商的优化条件构成方程组，其解就是市场的均衡点，也是所有发电商同时获得的利润最大的点。由于供给函数的参数为未知量，这些优化条件必然是微分方程。为方便求解微分方程组，通常假设供给函数和成本函数分别采用线性和二次形式

$$P_f(\rho) = \beta_f(\rho - \alpha_f) \quad \forall f \tag{7-52}$$

$$C_f(P_f) = \frac{1}{2}a_f P_f^2 + b_f P_f \quad \forall f \tag{7-53}$$

其决策变量为

$$X_f = \{\alpha_f, \beta_f\} \quad \forall f \tag{7-54}$$

设市场的反需求函数为

$$D = \sigma - \delta\rho \tag{7-55}$$

并设

$$V_f = \sum_{-f} \frac{\mathrm{d}P_{-f}(\rho)}{\mathrm{d}\rho} \tag{7-56}$$

将式（7-52）、式（7-53）和反需求函数式（7-49）代入式（7-51）可以求出决策变量的最优值，进一步可以计算出市场价格、需求量及每个发电商的发电量。决策变量的最优值为

$$\alpha_f(\rho) = \frac{b_f[V_f(\rho) + \delta]}{1 + a_f[V_f(\rho) + \delta]} \quad \forall f \tag{7-57}$$

$$\beta_f(\rho) = \frac{V_f(\rho) + \delta}{1 + a_f[V_f(\rho) + \delta]} \quad \forall f \tag{7-58}$$

　　本节描述的博弈模型应用于发电竞争时都存在一定的局限性。首先，它们的主要应用是用来预测中长期（数年时间）内发电商的市场份额，处理的是各个发电商的全部容量，因此用于每个发电机组的日常优化可能就不够准确了。其次，这些模型没有考虑非线性因素，如机组的空载成本、启动成本和动态约束等。最后，这些模型都是以短期利润最大化为目标进行分析的，问题描述可能过于简单，因为在某些情况下，拥有市场力的发电商为了增加或者维持市场份额（阻止新电厂进入或避免监管机构的干涉），可能限制甚至降低市场价格。

# 第8章 配电侧电力市场

## 8.1 国外配电侧电力市场概述

### 一、配电侧电力市场的概念

配电侧电力市场是与发电侧电力市场、输电网开放等电力工业市场化改革的宏观步骤相适应的，对传统配电侧（包括配电网运营、电力销售、用户等环节）的经营管理模式进行打破垄断、引入竞争的市场化改革和重组，建立新的市场竞争模式和完善的现代监管制度，从而实现配电侧提高效率、优化资源配置，是促进整个电力工业发展的市场化改革的重要阶段。

配电侧电力市场包含的内容主要有配电公司参与市场竞争、配电网及配电设施实现开放、竞争的零售市场、适应市场化的配电规划和建设、配电侧市场监管机制。

### 二、配电侧电力市场中的用户

1. 电力市场中的用户

在垄断的电力系统中，用户被视为固定的、被动的和没有协作性的负荷。但在竞争的电力市场中，用户作为市场主体之一，既参与协调，又具有能动性，如近年来在世界范围内实行的需求侧管理（demand side management，DSM）和综合资源规划（integrated resource planning，IRP），便是这一思想的集中体现。

用户最好先将自己的负荷按照供电可靠性的要求进行排队，并依据各工序的具体情况选择不同的贸易方式。对大用户而言，由于计量和自动化水平高，有多种贸易形式可供选择，如长期双边合同交易（期货）、短期提前交易、实时电力市场交易等；对中型用户而言，可选择短期提前市场交易（如提前24h）；对小用户而言，一般不具备计算机控制系统，可手动控制或供电方统一操作控制。

在未来竞争性的电力市场中，用户对供电方的选择有以下几种方式：

(1) 直接从发电厂购电。

(2) 从配电公司或持供电许可证的零售商那里购电。

(3) 从电力库或电力交易中心购电。

2. 用户停电损失评估

停电损失是指故障停电或计划停电给用户造成的全部经济损失。停电损失包括直接损失（固定损失）和间接损失（可变损失）。在一般性的分析中，可近似认为可变损失在某个时段内与停电时间呈线性关系。

影响停电损失的主要因素有停电时刻（如工作或休息）、停电对象及性质（Ⅰ、Ⅱ、Ⅲ类负荷）、停电次数、停电持续时间、为提高可靠性而准备的容量备用等。

### 三、国外配电侧电力市场发展与现状

传统的配电环节包括配电网运行管理和电力零售服务两部分。配电侧电力市场旨在打破配电环节的垄断经营，建立与发电侧和输电侧电力市场化运营体制相配合的竞争型的配电新

体制。不少国家在对传统的发输电环节打破垄断、引入竞争的同时也对配电侧进行了电力市场改革。

英国配电侧电力市场改革进行得较早,1990 年 3 月电力改革时就将 12 个地区供电局改为地区配电公司,同时成立 3 家发电公司和 1 家高压输电公司。供电商包括地方供电公司和二级供电商。首先允许用电量在 1000kW 以上的用户选择供电商,1998 年 7 月以后所有用户都可以自由选择供电商。2001 年 3 月取消强制性电力库,建立以双边合同为主导的电力市场。目前有若干个地区配电商(distribution network operator,DNO)和供电商在配售电业务上展开激烈竞争。

芬兰的配电侧电力市场改革始于 1995 年 11 月,配电网首先对用电量在 500kW 以上的用户开放,允许其选择供电商。1997 年 1 月对全部装有远方分时抄表装置的用户开放。1998 年 11 月用电量低于 45kW 的小用户均可以自由选择供电商。配电侧开放后,$2.2 \times 10^6$ 个用户中有 3% 重新选择了供电商,没有改变供电商的用户大都与原来的供电商重新签订了购电合同,引入竞争的结果是所有用户的电价都有所下降。

澳大利亚配电侧电力市场中,约占整个零售市场 15% 的大用户可以自由选择供电商,其余 85% 的中小用户仍然按政府批准的电价供电。

日本为了促进竞争,实现电力自由化,于 1999 年制定了新电力法,规定:零售市场对高压用户(20kV,用电量在 2000kW 以上的用户)开放。这些用户约占市场总量的 30%,按规定他们可以自由选择供电商,直接参与电力零售。配电侧电力市场的新政策出台后有 2%~3% 的用户重新选择了供电商。

拉丁美洲的多数国家都采用智利模式的电力市场,将输电与配电分开,在配电侧实行垄断经营。主管部门首先确定一个模型公司,再根据模型公司计算出各种税费,配电侧的竞争就是通过各配电公司与模型公司进行效率比较实现的。

美国各地区的电力市场不同,只有部分地区开放了零售市场,如东部的宾夕法尼亚—新泽西—马里兰(Pennsylvania-New Jersey-Maryland,PJM)电力市场在宾夕法尼亚州开放了零售市场。

世界各国进行配电侧电力市场改革的模式和具体步骤不尽相同,但改革发展的总趋势基本一致,即:打破原来由配电公司对配、售电业务的垄断,成立不拥有配电网络的电力零售公司负责电力销售并引入竞争,将配电网络交给配电公司经营并对电力市场的所有成员开放。改革步骤一般是先将配电运行和零售分开,在零售侧首先允许大用户自由选择供电商,运行一段时间后再逐步允许一般用户自由选择供电商。

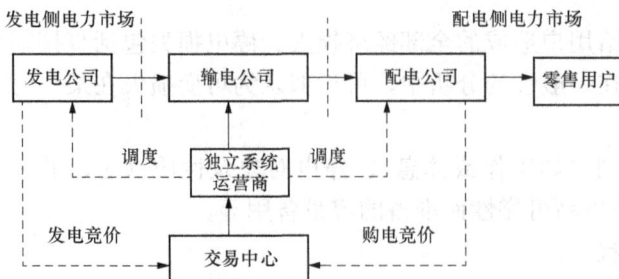

图 8-1　配电网垄断经营模式和标尺竞争模式

### 四、国外配电侧电力市场的特点

1. 经营模式特点

根据参与竞争的主体不同可分为配电网垄断经营型、标尺竞争型和配电与零售分开型三类,前两类如图 8-1 所示,后一类如图 8-2 所示。

(1)配电网垄断经营模式。配电网垄断经营模式在输电、配电分开的前提下，由配电公司对配电网实行垄断经营，并根据地域或配电网连接的实际情况确定配电公司的经营范围。配电侧电力市场竞争通过各配电公司竞价购电实现，市场竞争的主体是各配电公司。

配电网垄断经营条件下用户电价仍然实行管制，电价高低取决于配电公司的运行成本和竞价购电成本。这种配电侧电力市场模式与传统电力工业自上而下的垂直管理模式比较接近，实现输电、配电分开后可将原来的配电部门直接转变为配电公司。不足之处在于配电公司在其经营地区内由于缺乏竞争将使社会效率降低；配电网发展规划由配电公司负责，也不利于吸引投资。

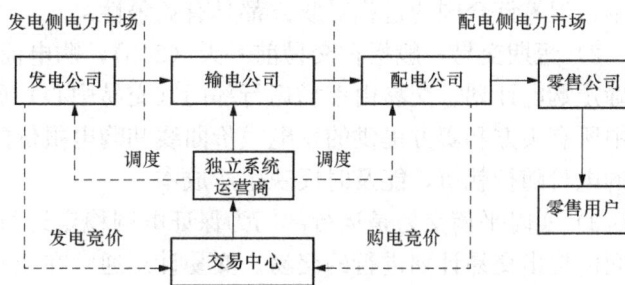

图 8-2　配电与零售分开模式

（2）标尺竞争模式。拉丁美洲各国普遍接受了标尺竞争模式（yardstick competition）。这种模式分为三步：第一步，由电力监管部门确定一个公司作为标尺，此公司具有效率较高的特点，称为模型公司，这样的公司并不一定是实际的公司；第二步，以模型公司运营情况的各项指标作为依据，计算出各种税费标准或补贴办法；第三步，由监管部门根据第二步计算出的税费标准，向各配电公司征收税费或进行经济补贴。配电侧的竞争实际上是通过配电公司与模型公司的绩效比较实现的，配电公司的效率如果比模型公司高，则在竞争中处于有利的地位。这种模式下配电侧仍然实行管制，配电公司在其经营范围内处于垄断地位。拉丁美洲各国的实践经验表明：虽然确定模型公司还比较麻烦，甚至存在争议，但在这种竞争模式下用户电价明显下降了。

（3）配电与零售分开模式。配电与零售分开模式是将原来配网供电部门的配电网服务和售电服务两种业务分开，分别由配电公司和零售公司承担。新的配电公司和零售公司分属不同的公司，或者至少在财务上实行独立核算。配电网实行与输电网基本相同的政策，即配电网对所有的市场参与者（包括零售公司、大用户等）开放，市场参与者只要向配电公司支付一定的配电网使用费就可以通过配电网向用户售电。配电公司成为非营利性的机构，负责配电网的规划、维护和运行，配电网的使用费由配电公司与电力监管部门共同制定。零售公司则必须与其他零售公司展开竞争以争取更多的用户。这种模式下，由于市场上有众多零售公司参与竞争，促使用户电价下降、社会效率提高；同时还应有严格的监管和完备的市场法规以规范市场竞争。英国配电侧电力市场就是采用了这种配电与零售完全分开的模式。

2. 交易方式特点

配电公司作为购电商在电力市场中的交易主要涉及批发购电和零售卖电两个过程。配电与零售分开的模式下，配电网公司向零售公司提供配电服务，交易过程中还涉及相应的配电费用。

（1）批发购电交易。各国电力市场的组织情况虽然不同，但批发购电的途径基本上可以按提出交易计划的时间分为长期交易、短期交易和实时平衡交易三种。

1）长期交易是根据购电商与发电商所签订的长期期货合同进行交易，提出时间一般为交易前几周到几年。长期期货合同为双边合同形式，它虽然不能反映交易发生时的实际生产成本，但签订合同的过程对双方都具有竞争性。

2）短期交易一般指在交易前一天（24h），购电商和发电商通过竞价投标的方式进行交易确定购电计划。交易由市场运行部门（交易中心）负责管理，运行部门根据交易前24h市场中所有买方和卖方提供的发电报价曲线和购电报价曲线，确定成交量和市场电价。短期市场的电价随行就市，能及时反映生产成本。

3）实时平衡交易是运行部门为保证电网稳定运行，对发电和购电进行实时协调，在短时间内提出交易计划进行的交易。交易计划通常在交易前几小时到几分钟内提出。实时市场中的电能交易是调节性的，交易量不会很大。为避免发电商利用实时市场进行套利，实时市场也不应作为主要的竞价市场，交易电价通常以系统平衡时的交易电价为基础计算。

从目前英、美等国的电力市场看，为稳定市场电价，长期合同应该占较大比例（一般占整个市场交易的80%以上）。配电公司参与市场竞价的条件下，电力市场将变得更加复杂。如何稳定市场电价，合理分配各市场的比例等问题还需要进一步研究。

（2）零售交易。配电侧电力市场条件下，配电公司或零售公司向用户提供零售供电服务并收取零售电费。零售电价的制定以零售商为主受监管部门监督，应满足两方面的要求：一是反映竞价购电的结果，二是满足用户对电价波动的承受力。配电侧市场监管部门对配电公司或零售公司的电价上限或利润上限进行监管时，也主要考查以上两个方面。

零售电价只有反映竞价的结果，才能通过市场手段促进企业提高效率，降低发、输、配电成本，最终实现社会效益的最大化。放开零售电价的最大问题是零售电价的变化可能会导致用户的不满。用户对零售电价的变化是否接受取决于用户对电价的承受能力，这也是配电侧电力市场需要研究的一个新问题，通常采用的措施如下：

1）允许销售电价在一定的范围内变化，由市场监管部门负责制定销售电价允许波动范围，并定期（按月或按季度）公布销售电价浮动范围。

2）发生电价激增时，运行部门和监管部门进行合作，采取必要的管制措施平抑电价（如投入备用机组、规定发电报价的上限等）。

3）扩大长期、期货合同在电力市场交易量中的比例，鼓励零售商与发电公司签订长期双边合同，以稳定零售电价。

4）加强市场监督，防止发电公司和售电公司滥用市场力。

（3）配电电价。配电侧竞争条件下，配电网收取单独的配电费用，即配电电价。与输电电价相对应，配电电价要实现获得投资回报和分摊投资、运行费用两个主要任务。配电网过网费用的制定原则与输电网有相同之处，基本可分为接网费、电网使用费、管理服务费和辅助设施费四部分。由于输、配电定价的方法基本相同，研究配电定价问题时可参考输电定价的方法。这些定价方法主要有邮票法、合同路径法、兆瓦—公里法、利润法、长期边际成本法和反映电网成本定价法六种。

由于配电网实行垄断经营，配电电价也要受到管制。电力监管部门对配电电价进行审核，防止不合理的电价，对配电业务进行必要的监管，以维护市场的公平等，即是管制功能的体现。

3. 配电侧电力市场的监管

配电侧电力市场的监管对于维护市场竞争秩序，保证电力供应必不可少。英国电力市场主要通过电力管理办公室（OFGEM）、电力协会（electricity association，EA）和用户消费者组织（energy watch）建立起比较完整的电力市场监管体系。电力管理办公室主要通过核发执照和对输配电公司进行价格控制监管电力行业；电力协会主要保护发、输、配、售电公司的利益，制定相关的行业标准；用户消费者组织的主要职能是接受用户投诉、向有关部门提出建议，为用户选择能源供应商提供信息等。

4. 配电网调度

配电侧电力市场条件下，配电网运行部门，即配电网运行部门应成为相对独立的机构，以确保配电市场的公平性。配电网运行部门的主要工作包括：

（1）根据已安排的交易计划（长期和短期交易计划）完成配电侧的交易。

（2）配电交易中的阻塞管理。

（3）保证配电网的电能质量，进行无功电压调节和有功实时平衡。

（4）负责处理配电事故，恢复对用户供电，对事故后配电网重构进行安全分析。配电网发生故障的概率较输电网更大，因此处理配电网的事故是配电网运行部门的一项重要任务。

（5）与独立系统运营商进行协调，确保整个系统的正常运行。

## 8.2　电力市场的需求侧管理与综合资源规划

### 一、需求侧管理与综合资源规划的概念

美国在 1973 年初就提出了能源需求侧管理，后来逐渐发展到最小成本规划和综合资源规划。而最有成效的工作是在电力部门，即进行电力需求侧管理和电力综合资源规划。这就要求不仅要管理好供应侧，还要管理好需求侧。因此，电力规划已不再仅仅是电力工业自身的规划，还应当成为包括供应侧、需求侧以及其他因素的综合资源规划，人们应当走出以前纯粹的供应侧管理模式。

1. 需求侧管理

早在 1982～1984 年，美国电力科学研究院（EPRI）就开始研究和发展需求侧管理项目，并给出了具体的定义：需求侧管理是电力企业活动的计划和实施，这些活动能够影响用户对电力的使用，从而使电力企业的负荷曲线发生预期的变化。

需求侧管理是需方资源。当今世界面临资源和环境问题的多重挑战，必须整合各方资源，优化资源配置，提高运营效率。因此，竞争性电力市场的形成需要考虑新的策略，即更多地重视需方资源，实现电力消耗的零增长。需求侧管理的主体是用户，而不是某项具体的用电技术或产品。

经过 20 多年的探索和实践，需求侧管理与综合资源规划已成为电力工业可持续发展的重要支持手段。例如，美洲、欧洲、亚洲、大洋洲的 30 多个国家和地区，美国的 30 多个州，都采用需求侧管理和综合资源规划进行电源开发和最小成本规划，提高能源利用率和改善环境。我国于 1992 年引进需求侧管理和综合资源规划的概念，1997 年后对需求侧管理的研究成为新的热点。深圳、上海、华北、北京、辽宁、福建、浙江、广东等区域电网，以及胜利油田等企业电网已经实行了需求侧管理的试点。

2. 综合资源规划

综合资源规划，是把实施需求侧管理而节省的电能，视为一种资源参与电力规划，对发电、供电和用电的方案及节电方案进行比较，经过优选组合和筛选，制订最小费用资源计

划，确定最佳资源配置，形成使社会、电力公司和用户各方受益、成本较低、又能满足能源服务的综合方案。

各方受益的含义是：①电力公司采用需求侧管理降低了用电增长率，可以缓建或者避免新建电厂，从而平抑电价；②用户采用先进设备的投资能在短期内从节省的电费中收回，进而获得长久的效益；③全社会资源得到了优化配置，抑制了资源的过快消耗，保护了环境（如减少二氧化碳、硫化物和灰渣的排放量），实现了可持续发展。

**二、需求侧管理的内容和手段**

电力企业在需求侧管理方面的活动，包括负荷管理、新技术运用、战略性的节能措施、电气化、分布式发电以及市场机制的调整，它们与广大用户在电力供应、计量、收费等方面有着密切的联系，所处地位有利于传递和收集信息，并组织需求侧管理项目的实施，理应成为实施需求侧管理的主体。

实施需求侧管理的手段包括经济手段、技术手段和行政手段三种。经济手段是市场经济中最重要的手段，对电力公司而言，可采取分类电价、分时电价、实时电价、可中断电价、奖惩、补贴、财政援助、低息贷款、免费服务等。技术手段包括：采用先进技术设备及管理技术，调整用户负荷曲线的形状。行政手段包括：制定政策法规，鼓励电力公司和用户参与需求侧管理，进行宏观调控，加大宣传推广的力度。具体内容及措施是：

（1）削峰或错峰（peak clipping or load shifting）。目的：减少峰荷时调用昂贵机组，减少备用容量（旋转备用），降低运行费。主要措施：①供电公司直接切负荷（严重缺电时）或用户接到通知后自己减负荷；②转移负荷，如采用经济或行政手段错开高峰时段和枯水期用电，调整不同用户的高峰用电时间或作业程序等。

（2）填谷（valley filling）。目的：提高负荷率，充分利用闲置机组，增加电力销售。主要措施：①采用峰谷分时电价和季节分时电价；②使用蓄水、蓄冰制冷或蓄热设备，实现移峰填谷的作用。

（3）节能（energy saving）。目的：提高用电效率，减少能源浪费，保护环境。主要措施：采用节能技术和设备，如绿色电器、隔热材料等。

（4）灵活负荷或可中断负荷（flexible loads or interruptible load）。目的：降低用户电费支出，或使用户承担系统部分备用。主要措施：提供多种多样的供电方式及电价，如可中断负荷电价等。可中断负荷电价是指在高峰时段，用户按要求停止部分或全部用电，因避峰而享受的一种优待电价。

（5）战略性负荷增长。目的：扩大电力能源市场的规模，优化资源配置。主要措施：开发新设备，如电动汽车专用的蓄电池；淘汰低效率的其他能源、设备等。

**三、实施需求侧管理的模式**

实施需求侧管理的主体为电力公司。电力公司与用户有供应、计量、收费等多方面的联系，所处地位有利于传递和收集信息并组织项目的实施。在实施需求侧管理的过程中，可采用统筹型模式（如美国）或对象型模式（如北欧国家）。

（1）统筹型模式。以美国为例，在实施需求侧管理的时候，经电价管理委员会同意，在电价上附加少部分费用作为开展需求侧管理的资金来源，然后用于广大用户购买节能电器和高效电机等的直接回扣。

（2）对象型模式。如丹麦等国，单独对每一用户进行能源监测，然后提出其高耗能设备使用效率等方面的报告,并进行整改,使参与需求侧管理的用户的能源使用效率有很大提高。

### 四、需求侧管理与综合资源规划的实施流程

我国需求侧管理与综合资源规划的实施流程如图 8-3 所示。

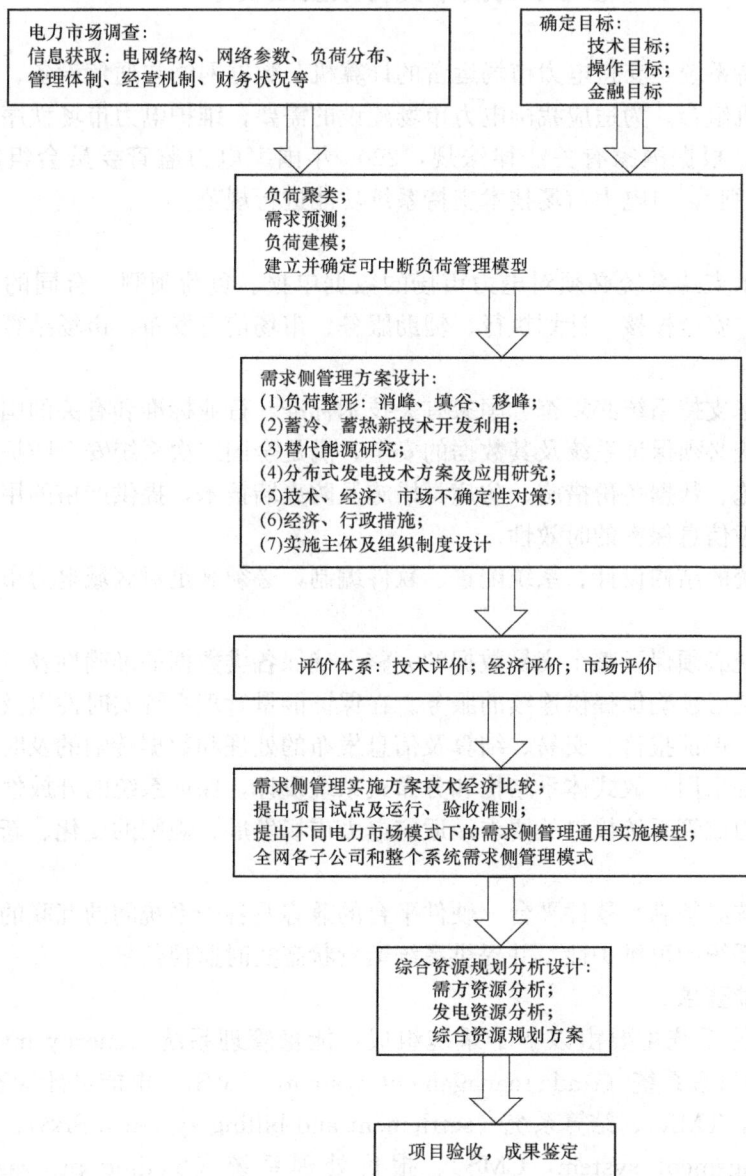

图 8-3　需求侧管理与综合资源规划的实施流程图

# 第 9 章  电力市场技术支持系统

## 9.1  电力市场技术支持系统的要求

电力市场技术支持系统是支持电力市场运营的计算机、数据网络与通信设备、各种技术标准和应用软件的有机组合。为适应我国电力市场建设的需要，维护电力市场秩序，保证电力系统安全稳定运行，根据国家有关法律法规，2005 年国家电力监管委员会组织制定了《电力市场运营基本规则》，对电力市场技术支持系统功能进行规范。

**一、总体要求**

（1）电力市场技术支持系统必须对电力市场的数据申报、负荷预测、合同的分解与管理、交易计划的编制、安全校核、计划执行、辅助服务、市场信息发布、市场结算等运作环节提供技术支持。

（2）电力市场技术支持系统必须符合国家有关技术标准、行业标准和有关的国际标准。

（3）技术支持系统必须保证系统及其数据的安全，满足全国二次系统安全防护要求，采用适当的加密防护措施、数据备份措施、防病毒措施及防火墙技术，提供严格的用户认证和权限管理手段，并考虑信息保密的时效性。

（4）技术支持系统的结构设计、系统配置、软件编制，必须满足对区域电力市场可靠运营的要求。

（5）技术支持系统必须保证整个交易数据的完整，确保各类数据的准确性及一致性。

（6）技术支持系统必须确保提供连续的服务。在保证能量管理系统实时性以及电能量计量系统连续性的同时，保证报价、交易、结算及信息发布的处理和数据传输的及时性。

（7）技术支持系统采用开放式体系结构和分布式系统设计，保证系统的开放性、可扩展性，能满足与未来电力监管系统接口的要求，适应电力市场发展、规则的变化、新技术发展和设备的升级换代。

（8）技术支持系统必须满足软件平台、硬件平台的兼容及各子系统间的互联的要求。系统的结构设计应注重系统的可维护性，并提供系统运营状态实时监视信息。

**二、各子系统功能要求**

电力市场技术支持系统主要由以下子系统组成：能量管理系统（energy management system，EMS）、交易管理系统（trade management system，TMS）、电能量计量系统（tele meter reading system，TMR）、结算系统（settlement and billing system，SBS）、合同管理系统（contract management system，CMS）、报价处理系统（bidding process system，BPS）、市场分析与预测系统（market analysis and forecast system，MAF）、交易信息系统（trade information system，TIS）、报价辅助决策系统（bidding support system，BSS）。

（1）能量管理系统（EMS）用于保障电网的安全稳定运行，主要由数据采集和监视控制、自动发电控制及高级应用软件等功能模块组成。在电力市场环境中，要充分利用现有的能量管理系统功能和数据资源，实现信息资源的共享。

（2）交易管理系统（TMS）依据市场主体的申报数据，根据负荷预测和系统约束条件，编制交易计划，通过安全校核后将计划结果传送给市场主体和相关系统。交易计划包括合约交易计划、现货交易计划和辅助服务计划。

（3）电能量计量系统（TMR）对电能量数据进行自动采集、远传和存储、预处理、统计分析，以支持电力市场的运营、电费结算、辅助服务费用结算和经济补偿计算等。

（4）结算系统（SBS）根据电能量计量系统提供的有效电能数据、交易管理系统的交易计划和交易价格数据、调度指令、能量管理系统的相关运行数据、合同管理系统的相关数据，按照市场规则，对市场主体进行结算。

（5）合同管理系统（CMS）对市场主体之间的中期合同和长期合同进行管理，对已签订的合同进行录入、合同电量分解、完成情况跟踪、滚动平衡，根据现有市场情况对已签订的合同进行评估，以长期负荷预测的结果和市场未来供需状况及市场价格的预测为依据，进行未来合同的辅助决策。

（6）报价处理系统（BPS）接收市场主体的注册和申报数据，并对申报数据进行预处理。

（7）市场分析与预测系统（MAF）对电力市场运行情况进行信息采集和分析，从而使市场主体能够提前了解市场未来的发电预期目标、负荷预测、交易价格走势、输电网络可用传输能力及系统安全水平，便于交易决策。

（8）交易信息系统（TIS）对系统运行数据和市场信息进行发布、存档、检索及处理，使所有市场主体能够及时地、平等地访问相关的市场信息，保证电力监管机构对市场交易信息的充分获取。系统运行数据和市场信息包括预测数据、计划数据、准实时数据、历史数据、报表数据等。

（9）报价辅助决策系统（BSS）根据市场分析与预测系统和交易信息系统发布的信息，结合市场主体本身的成本分析和市场规则，形成报价决策方案，进行电量及电价的数据申报。

各电力市场的技术支持系统以实现上述子系统的功能为基本原则，具体结构划分可不同。

**三、各子系统间数据接口的设计要求**

（1）所有软、硬件接口的设计应考虑软、硬件平台兼容性，采用开放的标准和协议，考虑资源利用和运行性能的优化。

（2）能量管理系统输出接口的设计，必须在不影响能量管理系统性能的前提下，满足数据的实时性要求。

（3）电能计量系统输出接口的设计，必须满足带时标电能量数据的精确度、唯一性和完整性。

（4）报价处理系统输入接口与交易信息系统输出接口设计可在网络浏览器中实现，必须充分考虑与外部交换数据时的安全性。

**四、数据网络、计算机及局域网络系统的要求**

（1）电力市场技术支持系统原则上要求必须使用电力系统控制专用网络，以满足数据网络安全的要求。同时，为了保证数据网络的整体性和连通性，下一级数据网络的技术体制必须与上一级兼容。

（2）各子系统之间通过网络和安全防护设备（防火墙和物理隔离装置）进行连接，实现数据共享与信息交互。系统的软硬件平台应采用分布式结构，遵循国际开放标准和规范。系统的软件体系结构可采用面向对象的技术。

（3）网络设计必须满足以下基本原则：硬件配置满足系统功能和性能的要求，必须保证系统运行的实时性、可靠性、稳定性和安全性；计算机和网络设备必须是标准化设备，开放性能好，满足不断优化、平滑升级和投资保护的需要；系统中的关键部分满足冗余配置。

（4）局域网络核心数据交换机的选型必须满足网络系统的高速性能、可靠性、可扩展性、开放性、安全性和先进性的要求。

（5）报价端通过数据网络或拨号网络与电力市场技术支持主系统相连。主系统具备接收拨号访问的功能，可采用模块化的配置和先进技术以满足系统升级。与公共网之间必须设防火墙，以保护内部网络的安全。

## 9.2　能 量 管 理 系 统

### 一、能量管理系统的发展

能量管理系统是一套大型计算机应用软件，在传统的垂直一体化的电力系统中，其主要的功能模块有数据采集与监视、负荷预测、自动发电控制、网络分析、在线经济调度、预想事故与潮流分析、发电与输电计划、开断计划等。

电力系统自动化经历了元件自动化、局部自动化、单一岛自动化到综合自动化的发展阶段。能量管理系统将各个自动化孤岛连接成为一个有机的整体。20世纪60年代提出的在线安全分析的急迫性，促进了能量管理系统的诞生；20世纪80年代频繁出现的大型电力系统电压崩溃事故，使能量管理系统的重要性更为突出；20世纪90年代以来实行的电力市场，使电力系统的运营从垄断走向开放、走向市场，能量管理系统的功能子模块重新面临技术改造和补充完善的严峻挑战，突出表现在实时电价计算、最大输电能力计算、输电路径优化、输电费用计算、输电服务预调度和实时调度等。

能量管理系统的开发和应用可大致划分为四个阶段：20世纪70年代，基于专用计算机和专用操作系统的数据采集与监视系统，其功能局限于实时数据采集和处理；20世纪80年代，基于通用计算机的能量管理系统，除具备数据采集与监视功能外，还实现了部分应用功能，其标志是各大电网采用的基于VAX/VMS的数据采集与监视系统、能量管理系统；20世纪90年代，基于RISC/Unix的开放式和分布式能量管理系统，采用商用关系型数据库和先进的图形显示技术，其标志是国产CC-2000、OPEN2000、RD-800、SD-6000等系统；进入21世纪，采用Java、Internet、面向对象等技术，能够满足电力市场运营要求的第四代能量管理系统的开发工作已经展开。

### 二、能量管理系统的主要应用软件

根据各主要软件的功能及用途，可将能量管理系统的应用软件划分为五部分：发电控制类、发电计划类、网络分析类、调度员培训模拟、市场交易与管理类。

1. 发电控制类软件

（1）自动发电控制。自动发电控制是一项成熟的技术，已经由模拟系统发展到数字系统，由线性反馈控制发展到最优控制。自动发电控制的基本功能包括：负荷频率控制，维持系统频率（50Hz）或/和维持区域间联络线交换功率为计划值；经济调度，确定各机组的经济基准运行点；系统备用容量监视；自动发电控制系统性能监视。

电力系统的频率偏差调整主要依靠调整发电功率和负荷管理。调整发电功率由频率的三次调整完成。频率的第一次调整，是机组动力系统的自然属性，由调速器自动完成。一次调频后，发电功率与负荷功率维持在新的平衡点上，系统频率必然出现偏移。要想消除这一偏移，或减小这一偏移，需要进行频率的二次调整。频率二次调整的任务由具有自动发电控制功能的机组承担，可以做到无差调节，同时可对系统间联络线功率进行监视与调整。频率二次调整后，系统频率达到要求，或维持在负荷扰动前的正常水平，但各机组的出力分配大多不能保证整个系统的经济运行。频率的第三次调整，即在频率一、二次调整完成之后进行的在线经济调度，是系统中所有按给定负荷曲线发电的发电机组分担的调整任务，该任务的分配以系统总耗费最小为目标，受约束于有功、无功平衡，以及各类变量约束和电网安全约束。

频率的一次调整是机组动力系统的自然属性，所以不存在发电厂间通过投标提供一次调频备用的问题。但需指出，调度中心仍要根据机组在发电市场中的中标情况选择一次调频的备用机组（可能多台机组）。一般以提供一次备用容量的边际机组的发电微增费用作为一次备用容量的价格。频率的二次调整就是通过手动或自动地操作调频器，使发电机组的频率特性平行地上移（这是与一次调频最根本的区别），从而使负荷变动引起的频率偏移保持在允许范围内。

在传统的自动发电控制中，电力公司拥有发电厂，其调度中心可以直接发送控制信号到各发电厂具有自动发电控制功能的机组，从而完成自动发电控制的功能。在电力市场环境下，自动发电控制服务存在收费问题，即如何合理确定输电公司从发电公司购买自动发电控制服务的能量的费用。相应地，对自动发电控制也提出了一些新的要求，如改进网损修正、安全约束调度及动态经济调度；在线机组耗热特性测试和发电厂效率系统的建立；实时电价计算等。

（2）发电成本分析。在垄断体制下，该软件模块将定期给出每台机组及各区域总的生产成本。在电力市场环境下，每个发电厂都将成为独立发电运营商（IPP），电网调度或交易中心在分析单个电厂成本及报价的同时，应当把握信息公开的范围和尺度，做好部分信息的保密工作。

（3）交换计划评估和机组计划。前者对发电交换计划的结果进行评估和自动发电控制再校正，后者确定机组的基点功率计划和减出力计划等。

2. 发电计划类软件

发电计划类软件主要包括负荷预测、机组组合、水电计划、交换计划、火电计划等。在电力市场机制下，负荷预测应该引入电价弹性的理念；机组组合应该充分考虑不同机组在负荷曲线上的位置及预期的报价盈利水平；交换计划应该满足购电和买电双方交易的利益均分原则；火电计划应兼顾绿色能源和环境保护的需要。

机组组合是在满足系统负荷、备用容量、机组容量、最小启动时间和最小停机时间等约束条件下，考虑机组启动费用和发电费用特性，确定系统各区域的电厂、机组次日规定时段的开停机计划，使一定周期内的总费用最小。但在计划经济体制下，人为干预和不确定性因素太多，很难自动实现。在电力市场中，报价面前人人平等，实现机组组合反而容易了。虽然机组组合功能是在交易管理系统中，目标函数不同了，但其基本算法并没有根本改变，原来的基础和经验仍然有效。

### 3.网络分析类软件

网络分析类软件主要有网络拓扑、状态估计、外部等值、调度员潮流、安全约束调度、最优潮流、静态安全分析、暂态安全分析、电压稳定分析、无功优化、短路计算等。

网络拓扑和外部等值是能量管理系统应用软件中最基本的功能。拓扑分析的作用在于将网络的物理模型实时转化为计算的数学模型，根据数据采集与监视系统中断路器和隔离开关的信息确定电网的电气连接状态，并将网络的物理模型转换为数学计算模型。外部等值（有静态和动态等值之分）的作用是简化计算，提高求解速度，它是对调度范围或计算范围以外的网络进行简化，以便考虑这部分网络对本区域电网的影响。两者作为公共模块广泛应用于状态估计、调度员潮流、安全分析、无功优化等程序中。

静态安全分析的作用在于，对多种给定运行方式进行假想事故分析，模拟元件或线路越限或开断故障，找出薄弱环节，评估整个系统的静态安全水平。当发现有危及系统静态安全的预想事故时，调用安全约束调度软件，以系统控制量调整最小或生产费用最低或网损最小为目标函数，提出解除有功、无功、电压越限并使系统进入新的安全状态的对策。

暂态安全分析是在给定的或预想的运行方式下，针对预想事故集中的故障或继电保护装置动作情况，判断系统是否会失去暂态稳定并确定故障的最长持续时间。电压稳定性分析可以给出预想运行方式下各个节点的电压稳定性指标、功率极限和临界电压。

最优潮流的计算目的是优化电力系统的静态运行条件，通过调节控制变量使目标函数达到最小，实现发电费用最小或购电总成本最低的经济运行目标。无功优化则是在调度员潮流分析基础上，通过改变无功设备，在满足安全约束和电压质量的条件下，使系统的有功总网损达到最小。

### 4.调度员培训模拟软件

这类软件主要用于培训调度员在正常状态下的操作能力和事故状态下的快速反应能力，也可用作独立系统调度员分析电网运行状况的工具。

### 5.市场交易与管理类软件

这类软件主要包括实时电价计算、最大输电能力计算、输电路径优化、输电费用计算、输电服务预调度和实时调度等。这类软件在功能上如何与现有能量管理系统软件整合与分工，有待进一步研究和探索。

### 三、能量管理系统与电力市场交易管理系统的关系

电力市场机制给能量管理系统带来了巨大挑战，其主要软件模块在功能和内涵上将发生重大的变化，如数据监视与采集、自动发电控制、负荷预测、机组组合、调度员潮流、安全分析、无功优化、数据库结构、人机界面等。开发电力市场交易管理系统，应充分利用现有能量管理系统中的各种资源，实现两者的有机结合，同时应科学合理地对能量管理系统和电力市场交易管理系统的功能进行划分。

能量管理系统应当为电力市场交易管理系统提供带时标的各种系统数据，这些数据包括：每台机组出力及累计出力曲线、机组启停记录、事件记录、指令记录、系统频率、节点电压及曲线，以及有功或无功调整、备用容量、机组出力越限、自动发电控制的动作情况等用于辅助服务市场结算的参数。此外，能量管理系统还应保证电力市场即时信息系统的数据

需求，如每个时段的电网频率、总出力和总负荷，还有机组状态、线路潮流、开关状态等。这些数据将按照预先约定的等级，随时通过即时信息系统向市场成员发布。

## 9.3　交易管理系统

### 一、交易管理系统的功能与结构

随着电力市场改革的深入和技术的不断完善，交易管理系统将面临多个交易市场，如电能市场、辅助服务市场、实时平衡市场、期货市场等。电力交易管理系统基于统一的商用数据库管理各项数据，并与能量管理系统、报价处理系统、电能计量管理系统、结算系统、合同管理系统之间定期交换和更新数据，其基本结构如图 9-1 所示。

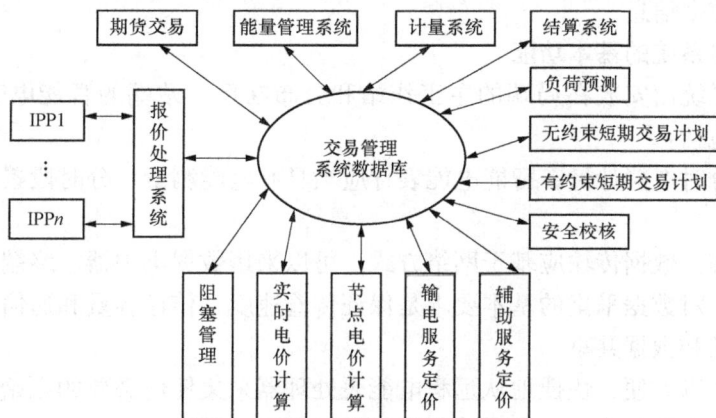

图 9-1　交易管理系统的基本结构

### 二、日前电力市场的组织及运作

在日前电力市场中，电网公司（代表电力交易中心）首先进行负荷预测，并将预测的负荷曲线向发电商公布。各发电商根据自己的策略进行竞争性报价。电网公司接收到发电商的申报数据后，首先调用相关程序制订无约束购电计划，在不考虑输电约束的条件下，形成系统各个时段的边际电价；然后再调用有约束购电计划模块，在考虑输电约束的条件下进一步制订对各发电机组的购电计划。该计划在付诸实施之前，还须经过安全校核模块的检验，即潮流和拥堵检验、静态安全和动态安全检验，被确认为可行计划之后才能调度执行。

电力库模式下，发电商需要申报大量的数据，比如次日各时段的报价信息和运行参数。报价信息包括机组基荷费用、腰荷费用、启动费用、最大发电费用等；运行参数包括机组最大、最小出力，最小运行与停机时间，爬坡速率等。交易中心与发电商之间可以采用统一付费政策（市场清算价格或系统边际价格）或差别付费政策。两种付费政策各有优缺点，目前均有应用，尚有待进一步实践和探索。

在实行系统边际价格的机制下，系统边际价格是在满足机组运行约束的条件下，逐时段按机组的报价由低到高排序，最后一台满足负荷需求的机组的报价。在计算系统边际价格的过程中，无须考虑输电网络的约束（即无约束短期交易计划），这样可以尽可能真实地反映电力供需的状况，体现发电商之间的公平竞争。研究结果表明，在扩大市场份额、追求更多利润的力量驱使下，各发电商将会合理利用资源、主动降低生产成本，提高其市场竞争力。

电网公司与用户之间的结算价格，是在系统边际价格的基础上附加一部分输电费用构成，附加费用主要包括交易中心购买发电辅助服务的费用、网损补偿、输电设备使用费以及输电管理费。电网公司与发电商之间的结算价格，也要考虑网损分摊、输电设备使用费的分摊，以及运行状态变化产生的奖惩费用。

## 9.4　电能量计量系统

为了保证市场环境下电力交易的公平、公正和公开，必须建设一套精确和可靠的电能量计量系统，对电厂上网点、用户下网点、区域间联络线关口等的表计数据、事件信息、报警信息、时钟同步信息等进行采集、分时段存储和处理，为电力市场结算、考核及运营状况分析提供最基本的数据信息。

### 一、电能计量系统的基本功能

电能量计量系统由安放在局端的主工作站和分布在厂、站端的智能电表及远动装置组成。其基本功能包括：

（1）智能化分时电能计量。智能电能表计应当具有电能测量、分时段累积、存储和简单处理的功能。

（2）数据采集。数据传输应基于网络方式，可以采用数据集中器、终端服务器或电能表直接传送的方式。对数据采集的基本要求是保证传输速度、传输容量和通信可靠率，能够实现多主站数据通信和数据共享。

由远动系统可以方便、快捷地从远程电能表处理器采集任何必要的原始数据。原始数据一经采集便存入历史数据库中，不允许作任何改动。

（3）数据处理。数据处理是指对包括原始值、报表值、时间信息等进行的查询、计算、校验或删除的过程。数据处理软件应具备下列功能：数据显示，数值匹配，数据替换与删除，联机记录。

（4）电能统计。

1）各种辅助服务交易的电能量及其时间规律。

2）参与输电主服务的所有关口的交易电量。

3）系统阻塞时各主要关口的电能量变化情况。

4）电网事故、频率波动期间的电能量统计。

5）电能量加总、网损计算。

（5）计费与考核。根据电力市场规则，对各项交易进行计费（包括奖惩）、结算、考核，自动生成相应报表和图形。

### 二、电能计量系统的要求

（1）灵活性。支持多种规约和通信手段，适应网络化通信的要求。能够接收不同来源的数据，支持多种数据采集方式。

（2）多功能。便于数据查询、处理、分析和结算。

（3）扩展性。必须能够适应电力市场运营模式和运营规则的变化，最大限度地减少重复建设的可能性。

（4）采用开放式数据平台和数据库标准。

（5）安全可靠性。采用加密和防火墙等措施，确保原始数据的安全。整个系统应保证全年每天 24h 连续运转，系统可用率应达到 99.75％以上。

# 9.5　结　算　系　统

**一、结算系统的作用**

结算系统与电力市场的其他许多软件系统密切相关，涉及财务、税务、金融等问题，是集核算、查询、管理、分析、预测于一体的全方位、多功能的软件系统。结算系统的作用：根据合同内容，在特定时间段，对合同当事人应履行的义务进行归总，以货币形式或折合电量的形式给出结算结果，同时具备报表、打印、数据管理、综合查询等功能。

**二、结算系统的内涵**

1. 结算对象

结算对象包括各类已经注册的电子合同，如远期物理合同、期货合同、现货合同、辅助服务合同等。

2. 结算内容

（1）独立发电公司的结算内容：①计划发电量电费；②上网成交量电费；③实时指令发电量电费；④机组违约电量电费；⑤容量电费；⑥阻塞管理费；⑦各种辅助服务的费用。

（2）供电公司的结算内容：①计划用电电量电费；②违约电量电费。

3. 结算数据

经电力市场成员认可或经电力监管机构确认的交易管理系统和能量管理系统中的数据，是各类合同的结算数据。

4. 结算规则

结算规则充分体现了各种结算内容的具体算法，主要包括：①网损系数计算和网损修正规则；②计划发电量结算规则；③实时指令调整电量结算规则；④违约处罚规则；⑤容量电费收取规则；⑥有偿辅助服务结算规则。

**三、结算系统的实现**

从合同结算的物理过程和认知科学的角度看，合同认知、合同结算系统可用四个反馈环节进行描述和说明，如图 9-2 所示。

图 9-2 中包括了合同认知理解的自反馈环节，即结果分析到结算过程的反馈环节，包括各种质疑的反馈，例如，对合同认知的反馈以及对原始数据正确性的反馈。结算系统至少应当包括以下软件模块：①原始数据处理模块；②合同分解模块；③结算模块；④校核模块；⑤纠纷处理模块。

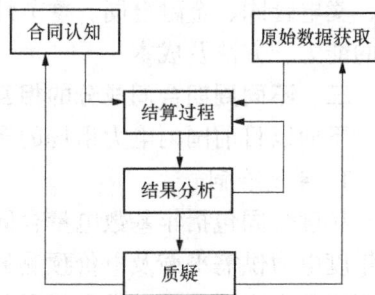

图 9-2　结算系统的实现机理

# 9.6　合 同 管 理 系 统

电力市场中各式各样的合同对于市场成员规避风险，促进交易的灵活性和多样性具有极其重要的作用。合同管理系统负责对这些合同的制订、管理、执行、评估提供全过程的技术支持。

**一、合同的基本类型**

按照交货时间、交货条件、支付方式等差别，可将合同划分为以下几个类别：

（1）现货合同。现货合同是指立即交货的交易合同。

（2）远期合同。远期合同是指买卖双方提前一个较长时间段而签订的物理合同，当指定交易日期到达时，必须按照合同规定的数量和价格进行交易。远期合同具有法律效力。

（3）期货合同。期货合同是指在期货市场上进行交易的标准化合同，多数情况下可以不引起商品的实际交割。期货合同的价值变化量在市场上逐日结算，期货合同的利润等于购买合同的价格与市场结算时的市场价格之差。

（4）金融差价合同。金融差价合同是指买卖双方认可并签署的，用于规避价格波动风险的双边合同。金融差价合同只是财务上的交易，与电能的实际传送过程无关。

（5）期权合同。期权作为一种选择权，如主要是买卖某种期货合同的权利。期权合同同时具有保值和投机的作用。与期货合同有所区别的是，期权合同中包括了敲定价格，因而具有更为明显的经济杠杆作用。

**二、电力市场中的合同**

（1）按交易方的数量划分，有双边合同和多边合同。

（2）按合同周期划分，有长期合同和短期合同。①长期合同：一年及以上的合同，包括交换合同、购电合同、售电合同、供电合同、辅助服务合同等。合同要素包括：总电量、计量点、上网点、年度计划的分月计划、每月典型日的负荷曲线、年期货合同中每月的平均价格，以及违约处理办法。②中期合同：包括季合同、月合同和周合同，这类合同的要素与长期合同基本相同，区别只是在于签订月度计划的各交易日的详细计划、各交易日的负荷曲线、月交易合同中的平均价格。

（3）按是否可以调度来划分，有可调度合同与不可调度合同两类。

（4）按交易内容划分，有基本服务合同与辅助服务合同两类。基本服务合同包括买电合同、卖电合同、金融合同、季节性发电合同等；辅助服务合同包括发电公司可以提供辅助服务的能力、方法及成本。

**三、不同周期合同成分的相互关系**

下面以目前国内电力市场的实际情况为例进行分析。

1. 年度合同

年度合同包括年基数电量合同与年竞价电量合同两部分。年度合同的交易量，根据对下个年度电力供需平衡及电价预测的结果而定，一般应少于年度负荷预测的数量，预留部分在月度交易中实施。年基数电量属于政策性电量，其电价单独核算，与竞价无关。年竞价电量可描述为

$$年度竞价电量 = 年度负荷预测电量 \times (1 - 年度预留系数) - 年度基数电量 \quad (9-1)$$

2. 月度合同

月度合同包括年基数电量的分月电量、年竞价电量的分月电量和月竞价电量三个部分的内容。月度合同中还规定了月交易电量各成分在每日的分摊量。月度合同的交易量应少于月度负荷预测的数量，预留部分在日交易中实施。月度竞价电量计算式为

$$月度竞价电量 = 月度负荷预测电量 \times (1 - 月度预留系数)$$
$$- 年度基数电量在该月的分摊电量$$
$$- 年度竞价电量在该月的分摊电量 \qquad (9 - 2)$$

3. 现货合同（日前交易）

现货合同包括四部分内容：年基数电量的分日电量、年竞价电量的分日电量、月竞价电量的分日电量、日竞价电量。现货交易按负荷预测值进行，预测偏差部分在实时交易中实施。日竞价电量计算式为

$$日竞价电量 = 日负荷预测电量 - 年度基数电量的分日电量 - 年度竞价电量的分日电量$$
$$- 月度竞价电量的分日电量 \qquad (9 - 3)$$

4. 实时交易

实时交易在平衡市场中进行，即在当前时段内调整负荷预测不准确带来的误差或机组异常出力产生的偏差，时刻保持电力系统的动态平衡。

**四、合同管理系统的功能**

合同是电力市场商业化运营的核心对象，是制订调度计划和进行费用结算的最主要的依据之一。在保证安全可靠的前提下，合同管理系统必须具备以下功能：

（1）合同编制与签订功能。提供合同的输入、编辑、修改功能；具有电子签名功能，在电子签名得到法律认可之前，可用纸质合同作为合同管理的辅助手段。合同一旦签订，即具有法律效用。

（2）查询功能。与绝大多数数据库相类似，合同管理系统应当具备查询各类历史合同的功能。

（3）辅助分析功能。通过对相关历史合同数据的查询分析，为用户提供各类参考数据，如年度合同的分月计划、典型负荷曲线、平均价格等。对待签订的合同提供仿真环境，对合同进行评估，为市场成员提供研究和分析的工具。

# 9.7 报价处理系统

由于不同电力市场具有风格差异较大的报价处理系统，因此本节只对电力市场运营系统主站侧（相对于发电厂侧或用户侧而言）的报价处理系统作概括性的介绍，市场设计者应有选择性地利用各个模块的功能。

**一、报价处理系统的网络结构**

报价处理系统通常设计为客户端免维护的、多层的 Browser/Server 方式，安装在电力市场运营系统的主服务器上，其网络接线如图 9 - 3 所示。发电商（IPP）可以通过电力数据网络（SPDnet）或公用电话网实现与报价处理系统的连接。

**二、报价处理系统的主要功能**

报价处理系统是实现发电公司竞价上网的关键软件之一，其主要功能包括用户管理和电厂报价管理两个部分。报价处理系统的用户分为两个层次：系统管理员和电厂报价员。系统管理员不能直接参与报价，主要负责机

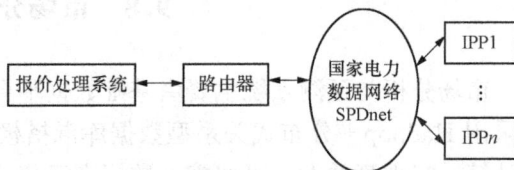

图 9 - 3 发电报价系统的 SPDnet 网络接线示意图

组注册、机组参数录入和修改、电厂报价员注册等。电厂报价员只负责报价，不能修改机组参数。系统管理员和电厂报价员通过不同的入口、不同的密级，进入不同的浏览页面。

1. 用户管理的内容

用户管理主要包括机组管理和报价员管理两部分功能。机组管理的内容有：①机组首次注册；②修改或删除注册机组数据；③保存修改数据；④自动校验输入数据的有效性。报价员管理的内容有：①增加、修改、删除、浏览已注册交易员的信息；②交易员信息存储；③交易员的信息有效性检验；④修改登录密码。

2. 电厂报价管理的内容

电厂报价管理的主要内容包括：①当日报价或重申报价；②次日报价或重申报价；③历史报价数据下载；④中期和短期发电能力申报等。

当日重申报价又称迭代报价，必须有复杂的技术支持系统作支撑，其报价内容包括：①机组物理参数；②价格递增的分段容量报价；③每个交易时段的容量增量、最大调节容量、升降速率、固定出力等。次日报价或重申报价的内容主要包括机组运行状态、报价时间、报价人、报价版本等。历史报价数据下载的主要内容有：①历史报价信息；②短期发电能力信息；③长期发电能力信息。

**三、发电报价的规则及操作流程**

发电报价的对象可以是发电商，也可以是区域间电力交易商。只有在电力市场中注册登记的成员才能进行发电报价，报价必须通过专用计算机系统，严格按照市场交易规则的条款，在规定时间之内进行。发电商可按单台机组或合并机组（名义机组）进行报价，但必须经过交易管理中心的技术许可。

报价处理系统有非常严格的时序图，各项具体的报价业务必须按照操作流程进行，否则报价系统不接受发电厂商的报价，或只按照预先达成协议的默认（缺省）报价参数执行。发电报价需要经过校核与确认，这项工作应当包括下列内容：①交易员身份验证；②报价接收（包括报价重申接收）；③数据有效性检验；④报价确认及文件发送；⑤报价缺省处理；⑥报价汇总；⑦市场成员登录管理。同时，报价处理系统还应该处理好与交易管理系统、实时调度子系统、即时信息发布系统、结算系统的接口。

**四、报价保密与公开**

报价处理系统的安全问题极为重要，必须予以高度的重视。可分四个层次解决这一问题：①设置用户等级、口令及对应的访问权限；②对在公共网络上传输的数据实行高度加密；③对每个发电商的报价信息严格保密，拒绝他人访问；④对所有的访问进行等级备案，必要时实行反向扫描、追踪、警告，甚至封锁访问端口。

## 9.8 市场分析与预测系统

市场分析与预测系统主要由基础数据平台、数据资源平台及分析应用平台构成。数据处理采用 Hadoop＋分布式关系型数据库混搭模式，同时采用 Storm 技术支持实时数据的采集和计算，实现高并发、可伸缩。数据交互集成支持数据库、消息、文件多种方式的数据共享集成能力，可集中管理。分析应用平台将 J2EE 层框架与面向服务的架构相结合，实现高可配置、组件化，可支持多种终端，可平滑承载不断增长的业务及算法数据需求。

对应于市场分析预测系统应用功能，系统技术支撑主要包括数据交换、数据存储及处理、数据管理、平台管理、中间件及虚拟支撑六大块技术，通过不同业务模块间技术组合，实现对不同类型数据计算及应用服务的支持。

1. 数据交换

数据交换主要实现从数据源层的数据采集抽取到存储处理层，主要包括 ETL［用来描述将数据从来源端经过抽取（extract）、转换（transform）、加载（load）至目的端的过程］工具、采集器、数据复制工具、分布式消息队列等工具和手段。

（1）ETL 工具。负责应用系统的结构化数据抽取，主要包括三步，即将数据从源系统抽取、清洗转换、并加载到数据仓库。典型的 ETL 工具有 Sqoop、OWB、ODI、Informatic Power Center、AI Cloud ETL 及 Data Stage 等。

（2）采集器。负责实时数据采集，从设备、现场环境等安装的传感器等采集，并通过前置机等方式传送到市场分析预测系统中，将现实物理环境信息转换成计算机逻辑数据。

（3）数据复制工具。负责大量数据复制，通过数据复制软件将传统数据中心或应用系统的大量数据通过数据库层、操作系统层、存储层等方式复制到市场分析预测系统。典型的数据库层复制工具有 OGG、Datax＋otter＋canal 等。

（4）分布式消息队列。主要负责非结构化数据采集，通过消息队列，将相应数据异步处理数据传送和存储到电力市场分析预测系统。典型的分布式消息队列技术主要有 RabbitMQ、Redis 及 Kafka。

ETL 工具和采集器沿用和继承原传统数据中心的 ETL 工具即可，而数据复制工具采用数据库层复制工具为宜，分布式消息队列取决于上层存储处理技术的选择。

2. 数据存储及处理

数据存储及处理采用 Hadoop＋分布式关系型数据库混搭模式，对非结构化大数据采用 Hadoop 进行分布式存储和计算，其他数据采用分布式关系型数据库进行数据计算和存储。上层数据汇总以及深度分析同样采用分布式关系型数据库，数据集成平台的数据存储处理方式如下：

（1）数据加载、缓存。数据加载通过文件、数据库、消息等方式，从应用系统获取所需的源数据，数据源采集到数据后，通过不同的装载处理，把数据加载至数据缓存层，以便于数据整合处理。对于数据量比较大的明细数据（物理数据），将数据分发到多台机器上进行并行 ETL 处理，以提高数据的处理效率；对于传统数据，通过数据加载进入关系型数据库缓存层。

（2）数据整合处理。完成数据的 ETL 过程，对于大量明细数据，除基本的 ETL 处理，还需从公共资源数据中同步与关联（用户、资源、终端数据），以便于数据聚合处理；对于数据种类多的传统业务数据，通过 ETL 过程得到分析所需要的归一化数据。

（3）数据存储。采用分布式计算及存储技术，完成大数据的明细存储（存储原始用户的详单数据），根据业务需求定义的数据模型，应用并行计算技术，完成各种维度的数据计算与汇总，并将其结果存储到维度汇总数据中。对非结构化、数据关系相对简单的大数据，采用 Hadoop 技术处理；而对结构化和数据关系复杂的海量数据，采用分布式关系型数据库，支持分布式高效存储、复杂计算和查询；其他普通基础数据经过 ETL 过程得到分析所需要的归一化数据，技术上采用分布式关系型数据库进行存储和计算。

（4）数据聚合处理。大数据的部分计算与传统业务系统的性能具有相同的维度、统一对象，要将这类计算结果与传统业务系统的性能统计数据进行整合，同时输出到维度汇总的数据库中进行存储；大数据计算可得出的而传统业务系统不可能计算出的数据，如用户行为数据、终端数据、互联网应用业务数据，则直接进入汇总数据存储层。

（5）数据结果提供。维度汇总数据为系统的应用汇总提供多维基础数据，同时通过数据集成模块，向应用系统提供可集成的数据，满足应用系统的应用要求。应用汇总数据是按照系统实际的业务需求，进行数据组织，它主要来自维度汇总数据的进一步分析，是根据业务应用需求高度汇总的数据，如维护查询需求、日常分析需求、专题分析需求等，同时通过数据共享模块，向外部系统提供可共享的数据，满足分析查询需求。

3. 数据存储技术支撑

为满足结构化、非结构化、实时海量不同数据特点的大数据存储能力，数据存储的技术支撑主要如下：

（1）分布式文件系统。采用分布式文件系统和对象存储分布式文件系统，以实现大数据量下的低存储成本及高可扩展能力。分布式文件系统主要存储结构化和半结构化数据，典型的产品有 Hadoop 的 HDFS。对象存储分布式文件系统存储非结构化数据，典型的产品有 OpenStack 的 Swift。

（2）分布式 K/V 数据库。为有效解决集中数据库的物理集中特点，降低数据传送代价，提高数据库稳定可靠性和可扩充能力，应用基于分布式技术的分布式数据库，面向非关系型的数据服务，包括传统硬盘架构和内存架构。主要的技术产品有 Hbase、COUCHDB、Vertica、Redis 和 MongoDB 等。

（3）分布式关系型数据库。为有效提高传统关系型数据库的冗余及可扩展能力，应用分布式关系型数据库支持 OLTP 联机处理服务，以实现对应用系统的应用服务支撑。主要的技术产品有 PostgreSQL-xc、DBScale 和 Greenplum。

4. 数据处理技术支撑

大数据处理根据处理机制不同，可分为查询分析计算、批处理计算、流式计算、迭代计算及内存计算五大类，各类计算处理方式的技术主要如下：

（1）查询分析计算。查询分析计算的典型技术包括 Hadoop 下的 HBase 和 Hive，Facebook 的 Cassandra，Google 公司的 Dremel，Cloudera 公司的实时查询引擎 Impala。

（2）批处理计算。批处理计算的最合理技术是 MapReduce，对具有简单数据关系、易于划分的大规模数据采用"分而治之"的并行处理方法，将大量重复的数据记录处理过程总结成 Map 和 Reduce 两个抽象操作，随后提供一个统一的并行计算框架，把并行计算所涉及的诸多系统层细节都交给计算框架去完成。而开源的 Hadoop-MapReduce 是目前大数据处理最为成功、最广为接受使用的主流批处理计算模式。

（3）流式计算。流式计算是一种高实时性的计算模式，需要对一定时间窗口内应用系统产生的新数据完成实时的计算处理，避免造成数据堆积和丢失。Facebook 的 Scribe 和 Apache 的 Flume 都提供了机制来构建日志数据处理流图。而更为通用的流式计算有 Twitter 公司的 Storm37、Yahoo 公司的 S4 以及 UC Berkeley AMPLab 的 Spark Steaming。

（4）迭代计算。为了克服 Hadoop MapReduce 难以支持迭代计算的缺陷，而对批处理计算进行改进，通过循环敏感的调度器保证前次迭代的 Reduce 输出和本次迭代的 Map 输入数据在同一台物理机上，以减少迭代间的数据传输开销。典型的具有快速和灵活迭代计算能力的是 UC Berkeley AMP Lab 的 Spark，其采用了基于分布式内存的弹性数据集模型实现快速的迭代计算。

（5）内存计算。为解决扩展传统关系数据库处理部分应用程序所带来的数据负载类型的难题，将计算数据在内存上运算，避免数据从磁盘中的读取从而获得最大化的数据吞吐量。典型的技术有 VoltDB。

## 9.9　交易信息系统

交易信息系统主要完成生产数据和市场信息的发布、存档、交换、检索及处理，使所有市场成员都能及时、平等、准确地按照各自的权限范围，访问相关的市场信息，进而做出符合各自利益的决策或行动。

**一、交易信息系统的主要内容**

交易信息系统应能全天不间断地提供下列服务：

（1）电子邮件服务。

（2）网页浏览服务。

（3）信息发布。发布的主要信息包括：

1）常规信息，如调度部门必须公开的发电公司的常规信息和市场运营部门必须公开的电网公开信息。

2）实时交易信息的发布，包括：市场运营部门必须公开的上个交易日发生的交易信息；能量管理系统记录的系统运行数据；负荷预测值与实际负荷的偏差限值；实时交易价格与现货交易价格出现偏差的原因；各类市场干预信息。

3）现货市场信息，包括：下个交易日每个时段的日发电计划；前个交易日的各种交易结果。

4）期货市场信息，包括：下年度期货市场的信息；上个年度每个月的期货市场的交易信息；签订居期货合同的相关信息发布。

5）辅助服务信息发布，包括：基本辅助服务信息；有偿辅助服务信息；辅助服务合同信息。

6）系统自适应性评估信息。

7）市场干预信息，包括市场暂停、发电不足、发电富余、交易价格超出戴帽价格、网络约束、购买辅助服务、系统事故、各种违规事件等。

8）必要的电量电费结算信息。

9）公众信息发布，包括：市场规则、法规、制度；上个交易日的总体系统信息和交易信息；定期公布市场状况及风险评估报告。

**二、交易信息系统的技术平台**

交易信息系统包括管理信息系统和电子商务的主要内容，其技术平台如下：

（1）基于互联网/企业内部网的技术。

（2）数据库编程及数据库互操作技术。

（3）数据传输网络通道。

（4）网络防火墙、监视与管理技术。

（5）身份认证技术。

（6）电子邮件技术。

（7）电子商务实现技术。

（8）基于 Web 编程，如 XML、Java、ActiveX，CORBA 技术等。

**三、交易信息系统的逻辑结构**

交易信息系统采用互联网技术，以国家电力数据网络（SPDnet）为传输媒介，由网站服务器、电子邮件服务器、历史数据服务器、报表及电子杂志服务器，以及防火墙等计算机网络设备和软件模块组成，图 9-4 为该系统的逻辑结构示意图。

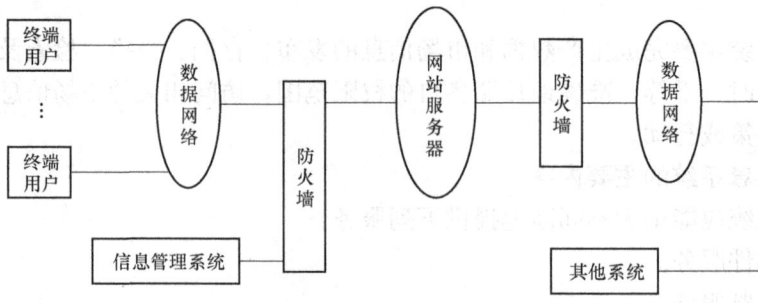

图 9-4　交易信息系统逻辑结构示意图

交易信息系统还应实现与电能量计量系统、能量管理系统、交易管理系统、结算系统、合同管理系统、发电报价管理系统的无缝数据连接；同时，借助即时信息系统的物质基础和软件基础，推进电子商务技术的普及和应用，实现物资流（潮流）、资金流和信息流的畅通和高效利用。

## 9.10　发电竞价管理系统

**一、发电竞价管理系统的功能结构**

发电商作为参与"厂网分开、竞价上网"和独立经营的市场主体，对发电竞价管理系统有着很高的要求。在设计发电竞价管理系统时，应突破计划经济体制下的技术框架，结合原有的管理信息系统，引入先进的企业管理规划（EPR）经营理念，推出适合不同类型发电商和中国电力市场实际的竞价管理模式。

发电竞价管理系统应遵循最大效益原则，将发电商的运行信息和人、财、物等信息与电力市场的动态信息密切关联，采用先进技术平台，为发电商提供科学的、合理的决策支持。发电竞价管理系统的总体框架如图 9-5 所示。

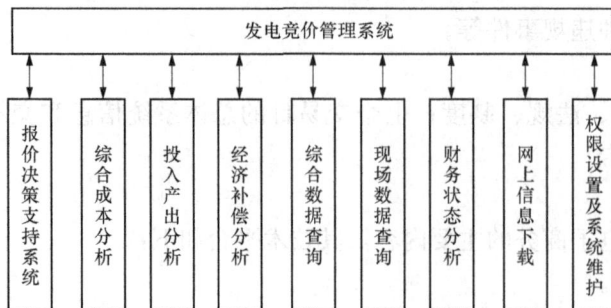

图 9-5　发电竞价管理系统的总体框架

### 二、报价决策支持系统

1. 机组参数查询

根据所选择的机组号，从机组技术参数数据库搜索该机组的技术参数，如允许开机和停机次数、爬坡速率、开机和停机费用、允许最大负荷、最小负荷和煤耗曲线，并将这些数据显示在页面上。该数据库是报价和机组优化的重要参数。

2. 历史交易查询

根据所选择的历史日期（某年某月某日），从历史成交数据库搜索该天的成交数据，如成交电力和成交电价，并将这些数据显示在页面上。

3. 报价决策分析

发电商可以采用成本报价法、基于市场出清价格预测的报价法、倒逼报价法和现货空间预测法。

（1）成本报价法。首先根据机组的发电能力 $P_G$ 和电网的现货需求 $L_{net}$ 确定电厂的申报电力 $P$；其次按照等耗量微增率原则进行负荷最优分配；再次根据各机组的煤耗曲线计算其发电燃料成本 $C_c$；最后加上固定成本 $C_f$、税金 $C_r$ 和利润 $C_p$，形成出力 $P$ 下的报价。

（2）基于市场出清价格预测的报价。准确了解次日的市场出清价格对报价决策具有非常重要的意义。由于高于市场出清价格的报价将不被市场接受，因此，对市场出清价格的预测可用来修改成本报价中的报价。

1）电价预测方法。对于国内模拟电力市场而言，可采用由时间序列法、线性外推法和平均值法构成的组合模型，根据历史交易电价数据进行预测。

2）参加运行机组数的确定。在执行期货和现货的电力市场中，次日电厂期货计划曲线一般由电网提前一日向电厂下达，且一般期货所占电厂总出力比例已知，故参加运行机组数可按式（9-4）确定，即

$$\sum_{i=1}^{n} P_{i,\max} \geqslant P_{f,\max}/k + R \tag{9-4}$$

式中：$P_{i,\max}$ 为机组 $i$ 的最大出力；$n$ 为机组数；$P_{f,\max}$ 为最大期货出力；$k$ 为期货所占电厂总出力比例；$R$ 为备用容量。

3）现货电力及边际电价的确定。发电厂在决策次日申报现货电力时，除了要考虑次日电网现货电力需求外，另外很重要的一点是对次日的系统成交电价有足够的认识，如果系统成交电价低于本厂的成本电价，多申报电力不仅不能获利，反而会亏本。

（3）倒逼报价法。根据上年度峰、平、谷各时段完成售电收入和发电量的比例系数，确定今年以后时间的峰、平、谷各时段应完成的售电收入。上一年度的峰、平、谷时段的售电收入和发电量的比例系数，可根据上年度的历史交易数据统计得出。

（4）现货空间决策。了解各竞争对手的现货空间及本厂在各时段现货空间所占比例，有助于报价人员及时修改报价策略，以获得更多的利润。

4. 电价成本分析

提供固定成本和可变成本的计算结果。

5. 功率成本对照

根据各台机组的煤耗曲线与标煤和实际用煤的换算关系及实际用煤的单价，计算各机组的燃料成本。

6. 机组启停分析

根据所提供的机组号，可以查询各台机组的启停费用。

### 三、电力市场交易及经济补偿

1. 电能交易与网上数据信息分析

在电力市场条件下，完整记录和保存全厂的各类经济技术参数、网上发布的各类电能交易数据，尤其是现货和期货的电量电价，对于分析现有经营状态，确定今后的竞价策略是必不可少的。

电能交易与网上数据信息分析模块具有以下功能：

（1）现货电力电量分析汇总。现货电力电量是竞价上网的核心，其运作情况的优劣在很大程度上反映了生产经营的现状，它主要包括以下功能：日现货电力成交情况；月现货电力成交汇总；月现货电力电价汇总；月现货电力成交分析；月现货上网电力成交结算；年现货电力成交汇总；年现货电力成交分析；年现货上网电力成交结算。

（2）计划出力及技术参数。计划出力及技术参数包括每天全厂的最高、最低可调出力，这些参数可为其他模块进行辅助决策提供依据。例如，在统计全厂现货竞价空间时需要知道全厂的最高可调出力；在进行经济补偿计算时将调用最低可调出力；在条件成熟时，发电机组投入或退出备用、退出自动发电控制辅助服务以及各机组负荷增减速率等参数也将发挥重要作用。

（3）分时段电力电量分析。现货电力电量分析汇总，主要是围绕现货的各种特点以及交易经营要求展开统计分析；而分时电力分析模块则是针对全厂总的生产情况展开的，主要包括对每天各时段发电计划与发电量的情况统计和计算。

（4）网上竞价数据查询。该模块主要用于显示交易中心发布的各类电力市场交易数据，主要包括：电网电力需求；电厂日计划出力数据；电厂日现货电力成交数据；电厂实际电量；电厂实际出力偏离±2％数据；电厂经济补偿旬报数据；电厂典型期货计划数据；偏离计划扣减不合格电量；机组经济补偿日报；各时段发电、上网电量等。

（5）合同电费结算。合同电费结算模块对各种形式的合同及电费结算进行分析、统计和管理。其中，期货合同是指按照国家审批的价格所签订的中长期发电合同。一般期货合同每年签订一次，然后由调度运行部门将其分解为月期货计划和日期货计划。期货计划将根据每天的实际负荷变化加以调整修改。现货合同是指按电力市场的边际电价所成交的短期合同。电费结算是履行合同的一种主要形式，通过电费结算，能直接反映企业的生产经营状况，企业的经营效益，并为企业的经营决策提供依据。

（6）功率电价查询分析。依照各台机组的煤耗曲线、煤价，当前的燃煤与标准煤的折算率等数据，测算出机组在不同负荷工况下的可变电价。

2. 电能质量与辅助服务经济补偿

在电力市场环境下，发电商和电网双方的经营活动都以经济效益为主要目标。为了确保双方的共同利益，维护电网和电厂的安全、可靠及经济运行，必须对发电机组的辅助服务项目进行有偿化和定量化的分析研究，使性能好、服务优的机组得到较好的回报，进而促进整个电网电能质量的提高并提升服务水平。

辅助服务及经济补偿的项目通常包括：发电偏离电量；计划检修延期或提前；非计划检修；发电厂母线电压质量监视；自动发电控制辅助服务；发电机低出力和调停；年度期货偏

离预定计划。

### 四、综合成本分析

综合成本分析主要是对电价成本的各分量数据进行处理，包括六项功能：

（1）实时成本分析模块：在线显示各机组的实时出力、给煤量、厂用电率、供电煤耗等，并生成各机组以及全厂的变动成本。

（2）日成本分析：分析各机组以及全厂的单位变动成本、单位供电成本和实际出力数据。

（3）经济性能分析：分析机组及全厂负荷率、煤库存率、实际出力与成本电价的关系。

（4）不同核算周期固定成本分析：对全厂及各机组的固定成本进行成本分配，如材料、水费、购电费、折旧、工资、福利、修理费用、财务费用和其他费用，得出不同核算周期下固定成本的大小。

（5）成本构成统计分析：包括各机组及全厂的日、月、季、年的成本构成。

（6）生产费用变化趋势分析：分析材料费、管理费、燃煤费等的月变化趋势。

### 五、现场数据及综合数据查询

现场数据包括：①实际出力、计划出力；②运行数据偏差，包括各机组当前的运行参数，如主汽压力、主汽温度、再热温度、凝汽器真空、凝汽器端差、给水温度、排烟温度、排烟氧量、厂用电量、厂用电率（综合厂用电率）等。

综合数据查询模块一般应包括生产数据查询和生产数据录入两个部分。

### 六、投入产出分析

投入产出分析模块包括投入产出分析、交易指标分析、全厂利润分析和项目管理功能，同时应提供数据的查询、分析及维护功能。

### 七、财务数据分析及查询

该模块提供生产运行分析、企业资产和资金分析功能，对全厂收入、支出和利润进行财务汇总与核算，为报价决策支持系统提供财务数据支持。

## 9.11　数　据　网　络　系　统

电力市场技术支持系统对数据网络系统的需求主要是联机事务处理（如调度决策管理、结算管理、合同管理等）和基于浏览器的应用（如交易信息系统），传输的数据类型有数据库数据、图形数据、音频数据以及文本数据等。采用互联网技术、借助全国电力系统骨干通信网络，实现我国的电力市场技术支持系统是完全可行的。

### 一、电力系统通信网络技术

比较流行的高速网络传输模式有三种：快速以太网（fast ethernet）模式；基于光纤或铜导线的令牌环网（FDDI）模式；异步传输模式（asynchronous transfer mode，ATM）。

异步传输模式采用大容量光纤数据通道，便于硬件实现，可大大提高交换处理的速度，既适用于广域网，也适用于局域网。这种数据传输模式能够提供可伸缩的多媒体宽带传输，是一种正在迅速发展并具有传输方式透明、长度固定和信元中继优点的新的通信传输交换系统。常用的物理层的速度有 100M、155M、622Mbit/s，尤其是在 155Mbit/s 速率上，广域网和局域网之间无须任何转换。就电力市场技术支持系统的应用和发展情况来看，采用异步传输模式的高速网络技术是一种很好的选择。

在通信信息平台建设方面，建成了"三纵四横"的电力通信主干网络，形成了以光纤通信为主，微波、载波等多种通信方式并存的通信网络格局。目前，国家电力数据网络已通过国家科技网络与互联网相联，同时国家电力信息中心又通过邮电数据网与互联网相联，两套系统互为备用，确保网络系统物理通道和软件系统的安全与可靠。

## 二、网络系统的结构设计

### 1. 网络系统设计的要点

网络系统设计的主要特点有：采用高速、宽带数据传输网络；支持先进的虚拟局域网功能；保证网络的可靠性和冗余性；网络系统能够长期连续运行。

### 2. 数据传输网络的结构

从逻辑结构看，数据传输网络分为三个层次：核心层、边界服务层、用户接入层。核心层是整个宽带网的基础，主要功能是提供数据传输干线，保证带宽、服务质量、可用性及可扩展性，控制流量和下行接口密度等。边界服务层采用多服务交换机或路由器，提供信息交换服务、局域网连接、IP通信服务等功能。

用户接入层采用的设备种类比较多，如交换机、路由器、多路复用器、综合业务数字网（ISDN）、非对称数字用户线路（ADSL）、无线接入设备等；接入方式可以是调制解调器拨号、局域网接入或线路仿真接入等；传输模式可以基于异步传输模式、帧中继或IP方式。

总之，数据网络的建设应当随时将最先进的网络技术与本地区现有网络通道有机结合，立足现实，考虑发展余地，避免重复投资和建设；要与国际技术接轨，建立严密的安全防护体系；应用要面向电力调度、电力市场运营以及管理信息化与现代化，充分发挥数据网络系统的综合效益，促进电力市场朝着健康、稳定和高效的方向发展。

# 参 考 文 献

[1] 于尔铿，韩放，谢开，等．电力市场 [M]．北京：中国电力出版社，1998.

[2] 王锡凡，王秀丽，陈皓勇．电力市场基础 [M]．西安：西安交通大学出版社，2003.

[3] 甘德强，杨莉，冯冬涵．电力经济与电力市场 [M]．北京：机械工业出版社，2010.

[4] 张利．电力市场概论 [M]．北京：机械工业出版社，2014.

[5] 杜松怀．电力市场 [M]．3 版．北京：中国电力出版社，2008.

[6] 曾鸣，孙昕，张启平．电力市场交易与电价理论及其应用 [M]．北京：中国电力出版社，2003.

[7] 萨缪尔森．微观经济学 [M]．北京：人民邮电出版社，2001.

[8] R. S. Pindy ck，D. L. Rubinfeld．微观经济学 [M]．张军，译．3 版．北京：中国人民大学出版社，1997.

[9] 伍柏麟．社会主义市场经济学教程 [M]．上海：复旦大学出版社，1993.

[10] S. Charles Maurice．管理经济学 [M]．陈章武，译．北京：机械工业出版社，2001.

[11] 谢识予．经济博弈论 [M]．上海：复旦大学出版社，1997.

[12] 赵杰．拍卖概论 [M]．北京：中国商业出版社，1999.

[13] 诸骏伟．电力系统分析 [M]．北京：中国电力出版社，1995.

[14] F. C. Schweppe，M. C. Caramanis，R. D. Tabors，R. E. Bohn. Spot Pricing of Electrici ty. Kluwer Academic Publishers，1988.

[15] 吴际舜，侯志俭．电力系统静态安全分析 [M]．上海：上海交通大学出版社，1985.

[16] 文矩，李林川．电力系统最优运行 [M]．西安：西安交通大学出版社，1987.

[17] 骆济寿，张川．电力系统优化运行 [M]．武汉：华中理工大学出版社，1990.

[18] 邓聚龙．灰色控制系统 [M]．武汉：华中理工大学出版社，1993.

[19] 现代应用数学编委会．运筹学与最优化理论卷 [M]．北京：清华大学出版社，1998.

[20] 牛东晓，曹树华，等．电力负荷预测技术及其应用 [M]．北京：中国电力出版社，1998.

[21] 言茂松．当量电价体系及相关制度设计 [J]．电力系统自动化，2003，27 (8)：1 - 9.

[22] 曾鸣，赵庆波．电力市场中的辅助服务理论及其应用 [M]．北京：中国电力出版社，2003.

[23] 于尔铿，周京阳，张学松．电力市场竞价模型与原理 [J]．电力系统自动化，2001，25 (1)：24 - 27.

[24] 于尔铿，周京阳，等．发电竞价算法 [J]．电力系统自动化，2001，25 (4) ～ (8)：16 - 19，10 - 13，19 - 22，23 - 27，20 - 24.

[25] 王民量，张伯明，夏清．考虑多种约束条件的机组组合新算法 [J]．电力系统自动化，2000，24 (12)：29 - 35.

[26] 李文沉．电力系统安全经济运行模型与方法 [M]．重庆：重庆大学出版社，1989.

[27] 国家电力监管委员会．美国电力市场 [M]．北京：中国电力出版社，2005.

[28] 国家电力监管委员会．欧洲、澳洲电力市场 [M]．北京：中国电力出版社，2005.

[29] 国家电力监管委员会．南美洲 亚洲 非洲各国电力市场化改革 [M]．北京：中国水利水电社，2006.

[30] 萨莉·亨特．电力竞争 [M]．北京：中国经济出版社，2004.

[31] 文福拴，A. K. David．电力市场中的投标策略 [J]．电力系统自动化，2000，24 (14)：1 - 6.

[32] 卢强，陈来军，梅生伟．博弈论在电力系统中典型应用及若干展望 [J]．中国电机工程学报，2014，33 (29)：5009 - 5017.

[33] 陈俊．基于博弈论的发电商策略性投标问题研究 [D]．武汉：湖北工业大学，2015.

[34] 刘旭东. 博弈论在电力市场竞价中的应用研究 [D]. 华北电力大学，2009.

[35] 刘俊勇，段登伟，吴集光. 国外配电侧电力市场的模式、运行及对我国配电侧市场化改革的启示 [J]. 电力自动化设备，2004，24（7）：7-14.

[36] 邹鹏，陈启鑫，夏清，何畅，葛睿. 国外电力现货市场建设的逻辑分析及对中国的启示与建议 [J]. 电力系统自动化，2014，38（13）：18-27.

[37] Daniel S. Kirschen，Goran Strbac. 电力系统经济学原理 [M]. 朱治中，译. 北京：中国电力出版社，2007.

[38] 张芳. 考虑阻塞费用的电网输电成本分析 [D]. 华北电力大学，2012.

[39] 电力经济与信息研究室. 英国电力市场调研报告 [D]. 北京：清华大学电机系，2015.

[40] 冯永晟. 理解中国电力体制改革：市场化与制度背景 [J]. 财经智库，2016，1（5）：22-50.